KB066839

아름답고 신비한 산사 답사기

아름답고 신비한 산사 답사기

부석사 봉정사 통도사 대흥사 선암사 마곡사 법주사

유네스코 선정
한국의 산지승원

이종호 글·사진

북카라반
CARAVAN

머리말

    디지털카메라를 비롯하여 휴대전화와 스마트폰 등이 일상용품이 되어 궁궐이나 사찰 등 유명 유적지에 가면 사람마다 그곳을 다녀왔다는 인증샷을 남기기에 바쁘다. 건물 외관을 비롯해 별로 필요 없을 것 같은 내부도 유심히 관람하면서 남는 것이 사진이라며 수없이 찍어대는 데는 어린이들도 합류한다. 다소 눈썰미가 있는 사람들은 기단, 초석, 기둥, 공포, 창문이나 바닥 등도 찍기도 한다.

    과거 필름으로 사진을 찍던 시절과는 상상할 수 없는 일인데, 이는 수많은 사진을 찍어도 불필요한 사진을 곧바로 지워버릴 수 있기 때문이다. 그러면서 자신들이 다닌 곳의 사진을 수많은 사람에게 보내면서 자랑하기 여념 없지만, 막상 그들이 보았다는 국보와 보물을 비롯한 문화재의 기둥과 공포, 지붕이 어떻게 생겼느냐고 질문하면 십중팔구 대답하지 못한다.

수학여행도 각 유적지 특히 국보나 보물, 문화재로 지정된 고건축이 있는 명소가 중요한 답사 코스다. 그것은 수학여행이 단순한 여행이 아니라 평소 갈 수 없는 우리 문화재에 대한 인식을 높이려는 교육적 목적이 포함되어 있기 때문이다. 그런데 수학여행을 갔다 와서는 걱정거리가 태산이다. 여행 후 반드시 제출하는 수학여행 기행문 때문인데, 선생님은 잘 써오라고 하지만 쓸 것이 거의 없다. 이는 국보나 보물로 지정된 고건축을 보기는 보았으되 전혀 이해하지 못했기 때문이다. 명소에 있는 수많은 건물의 차이점을 알 수 없는 것은 물론 안내판을 보아도 그것이 무슨 말인지 이해할 수 없다. 안내판이 한글로 적혀 있는 것은 분명한데, 이집트의 상형문자를 보고 있는 것 아닌가 하는 생각이 드는 사람이 많을 것이다.

2018년 바레인 마나마에서 열린 제42차 세계유산위원회에서 한국 불교 문화의 총본산인 천년 산사 7곳을 '산사, 한국의 산지승원'이란 명목으로 세계유산목록 중 문화유산Cultural Heritage으로 등재했다. 한국의 13번째 세계문화유산으로 양산 통도사, 영주 부석사, 안동 봉정사, 보은 법주사, 공주 마곡사, 순천 선암사, 해남 대흥사 등 총 7개소다.

세계유산위원회는 한국의 7개 사찰이 7~9세기 창건 이후 현재까지의 지속성, 한국 불교의 깊은 역사성, 1,000년 이상 신앙·수도·생활 기능이 살아 있는 종합 승원으로 세계유산 등재 조건인 '탁월한 보편적 가치Outstanding Universal Value'에 해당하며 개별 유산의 진정성과 완전성, 보존 관리 계획에서도 합격점을 받았다고 적었다. 더불어 세계유산위원회는 문화재로 지정되지 않은 산사 내 건물 관리 방안 강구, 산사 종합정비계획 수립, 세계유산 등재 이후 증가하는 관광객 대응책 마련, 산사 내 건물을 신축할 때는 세계유산센터와 사전 협의 등 4가지를 권고했다.

유네스코 세계문화유산으로 지정된 7개 산사가 갖고 있는 그 무엇에 대해 많은 독자가 궁금증을 표명하며 이를 소개해달라고 했다. 나는 그동안 한국의 유네스코 세계문화유산에 대해 많은 지면을 할애했다. '역사로 여는 과학문화유산 답사기' 시리즈로 유네스코 세계문화유산 중 조선왕릉, 전통마을, 경주역사지구를 알렸고, 『유네스코 선정 한국의 세계문화유산』(전2권)으로 한국의 유네스코 세계문화유산을 종합적으로 다루었다.

한국은 2018년에 지정된 7개 사찰 외에도 3개의 산사가 이미 유네스코 세계문화유산으로 지정되어 있다. 석굴암, 불국사, 해인사다. 그러므로 이들 3곳을 포함해 10개소를 일괄적으로 '산사와 한국의 산지승원'으로 설명하는 것이 나쁘지 않다는 설명도 있으나 이 책에는 이들을 포함시키지 않았다. 불국사와 석굴암은 『유네스코 선정 한국의 세계문화유산 2』에 수록되었고, 해인사는 『유네스코 선정 한국의 세계문화유산 1』에서 다루었기 때문이다.

답사 일정은 서울에서 자동차로 출발해 일괄적으로 답사한 후 귀경하는 것을 기본으로 경북 영주 부석사, 경북 안동 봉정사, 경남 양산 통도사, 경남 해남 대흥사, 전남 순천 선암사, 충남 공주 마곡사, 충북 보은 법주사 등과 같이 잡았는데, 내비게이션을 활용하므로 길 찾기를 특별히 설명하지 않는다.

물론 이곳에 예시된 대로 답사 일정을 잡는 것이 중요한 것이 아니다. 답사의 기본은 각자의 일정에 따라 원하는 곳을 찾아가되 그곳에서 자신이 목표로 하는 그 무엇을 찾아내는 것이다. 한국이 세계적으로 자랑하는 사찰 문화재를 현장에서 직접 보았다는 말은 2가지가 함축되어 있다. 그것은 겉모습을 본다는 뜻과 사물의 본질과 가치를 알아본다는 뜻이다. 이곳에서 설명하는 것은 유네스코 세계문화유산에 지정된 산사를 설명하되 겉모습이 아니라 대상의 기본 가치를 음미하는 안목을 갖자는 것이다.

그러나 한국의 '산사와 산지승원'을 설명하는 데 남다른 어려움이 도사리고 있는 것은 사실이다. 그 대상이 한국의 간판 유산, 즉 사찰을 대상으로 하며 이들은 모두 불교 문화재와 관련되어 있기 때문이다. 근래 '문화재 주요 유형별 안내판 디자인 개선사업'의 일환으로 안내판을 쉽게 쓰는 작업이 진행되고 있지만, 이와 같이 우리의 문화유산을 보고 뭐가 뭔지 모르겠다고 하는 이유는 너무나 간단하다. 전통 양식이 잘 배어 있는 한국의 사찰 유산이 너무 복잡하기 때문이다.

한국의 사찰을 비롯한 전통건축은 기둥 위와 서까래 밑의 공포, 또 내부에 가구된 보, 도리, 서까래 등이 복잡하게 얽혀 있는 것은 물론 단청, 장식 조각들도 만만치 않아 건축을 배우고 공부하는 건축 전공 학생조차 고개를 절레절레 휘두른다. 한국 건축의 비전공자인 일반인들이 잘 모르겠다는 말이 결코 이상한 일이 아니다.

한국 사찰의 기본, 즉 산사가 갖고 있는 목조건축이 어렵게 생각되는 것은 사실이다. 그러나 기본적으로 한국의 전통 목조건축물은 나무와 돌, 흙 등을 주재료로 하여 이들을 적절히 가공해 사용하되 나무를 가구식 구조로 활용한 것이다. 복잡하게 보이는 건물이지만 여러 형태의 부재들을 어떤 틀에 맞춰 접합하면서 구조물을 완성시켜 어떤 정형화된 형태를 만든 것이 바로 한국인의 자랑 목조건축이다.

목구조의 장점은 목구조의 구성 부재 하나하나의 결합이 다른 부재와 절대적인 관계를 갖고 있다는 점이다. 그러므로 다른 고대 국가들이 많이 사용한 조적조나 현대의 철근콘크리트 구조와는 달리 부재를 분리하거나 재생이 용이하므로 나무의 사용 연도가 지나면 후대에 똑같이 재현할 수 있다. 이것이 서양 건축이나 현대 건축과의 뚜렷한 차이점으로 한국 건축은 처음부터 완벽하게 계획되고 조형되어야 함을 의미한다. 특히 부재 자체의 양식이나 기술이 시대를 반영하는 척도를 제공하고 나아가 건물의 우열, 즉 계급을 나타낸다.

한국 건축이 원천적으로 구조적인 원리를 기본으로 만들었다는 것은 이를 이해하는 방법, 즉 교과서가 있다는 것을 의미한다. 한국 건축의 기본을 이해하는 것이 한국 건축을 이해하는 지름길이라는 뜻이다. 물론 규칙에 예외가 있게 마련이므로 한국 건축에도 기본 원리에 다소 벗어나는 것이 있는데, 이 경우 그렇게 만들어지기 위한 특별한 이유가 있음은 물론이다.

제1부는 한국 사찰의 개요 즉 건축, 사찰, 불상, 불탑 등을 설명하며 제2부는 유네스코 세계문화유산에 지정된 7개 사찰에 대해 설명한다. 제1부는 사찰을 이해하는 기본 요소라 볼 수 있는데, 필요불가결하게 어렵게 생각되는 전문적인 용어도 포함된다. 물론 일반인들에게 생소한 전문적인 용어들은 가능하면 건축적 전문성보다는 현장에 부연하는 내용을 기본으로 설명한다. 특히 한국 목조건축의 기본을 설명하는데 다소 어렵다고 생각이 들면 처음부터 용어 전체를 모두 이해하려고

하지 말고 여러 번 읽어가면서 목조건축의 진수를 파악하기 바란다.

전문가들은 불교 국가가 많은 아시아에서 '탁월한 보편적 가치'를 인정받은 한국의 사찰들이 관광 명소보다는 자연과 공존하고 참선 공동체 문화가 살아 숨 쉬는 유산을 견지하고 있는 것에 주목한다. 즉, 이들 보편적인 가치를 지켜간다면 한국의 다른 산사들도 추가로 등재될 수 있는 길이 열려 있다는 점이다. 2018년에 지정된 7개 산사를 포함해 10개 산사가 아니라 더 많은 사찰이 유네스코 세계문화유산으로 지정될 수 있다는 뜻으로 여타 한국의 간판 사찰에 대해서도 주목할 필요가 있다.

어려운 길을 들어갔다가 무사히 빠져나올 때처럼 뿌듯한 일은 없다. 유네스코 세계문화유산에 지정된 산사들을 답사하기 전 사찰에 대한 상식으로 무장한다면 그동안 자주 지나치는 한국의 전통 건물을 볼 때마다 뭐가 뭐고 어떻게 다른지 헷갈리던 생각이 새삼 평소에 살고 있는 집을 보는 것처럼 편안하게 느껴질 것이다. 여기에서 설명되는 사찰의 설명을 지참하여 현장에서 비교해보며 현장에 임한다면 더욱 이해가 빠를 것임은 물론이다.

제1부

불교의 유산

한국의 건축

한국 건축의 주체는 목조 가구식架構式 건축으로 이는 중국 · 일본 · 한국의 공통 성격이다. 그러나 기후와 풍토 등 많은 요소에서 서로 다른 성격을 갖고 있으므로 건축 공간을 구성하는 기본부터 다르게 출발한다. 중국의 건축은 광대한 대륙에 기반을 두어 척도에서 장대하고 웅장한 맛을 주고, 일본의 건축은 섬나라 환경을 토대로 기계적이고 날카로운 맛을 준다. 반면 한국의 건축은 반도국으로 중용적인 입장을 고수하면서 소박한 맛을 기본으로 한다.

한국은 지질학적으로 노년기의 산맥이 기본이므로 완만한 곡선으로 된 산 정상이 많고 작은 구릉이 준평원을 이룬다. 그러므로 이런 환경에 건축하는 건축물은 높이가 높거나 볼륨이 장대하면 주위 환경과 조화되기가 어렵다.

유명 사찰을 찾아갈 때 먼 거리에서는 사찰의 존재조차 알지 못하므로 답답하게 여기며 사찰까지 얼마나 가야 하느냐고 마주치는 사람에게 질문한 경험을 갖고 있을 것이다. 이 말은 기본적으로 잘 알려진 대형 사찰은 어느 정도 산길을 올라가 산문山門에 들어서야만 사찰이 있다는 것을 알 수 있다. 계곡의 작은 바위 위에 조용히 서 있는 작은 정자나 큰 하천의 높은 암벽 위에 건립된 누각 등도 자기 존재를 주장하지 않는다. 즉, 이들 인공 구조물은 단지 자연 경관의 허점을 메우는 하나의 요소로서 자연과 동화되는 절묘한 경관을 조성하는 역할만 담당한다. 한마디로 정자나 누각이 없었다면 허전한 느낌을 주는 그런 경관을 보완해주는 것이 한국 건축의 기본이다. 건축물의 배경이 되는 산과 작은 구릉에 선 건축은 지붕의 용마루선이 용마루 양끝이 들리고 중앙이 휘어져 유연한 곡선을 이루는 이유다. 또한 처마선도 용마루선과 조화되면서 육중한 지붕면을 경쾌하게 보이도록 한다.

　자연과 융합하려는 한국의 건축은 전통마을을 들어서기만 해도 곧바로 알 수 있다. 작은 냇물이 흐르고 완만한 작은 구릉이 있는 곳에 작은 마을이 형성되고 큰 들이 있으면 큰 마을이 형성되어 있다. 같은 목조 건축이면서 일본은 목재를 정확한 척도로 잘라 건축하지만, 한국에서는 휜 나무는 휜 대로 적당히 맞춰 사용한다. 특히 기둥의 밑동을 그랭이질하여 막 생긴 초석에 맞추도록 한 것은 한국 건축이 얼마나 자연과 조화시키려 한지를 말해준다. 즉, 꾸미는 가운데 꾸미지 않은 듯이 보이게 하는 소박한 성격이야말로 한국 건축의 특성이다.

　한국 건축의 특성은 건물마다 위계성을 갖고 있다는 점이다. 우선 마당과 마당이 서로 고저가 다른 단을 형성하며 여기에 다시 주와 종의 관계로 기단의 고저 차이를 이룬다. 통도사처럼 거의 평지에 건축된 사찰일지라도 바닥의 위계나 건축 기단 자체로 건물의 위계를 느낄 수 있다. 한국 건축의 또 다른 특성은 비대칭성이다. 이는 공간이 형성하는 중심축과 관계있는 것으로 전체적으로 좌우 대칭되게 건물이 배치된 예를 찾아보기 힘든 것으로도 알 수 있다. 불국사는 대웅전을 중심으로 좌우에 석탑을 배치해 언뜻 좌우 대칭으로 볼 수 있으나 전체적인 배치를 생각하면 비대칭이다.

해외의 명승지 건축물과 한국 건축을 비교하면 특이한 점이 발견된다. 한국 건축은 지붕면이 정면이 되고 박공면이 측면이 되므로 대형 건축물이라 할지라도 진입 방향에서 공간의 깊이를 느끼지 못한다. 반면에 서양 건축에서 박공면이 정면이 되어 신전이나 성당에 들어갈 때 상당한 공간의 깊이를 느끼도록 유도한다. 그러므로 한국 건축을 제대로 파악하려면 건물과 건물, 마당이 구성하는 외부 공간을 함께 고려해야 한다.

물론 한국 건축의 여러 가지 특성은 한국의 건축 재료에도 기인한다. 한국 건축의 주요 부재는 소나무, 즉 육송陸松이다. 그런데 육송은 건축 재료로 볼 때 결코 좋은 수종은 아니다. 육송으로 비교적 장대한 부재를 얻기 어려운 것은 물론 똑바로 자라는 경우보다 구부러지는 경우가 많기 때문이다. 또한 수액樹液, 즉 진이 많아 치목治木이 어렵고 또 치목한 후에도 나무가 잘 터지고 비틀어지기도 한다. 이와 같이 건축 재료로 육송은 여러 가지 제약이 있음에도 한국 건축의 주력이 된 것은 육송 이외의 재료 공급이 수월하지 않기 때문이다.

그러므로 목수들은 제약이 많은 육송을 가장 효과적으로 사용하기 위해 여러 가지 창의적 노력을 주저하지 않았다. 우선 치목할 때 진이 많이 나므로 굳이 정밀하게 치목하지 않았다. 그런 면에서 한국의 목조건축은 일본의 목조건축에 비해 세부 가공이 조잡하게 보인다. 그러나 이와 같이 정밀도가 낮은 것은 건축 기술 수준이 낮기 때문이 아니라 육송이 갖는 재질의 특성에 순응하는 것이 가장 효율적이라는 것을 알고 있기 때문이다.

건축물의 중요 부분 즉 기둥, 창방, 도리, 보에 쓰이는 나무는 대략 지름이 30~40센티미터인 소나무를 사용한다. 그런데 이들 지름으로 소나무가 자라려면 대체로 150~300년이 걸린다고 한다. 국보나 보물 건축물에 사용된 나무의 나이가 적어도 이 정도의 연한이 된다는 것에 놀랄 것이다. 과거에 일정 지역의 출입을 금지하는 '봉금封禁정책'을 시행한 것은 이런 소나무들의 남벌을 방지하기 위해서다.

한국 건축에서 구부러진 나무를 적절하고 아름답게 사용한 것도 재료의 공급을 감안한 결과다. 주택의 대청 위를 지나가는 대들보 등에 S자형으로 구부러진 큰 나무를 사용해 대들보가 대공(마룻보를 받치는 짧은 기둥) 없이 종도리(서까래가 받치는 횡부재)를 받도록 했다. 또한 퇴량(툇보. 툇기둥과 안기둥에 얹는 짧은 보)으로 사용되는 부재도 굽은 나무를 사용했고 특히 우미량도 알맞게 굽은 나무를 선택했다. 그런데 굽은 나무는 부재의 강도도 높아지고 자연적인 아름다움이 높아진다.

한국 목조건축의 기본이 나무의 자연미를 최대한 발휘하는 것이라는 점을 이해하면서 목구조의 기본에 도전한다. 한국의 간판 목조건축물 답사를 떠나기 전에 기초 자료로 무장하자는 의도다. 한국 건물 구조는 기단, 초석, 입면, 기둥, 공포, 가구, 천장, 지붕, 단청, 수장 등으로 세분

되므로 이에 대한 기본 내역을 먼저 설명한다. 틈틈이 다소 어려운 용어가 나오는 것은 목조건물 자체가 그만큼 전문적인 구조로 구성되어 있다는 것을 이해하기 바란다.

기단

기단은 건물이나 탑 등 건축물의 토대가 되도록 높이 쌓은 받침을 말한다. 기단의 역할은 건축물을 주변보다 높임으로써 태양빛을 받아들이는 데 도움을 주고 낙수가 튀는 것을 방지하며 지하에서 습기와 해충이 올라오는 것을 막아준다. 한국의 건물은 나무로 만든 목조건축이므로 물(습기)에 약하기 때문에 건물의 규모나 용도에 상관없이 초가삼간에서부터 궁궐의 법전에 이르기까지 기단 없는 건물은 없다.

일반적으로 수평은 평등을 의미하고 수직은 권위를 의미한다. 커다란 집과 함께 수직으로 치솟은 집은 사람들에게 위압감을 주는데, 이는 우리의 눈이 나란히 수평으로 있기 때문에 수직에 대해서는 다소 낯설기 때문이다. 따라서 조금 더 높은 위치에 있는 것은 공격적이고 높은 권위를 갖고 있다는 것을 의미한다. 사대부 집의 기단을 보통 서민의 낮은 기단보다 높이 올려주는 이유다.

그러나 기단을 높이는 것은 실무적으로 햇볕과 밀접한 관계가 있다. 겨울에는 햇볕을 건물 깊숙이 받아들이기 위해서고 여름에는 해가 한옥의 처마에 가려 집안으로 들어오지 못하지만 그 햇볕에 뜨거워진 마당의 복사열에서 집을 보호하기 위함이다.

기단의 재료는 가지가지다. 자연 암반을 그대로 활용하거나 흙, 돌,

기단은 건물이나 탑 등 건축물의 토대가 되도록 높이 쌓은 받침을 말하는데, 초가삼간에서부터 궁궐의 법전에 이르기까지 기단 없는 건물은 없다.

전돌, 기와 등의 재료를 쌓기도 한다. 돌로 쌓은 석축 기단이 가장 많이 사용되는데, 쌓는 방법에 따라 적석식 기단과 가구식 기단으로 대별된다. 적석식이란 단순하게 돌을 층층이 쌓아올려 만든 기단이고, 가구식이란 돌기둥을 세운 다음 그 사이를 돌로 막아 목조의 가구를 쌓는 것처럼 구성한 기단이다. 한마디로 가구식은 세련된 구조인데 이 방법은 삼국시대부터 사용되어왔으며 조선시대까지 그 기법이 다소 변형되면서 이어져 내려오고 있다. 가구식 기단에는 전후면 또는 측면에 계단이 필연적으로 설치되는데, 이는 기단이 지면에서 약 1미터 이상의 높이가 많기 때문이다. 기단 내부는 주로 흙으로 메우는데 때때로 흙 대신 자갈을 겹겹이 쌓기도 한다.

초석

초석은 기단 위에 돌을 놓아 기둥을 받치며 기둥을 통해 전달받은 상부의 하중을 지반이나 기단으로 전달하는 구조물로 주춧돌, 주초석 등으로 부른다. 원형, 사각형, 팔각형 등으로 가공하거나 적당한 크기의 자연석을 가공하지 않고 그대로 사용하기도 한다. 한편 조선시대 건축법에는 일반 살림집에는 원기둥을 사용하지 못했으므로 대부분의 집은 막돌초석, 방형초석, 누마루에 사용되는 장주초석으로만 건설했다.

초석은 형태에 따라 막돌초석(덤벙 주초, 호박돌 주초)과 다듬돌초석으로 나뉜다. 막돌초석은 자연에서 채취한 적당한 크기의 돌을 그대로 혹은 약간 가공해서 사용하는 것을 말한다. 초석의 윗면이 평탄하지 않아 기둥 하단을 초석 윗면의 형태에 맞게 잘라내어 세운다. 이를 그랭이 공법이라고 하는데 일반 주택, 사찰, 관아 등의 건축에 널리 사용되었다. 종묘의 영녕전 정문, 창경궁의 명정전 월랑月廊(기둥열로 이루어진 개방된 옥외 복도) 등이 대표적이다. 반면에 다듬돌초석은 초석의 윗면을 다듬어서 모든 초석의 면을 동일 수평면상으로 맞추었는데 가공이 정교하므로 궁궐, 사찰, 관공서 등에서 주로 사용했다.

그랭이 공법은 자연석과 기둥을 접합하는 것이므로 건축 기법상 간단한 일은 아니다. 바위는 울퉁불퉁하게 생겼고 이가 벌어져 있는 것이 보통이므로 고르게 쌓으려면 자연석을 가공해야 한다. 그런데 그랭이 공법은 특정 바위를 생긴 대로 놓아둔 채 바위의 형태에 따라 다듬어가면서 맞추는 것이기 때문이다.

이 공법은 한국 건축의 독특한 특성 중 하나다. 서양의 건물은 주춧

그랭이 공법은 특정 바위를 생긴 대로 놓아둔 채 바위의 형태에 따라 다듬어가면서 맞추는 것이다. 전남 순천 선암사 설선당의 그랭이 초석.

돌과 기둥을 서로 견고하게 연결하는 것이지만, 한국은 주춧돌 위에 기둥을 간단하게 올려놓기만 한다. 그런데도 한국의 건물은 지진과 같은 충격에 큰 영향을 받지 않는다. 한국에서는 화재에 의해 건물이 소실되는 경우는 많지만, 지진 등에 의해 피해를 보았다는 경우는 거의 없다는 것으로도 알 수 있다.

한국에 큰 지진이 거의 없기 때문이라는 설명도 가능하지만, 한국의 건물들 대부분이 충격에 강한 것은 그랭이 공법을 사용했기 때문이다. 주춧돌을 아무리 유리와 같은 것을 갈아놓는다 하더라도 기둥을 올려놓으면 틈이 생기게 마련이다.

그러므로 한국에서는 기둥과 주춧돌 사이의 간격을 없애고 밀착시키기 위해 그랭이 공법을 사용한다. 주춧돌을 생긴 모습 그대로 두고 나무기둥 밑둥을 도려내어 밀착시킨 것이다. 그레질칼로 기둥을 다듬어 돌에 맞추면 돌의 요철에 따라 기둥이 톱니처럼 서로 맞물린 듯이 된다. 기둥과 주춧돌은 막중한 건물의 하중으로 인해 밀착되기 때문에 지진에 흔들렸다 하더라도 기둥의 요철에 따라 다시 제자리로 들어서는 것이다.

신영훈은 1967년 멕시코시티에 전통적인 한국 건축 기법으로 건설한 한국정韓國亭이 멕시코에서 일어난 수많은 지진에도 아무 탈 없이 아직까지 견딜 수 있는 것은 그랭이 공법을 사용했기 때문이라고 설명한다. 내가 멕시코를 방문할 때 제일 먼저 찾은 곳이 한국정인데, 다소 허약하게 보이는 작은 건물이 다른 어떤 건물처럼 지진의 피해를 받지 않고 온전하다는 데 놀라지 않을 수 없었다.

입면

한국 건축의 특징 중 하나가 입면 구성이 비교적 단조롭다는 점이지만, 실제로 한국 목조건축의 미적 표현은 지붕의 우아한 곡선미와 지붕을 걸치고 있는 여러 가지 형태의 공포栱包, 초공草工(도리가 좌우로 구르지 않게 기둥 위와 도리 사이에 설치設置하는 기둥), 화공花工(꽃무늬를 새긴 두공), 익공翼工, 화반花盤 등에서 나온다.

한국의 지붕은 다양한 것으로도 유명해 형태에 따라 맞배지붕(박공지붕), 팔작지붕(합각지붕), 우진각지붕과 모임지붕이 주류를 이룬다. 여기서 모임지붕은 팔각지붕이 기본이나 사각지붕, 육각지붕과 맞배지붕이나 팔작지붕을 합성시켜 만든 정자형丁字形지붕 또는 십자형十字形지

한국의 건축

붕 등도 있다.

　맞배지붕은 건물의 정면과 후면에만 지붕면이 형성되고 측면에는 지붕면 없이 삼각형의 박공면을 형성한다. 박공이란 원래 선박에서 온 말로 물 위에 뜬 작은 배에 덮는 지붕을 뜻한다. 뱃집 또는 맞배집이라고도 하는데, 이는 선박을 대개 간단한 박공지붕으로 만들었기 때문이다. 박공朴工의 한자 뜻은 없고 일반적으로 바람을 잡거나 막거나 또는 묶어버린다는 뜻을 갖고 있다. 맞배지붕은 종심도리(마룻대) 양쪽 끝을 기둥보다 밖으로 내서 연목椽木을 거는 형태로 비교적 규모가 작고 오래된 건물에 주로 사용된다.

　팔작지붕은 건물의 정면과 후면, 양 측면의 네 면에 지붕면이 형성되나 양 측면에 지붕면과 함께 삼각형의 합각부를 형성한다. 이렇게 구성할 때 화려하고 아름다운 지붕 형태를 보이므로 격식이 높은 건물, 즉 궁궐의 정전이나 사찰의 대웅전 같은 중심 건물에 사용된다. 여기서 중심이라 함은 규모가 크고 가장 중요한 건물을 말한다.

　우진각지붕은 종심도리를 맞배집보다 짧게 하고 양귀에서 45도로 만나는 점에서 귀마룻대와 종심도리를 맞춤질해 귀마루를 만드는 지붕 형태다. 문루나 주택 등에 많이 쓰이는 지붕이다.

　모임지붕은 지붕의 추녀마루가 한 점으로 모이는 형식으로 정자류의 건축에 많이 사용되며 평면에 따라 사각, 육각, 팔각지붕 등으로 세분되는데 우진각지붕을 모임지붕으로 설명하기도 한다.

　지붕 형태의 선후관계를 따진다면 맞배지붕이 가장 간편해 어느 것보다 먼저 등장했다고 추정된다. 다음이 모임지붕으로 처마의 필요성과 합각벽의 처리 등에 유리하므로 대형건물에 이용하기 시작했으며

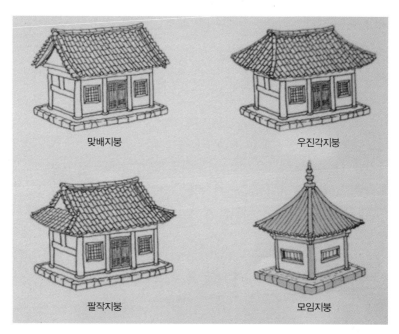

한국의 지붕은 형태에 따라 맞배지붕, 팔작지붕, 우진각지붕, 모임지붕이 주류를 이룬다. (국립문화
재연구소)

자연스럽게 절충식인 팔작지붕이 등장했다고 할 수 있다.

기둥

기둥은 상부 가구의 하중을 받아 초석이나 지반에 전달하는 기능을
갖는다. 기둥의 종류는 길이에 따라 긴 것을 고주高柱, 작은 것을 평주平
柱라 부른다. 한옥의 지붕은 'ㅅ'자 모양을 가지므로 안쪽에 놓이는 기
둥은 밖에 놓이는 기둥보다 길게 된다. 그래서 안쪽에는 고주가 놓이고
밖에는 평주가 놓인다.

인접한 두 기둥 사이를 '칸'이라고 하는데, '4개의 기둥으로 둘러싸인 공간'이라는 면적 개념으로 면적, 즉 건물의 평면 규모를 산정하는 기준이 된다. 조선시대 양반집은 99칸으로 한정되었는데 대부분 사람들은 방이 99개인 거대한 집으로 이해한다. 그러나 99칸 집은 방이 99개가 아니라 집의 칸 수가 99라는 것이다.

기둥과 기둥 사이를 주칸住間이라고 하며 좌우 각각 1주칸을 1칸이라는 면적 단위로 사용한다. 정면 3칸 측면 2칸이라면 6칸 집이라고 말한다. '간 사이'를 기둥과 기둥 사이의 실제 거리를 뜻하기도 하는데, 칸수를 설정한 후 간 사이를 설정하면 건물의 실제 길이가 설정된다. 칸의 개념을 이해했다면 어떤 건물을 볼 때 몇 칸 집인지 금방 알 수 있을 것이다.

기둥은 수직선이 기본이므로 지붕의 수평적 선과 대조를 이루며 기둥의 높이와 간 사이의 비례에 따라 입면의 구성이 달라진다. 조선시대에는 신분에 따라 기둥의 높이와 칸수를 제한했으므로 기둥의 높이와 배열은 권위와 상징성을 반영한다.

기둥은 단면의 형태에 따라 원주圓柱, 방주方柱(네모진 기둥), 각주角柱(다각형)로 대별된다. 각기둥은 대체로 주거용 일반 주택에 사용되었고 원기둥은 사찰, 향교, 관아, 궁궐 등에 사용되었다. 원기둥의 격이 높기 때문인데 조선시대에는 살림집에 원기둥을 사용하지 못하도록 법으로 금지하기도 했다.

또 건물 전체에 시각적·구조적 안정감을 주기 위해 기둥에 흘림을 주기도 하는데, 기둥 중간이 배가 부르고 아래위로 가면서 점점 가늘어지는 것을 배흘림기둥이라 부른다. 이것은 집의 크기에 따라 멀리서 보면 착시錯視 현상을 일으키기 때문이다. 즉, 건축의 미는 가까이 보았을 때와 멀리서 보았을 때 눈으로 느껴지는 차이가 생긴다.

이러한 착시 현상을 교정하기 위해 큰 틀에서 배흘림과 민흘림을 사용하는데, 민흘림기둥(사다리꼴)은 각기둥에 주로 사용되었다. 기둥 아래쪽에서 위로 올라가면서 두께가 서서히 좁아지는 것을 말하며, 원통형기둥은 기둥의 상하 모두 같은 두께를 가진다.

한편 배흘림을 서양 고전건축에서 말하는 엔터시스entasis라고 부르지만, 이는 엄밀한 의미에서 약간 다르다. 엔터시스는 기둥 밑둥이 가장 굵으며 위로 올라가면서 점차 가늘어지는 데 비해 한국의 배흘림은 기둥의 밑부분(주각)과 윗부분(주두)은 몸부분(주신)보다 작은 지름으로 구성되어 있고 가장 큰 지름은 기둥 높이의 1/3보다 약간 위에 만드는 것이 통례다.

고려시대 건물인 봉정사 극락전, 부석사 무량수전, 수덕사 대웅전 등이 모두 배흘림으로 되었으며 조선시대 초기 건축인 무위사 극락전 등의 건축에서 기본적으로 배흘림 수법이 나타난다. 반면에 민흘림으로 된 조선시대의 건축으로 서울 남대문, 쌍봉사 대웅전 등이다. 민흘림에서 배흘림에서처럼 가운데가 들어가 보이는 착시 현상을 그 부분만 교정해 전체가 곧바로 보이게 하는 것은 아니지만 전체적으로 밑둥을 더 크게 함으로써 역학적인 안정성을 시각적 안정감으로 환원시킨 것이다. 이와 달리 원통형은 착시 현상의 교정이나 안정감이 없음에도 송광사 국사전 등 조선시대의 많은 건축에 사용되었다.

기둥에 사용된 의장 수법으로 귀솟음과 안쏠림(오금법)이 있다. 귀솟음은 입면상 양측의 평주를 중심으로 외곽의 귓기둥隅柱 쪽으로 가면서

기둥은 수직선이 기본이므로 지붕의 수평적 선과 대조를 이루며 기둥의 높이와 간 사이의 비례에
따라 입면의 구성이 달라진다. 왼쪽부터 배흘림기둥, 민흘림기둥, 자연목기둥.

기둥의 높이를 점쳐 높여가는 기법이다. 눈높이보다 위쪽에 있는 수평
선은 양쪽 끝이 아래로 점차 보이는 착시 현상이 발생하는데, 이러한
착시 현상을 교정하는 효과가 있다. 즉, 구조상으로 추녀를 받는 기둥
하중이 과대하여 침하되는 것 같은 착각을 시정하려는 의도다.

안쏠림은 입면상 정칸을 중심으로 양측 귓기둥 쪽으로 가면서 점차
기둥의 상부를 중앙 쪽으로 기우러지게 세우는 기법이다. 양단 기둥의
상부가 바깥쪽으로 벌어져 보이는 착시 현상을 교정해 시각적으로 안
정성을 부여한다. 이러한 기법은 동양의 목조건축에서뿐만 아니라 그
리스의 석조건축에서도 나타나는데, 한국에서는 삼국시대부터 근래에
이르기까지 사용되었다.

공포

한국 건축의 기본은 기둥과 같은 수직 부재와 보나 도리와 같은 수평 부재를 적절하게 포집하는 가구 방식이다. 포집이라 함은 기둥머리에 창방(昌肪, 기둥과 기둥 사이의 머리를 파고 가로로 건너질러 기둥을 연결한 부재) 또는 평방平枋을 짜서 돌리고 주두柱頭를 놓고 주두 위에 공포를 짜고 옥개屋蓋를 바치는 가구 방식이다. 그런데 두 수평 부재가 그냥 만나면 연결 부위가 불안정해진다. 이런 문제를 해결하기 위해 기둥과 수평 부재 사이에 받침목을 댔는데 이것이 공포다.

이 받침목을 한자로는 '공栱'이라 쓰고 한글로는 '첨차檐遮'라고 부르며 공포를 결구해 조합하는 일을 포작包作이라 한다. 공포는 한국 목조 건물의 백미라고도 볼 수 있는데, 기둥과 지붕 가구 사이에 있어 보를 통해 전달받은 지붕의 하중을 기둥에 전달해주며 처마를 길게 뽑아 수평적인 확장을 가능하게 하는 역할을 담당한다.

한국의 건축물들은 기본적으로 목재로 건축되므로 습기에 약한 목재를 보호하고 집으로 들어오는 햇빛의 양을 조절하기 위해 처마를 길게 뺀다. 이때 처마를 적절히 지지해주지 않으면 처마가 지붕의 무게를 이기지 못한다. 그래서 처마를 지지하는 지지점을 기둥 밖으로 빼주는데 이를 출목出目이라 한다. 이 출목을 받치기 위해 기둥머리에서 선반 까치발처럼 지지목을 받쳐주는데, 이 지지목의 형태가 공포로 발전한 것이다.

기본적으로 공포는 주두, 첨차, 소로小櫨 등이 조합되어 처마 끝의 하중을 기둥에 전달한다. 기둥 위에 주두가 놓이고 주두 위에 직교하는

공포는 기둥과 지붕 가구 사이에 있어 보를 통해 전달받은 지붕의 하중을 기둥에 전달해준다. 주심포식(봉정사 극락전)와 다포식(봉정사 대웅전).

십자형 첨차가 있고 그 위에 소로를 놓아 도리를 받는 것이다. 기본 단위는 건물의 성격에 따라 2중, 3중, 4중으로 겹겹이 쌓아 건물의 위상을 높이는 데 활용한다.

　공포는 중국에 기원을 두지만 고구려 고분벽화에서도 등장할 정도로 오래전부터 한국 건축에서 사용되었다. 공포의 유무에 따라 공포를 사용하는 포식, 공포를 사용하지 않는 익공식과 민도리식으로 구분하며 포식은 다시 공포의 형식에 따라 주심포식과 다포식으로 구분한다.

주심포식

　기둥을 주심柱心이라고 부르므로 주심포식은 기둥과 기둥 사이의 공포인 주간포柱間包가 없이 기둥 위에만 공포가 있는 공포 형식이다. 다포식은 기둥과 기둥 사이에도 공포를 배열하는 방식이다.

주심포식은 고려 후기부터 나타나는 다포식에 비해서 공포의 구성이 간단하다. 주심포 건물의 가구는 기둥과 공포·대들보·포대공·종보 등 횡단면의 가구가 강조되면서 주구조를 이루며, 세로 방향의 횡가재 橫架材는 이들 주가구를 서로 연결시켜주는 기능을 미적으로 처리하고 있다. 미적으로 처리된 주가구를 노출시키기는 데는 맞배지붕이 효과적이므로 대부분의 주심포 건물은 맞배지붕을 사용하며 지붕의 처마가 낮은 것이 외형적인 특징이다.

또한 주심포계 양식은 장식성이 두드러지지 않고 가구 구조로 건물을 표현하므로 감각적으로 볼 때 매우 단정하며 여타 목조건축 양식에 비해 직선적인 느낌을 주는데 조선 후기부터는 중·하위의 전각殿閣에 주로 사용되었다. 특히 초기에는 기둥에 강한 배흘림이 있었으나 후기로 가면서 점차 약해진다.

다포식

다포식은 주심포와는 여러 모로 차이가 있다. 가장 특징적인 차이는 두공枓栱이 기둥 위만이 아니라 기둥과 기둥 사이에도 배치되어 건축의 모습이 주심포보다 화려하다는 점이다. 고대 한국 건축은 간결하고 소박한 것이 특징인데, 고려를 이어 조선이 들어서자 새로운 왕조의 권위를 높이기 위해 궁궐이나 성문에 화려한 다포계 양식을 보급하기 시작했다. 그러므로 다포계 건축물 중에는 지붕이 중층으로 된 것이 많이 있는데, 충남 부여에 있는 무량사 극락전이 좋은 예다. 더불어 사찰의 주불전 등에는 다포식 공포를 주로 사용했다.

그런데 지붕이 팔작이나 우진각일 때 지붕 밑에 합각 부분 등 정점 처리가 어렵고 미관상 좋지 않은 결과를 나타낸다. 선조들은 이러한 문제점을 해결하기 위해 다포계 건물에서 대부분 우물반자(반자틀을 정#자로 짜고 그 칸에 넓은 널로 덮어 꾸민 천장, 우물천장)를 설치해 장식한다. 지붕이 높으면서도 기둥의 배흘림이 주심포계 양식보다 약해지는 것은 이와 같은 구조적인 차이 때문이다. 일반적으로 주심포 양식에서는 공포의 출목이 2출목 이내인 데 비해 다포계 양식에서는 3~4출목 이상으로 한다. 주심포식과 마찬가지로 주두와 소로, 첨차를 기본 구성 부재로 하는데 조선시대에 건축된 건물의 대부분이 다포계 양식에 속한다.

익공식

한국 목조건축의 특징으로 익공식 또는 익공집이 있다. 익공식은 주심포와 유사한 점이 많으나 세부 수법과 가구법에 차이가 있다. 기둥 상부의 주두 밑에 돌출한 익공재를 놓고 그 위에 보의 머리를 얹는 방식이다. 원래 익공식은 원나라의 영향으로 시작되었지만 한국에서 독자적으로 발전한 양식으로 상류 주택건축이나 궁궐, 향교 등의 부속채에서 많이 사용되었다.

익공계 건물은 공포를 짜지 않고 기둥머리에서 익공을 내밀어 보머리를 받도록 하는 방식으로 다포계처럼 강한 시각적 요소를 보이지는 않고 간결하므로 큰 틀에서 주심포계 구조를 간략화했다고 하는 이유다. 조선 중기 이후 다포계 양식의 구조를 기반으로 첨차나 살미의 공포 구조가 하나의 부재로 단순화되어 한국 특유의 목조건축 양식으로 자리를 차지했다.

사용된 익공재의 단수에 따라 초익공식, 이익공식, 삼익공식 등으로 구분하는데 아래 것을 초익공, 위의 것을 이익공이라고 한다. 이익공은 초익공재 위에 재주두再柱枓를 놓고 그 위에 이익공재와 보를 얹어 놓기 때문에, 창방과 도리 사이가 자연 떨어지게 되므로 여기에 화반花盤같은 것을 배열해 기둥과 기둥 사이의 처마 밑을 장식해준다. 국보로 지정된 건축물은 단 2점에 불과하다. 서울의 경복궁(경회루, 국보 제224호)과 종묘(정전, 국보 제227호)다.

절충식

조선 초기에 사용된 절충식은 다포를 주로 하고 주심포를 혼합 또는 절충해 만들어진 양식이다. 절충식을 절충식다포, 주심다포 또는 화반다포라 하기도 한다. 일반적인 특징으로는 주심포에 다포를 쓰고 주간에는 공포를 배치하지 않았으며 그 대신에 화반 또는 간단한 받침을 만들었다. 출목은 외부에 1출목 또는 2출목으로 하고 내부에는 출목이 없다.

하앙식

화암사 극락전에서 발견된 다포계 형식이다. 하앙재의 외부 끝은 전면에 용을 조각하고 후면은 뾰족하게 비스듬히 절단되었으며 이 끝부분에 소로와 도리를 놓아 처마를 받쳤는데, 주심도리와 처마도리의 거리가 약 1.3미터로 다른 주심포나 다포계 구조에서는 전혀 볼 수 없는 것이다. 이 하앙 뒤에도 보강재가 있어 기다란 처마를 내밀 때 가해준다. 처마의 길이가 약 3미터로 다른 건물보다 훨씬 깊다.

가구

　가구架構는 기둥 위나 공포 위에 얹어 지붕의 틀을 구성하는 부재들이다. 넓게는 기둥에서 종도리까지 좁게는 기둥 상부에서 도리까지 집의 뼈대를 이루는 부분을 말한다. 가구는 보樑, 도리道里, 대공臺工 등의 기본 부재로 이루어지며 이들 구성 부재는 서로간의 맞춤이나 형태 등에서 일정 형식을 갖는다. 보는 위치에 따라 몇 가지로 나누는데 대들보·중종보·퇴보(대들보보다 짧은 보)가 그것이다. 대들보는 어떤 건물에나 반드시 걸치게 되는 기본 가구재로 평주와 평주 위에 또는 평주와 고주 위에 얹는다. 집안에서 가장 중요한 사람을 대들보라고 말하기도 하는데, 이는 건물에서 대들보가 가장 중요하다는 것을 뜻한다.

　도리는 일반적으로 직각 방향으로 있는 횡가구재이며 가구재의 최상부에 놓이는 긴 부재로 지붕의 하중을 직접 받는다. 가장 높은 곳에 있는 도리를 종도리, 고주 위의 도리를 중도리, 그 위에 놓인 도리를 중상도리, 그 아래에 놓인 도리를 중하도리라 한다. 평주 위에 놓이는 도리는 주심도리, 평주 밖에 놓이는 도리를 밖에 놓인다고 하여 외목도리 또는 출목도리라고 부른다. 우미량牛尾樑이란 말도 많이 나오는데 이는 주로 주심포 건물에 많이 사용되던 것으로 소꼬리를 닮았다고 해서 붙여진 이름이다. 우미량의 끝부분을 장식해 덩굴형 무늬를 넣는데, 이 무늬 이름을 만초문萬草文이라 한다.

　일반적으로 지붕을 받치고 있는 도리의 수에 따라 3량가, 7량가, 9량가, 고주의 사용 유무와 그 수에 따라 무無고주, 1고주, 2고주로 가구의 형식을 구분한다. 지붕이 'ㅅ'자 형이므로 하나의 집이 지어지기 위해

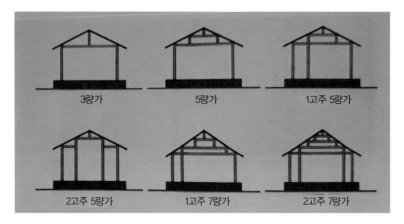

가구는 기둥 위나 공포 위에 얹어 지붕의 틀을 구성하는 부재인데, 보, 도리, 대공 등의 기본 부재로 이루어진다. (문화재청)

서는 최소 3개의 량이 필요한데 이는 빗물 배수를 위한 양쪽 경사지붕을 만들기 위한 필수조건이다. 평주 위에 대들보를 얹고 대들보 가운데 대공을 두고 도리를 얹으며 그 위에 서까래를 올리는 구조로 주로 평민들의 주택, 사대부 주택의 행랑채와 문간채 등 맞배지붕의 형식으로 지어졌다. 현재 수많은 곳에서 전통건축 건설 붐이 일고 있으므로 쉽사리 볼 수 있다.

한국에서 많이 보이는 건물은 도리가 5줄로 걸리는 가구 형식이다. 이는 건물 측면의 폭이 커 3량가로는 해결하기 어렵기 때문에 도출된 것으로 살림집 안채와 일반 건물, 작은 대웅전 등에서 주로 사용했다. 참고로 출목도리는 가구법 산정에 포함시키지 않는다. 그러므로 수덕사 대웅전에서 도리의 위치만 보면 11량가지만 9량가로 설명한다.

한국의 건축

천장

천장天障은 가구재가 노출되거나 은폐됨에 관계없이 건물 내부의 기둥 윗부분을 총칭해 부른다. 천장과 천정을 다소 다르게 분류하기도 하지만, 여기에서는 같은 맥락으로 설명한다. 가구 구조상 필연적으로 생긴 천장을 구조천장이라 하고 의도적으로 천장 시설을 한 것을 의장천장(장식천장)이라고 부른다. 구조천장에는 연등천장(삿갓천장), 귀접이천장(말각천장) 등이 있고 의장천장에는 우물천장(격자천장)이 많이 사용되는데 이들을 혼합해 사용하는 경우도 있다.

연등천장이란 건물 내부에서 서까래의 바닥면이 보이는 것을 의미하지만, 서까래가 보이므로 온화한 느낌이 적기 때문에 서까래에 달대를 달아 틀을 짜서 천장을 마감해 가구 내용의 일부 또는 전부를 은폐시키기도 한다. 우물천장은 장귀틀과 동귀틀을 정#자형으로 조립해 그 사이에 천장널을 구성한 것이다. 보개천장이 있는데 사찰의 본전과 궁전의 정전 등에서 볼 수 있는 것으로 건물 내부에서 부처와 왕의 공간을 다시 한번 강조하기 위해 만든 천장이다.

지붕

지붕은 기와나 초가 등으로 이은 건물의 최상부 구조재를 말한다. 공간을 덮어 내부 공간을 형성하고 하중을 이용해 건물 자체의 안정성을 도모한다. 또 지붕에 올린 흙은 습도와 열을 조절하며 깊은 처마는 계절에 따른 태양광선의 실내 유입 여부를 조절하며 벽체나 창호에 빗물

한국의 지붕은 다양한 것으로도 유명한데, 그 형태에 따라 맞배지붕, 모임지붕, 팔작지붕 등이 주류를 이룬다. 창덕궁 태극정 모임지붕.

이 들이치는 것을 방지한다. 지붕면이 정면을 형성하면서 전체 입면의 약 1/2을 차지하므로 시각적으로 중요하며 한국 건축의 곡선미를 형성하는 데 중요한 요소를 담당한다.

한국 건축의 진정한 멋은 지붕과 처마에 있다고 말해진다. 고래등 같은 대궐의 지붕에서부터 초가지붕까지 모양도 크기도 종류도 다양하다. 그러나 한국 지붕의 진짜 멋은 한 건물 안에서 그 모양이 수시로 변한다는 점이다. 보는 각도와 위치에 따라 수없이 변화하는 것은 물론 거리에 따라 한 건물의 지붕이라고 믿기지 않을 만큼 완전히 다른 모습을 보여주기도 한다.

한국의 지붕은 다양한 것으로도 유명한데 형태에 따라 맞배지붕, 모임지붕, 팔작지붕이 주류를 이루지만 사각지붕, 육각지붕, 팔각지붕과 맞배지붕이나 팔작지붕을 합성시켜 만든 정자형지붕 또는 십자형지붕 등도 있다.

　건물의 크기를 가늠하게 만드는 치미는 용마루의 양 끝에 얹는 날짐 승 꼬리 모양의 장식기와를 가리킨다. 치미의 기원과 형태에 대한 정설 은 없지만, 치미 설치의 목적이 화재를 면하고 귀신을 퇴치하고자 하는 주술적 의미를 갖고 있다는 데 일치한다. 한국에서는 삼국시대 건축에 서 치미가 나타나는데, 이는 용마루를 곡선으로 처리해 용마루 양 끝을 높여 강조하는 경향이 발전한 것이다.

단청

　한국 목조건축의 전용이라고도 할 수 있는 단청은 목조건물을 장엄 하고 화려하게 보이기 위해 여러 가지 빛깔로 무늬를 그려서 장식한 것을 말한다. 단청은 벌레의 침식을 방지하고 방습 효과가 있어 목조 건물의 부패를 방지한다. 단청이 무광택이므로 역광逆光에서 보아도 제 빛깔을 발하는 장점이 있다.

　단청의 역사는 선사시대 신에게 제사를 지내거나 제단을 꾸미는 데 그림을 장식하거나 제사장의 얼굴에 색칠을 하는 일 등에서 비롯되었 다고 한다. 단청은 신비감을 주고 잡귀를 쫓는 벽사辟邪의 뜻도 있고 위 엄과 권위를 표시하기도 한다. 삼국시대에도 단청이 유행했는데 고구 려 벽화고분인 쌍영총雙楹塚·사신총四神塚·강서江西 우현리대묘遇賢里大 墓·안악安岳 제2호분 등에 비천飛天·연꽃·인동초·구름·불꽃 등 다 양한 문양이 그려져 있다. 고려시대의 단청은 외부의 기둥이나 난간 부분에는 붉은색을 칠하고 햇빛이 들어오지 않는 천장이나 추녀 안은 녹색으로 칠해서 단청의 명암 효과를 높였다. 현재 남아 있는 수덕사 대웅전이나 부석사 무량수전 등이 그 예다. 조선시대에는 단청에 등황색을 많이 써서 밝고 화려하며 문양도 다양해진다. 이것은 간결한 고려시대의 주심포집에 비해 장식적이고 복잡한 조선의 다포집이 유행했기 때문이다.

단청의 원료인 안료는 원래 천연의 암석을 분말화한 것과 색채를 가진 천연의 흙이 기본이다. 또한 천연의 패각을 정제하거나 유연질油煙質의 탄소와 같은 재료를 사용했다. 기본 빛깔은 5색이며 이를 혼합해서 수많은 빛깔을 낸다. 5색은 청·적·백·흑·황이다.

단청 문양은 기본적으로 상징적 문양과 추상적 문양의 두 가지를 서로 혼합하여 사용해 단청 효과를 높인다. 상징적 문양은 일월성신日月星辰, 운수산천雲水山川 등 자연을 상징하는 것 또는 동식물이나 물체를 상징하는 문양이다. 추상적 문양은 문양 자체는 의미가 없으나 시각적 효과를 나타내는 도안적 문양이다.

수장

한국 건축은 집의 하중을 대들보, 도리, 기둥 등 나무로 된 구조재가 감당하므로 벽의 역할은 칸막이로 충분하다. 외벽은 실내와 실외를 구분해 단열과 보온의 역할을 담당하며 내벽은 방과 방을 나누는 역할을 한다.

기본적으로 수장은 벽과 창호, 바닥과 천장 등 건물을 꾸미는 일련의 과정을 말한다. 이를 풀어서 설명하면 한옥의 벽은 전통적으로 흙과 짚을 섞어 만들기 때문에 구조재인 기둥, 보와 직접 만날 경우 나무의 수축에 따른 틈을 보완하기 위해 흙이 만나지 않도록 도리와 기둥 옆에 둔 부재를 말한다. 수장재로는 인방引枋, 벽선壁楦(주선), 문선門楦 등이 있으며 하나의 건물에서 수장재의 단면 폭은 대체로 동일하게 설정하는데 이 폭을 '수장폭'이라 한다.

인방은 기둥 사이를 횡으로 건너지르는 긴 부재로 하인방, 중인방, 상인방 등으로 구성된다. 벽과 창호를 만들기 위한 수평 뼈대이자 바닥 마감을 위한 마감 틀로서 기능을 한다. 벽선은 상하 인방재 사이에 기둥에 붙여서 수직으로 세운 것이다. 창호와 벽을 만들기 위한 수직의 마감 틀로 기둥에 흙벽이 닿지 않게 해준다. 문선은 상하의 인방재 사이에 수직으로 세운 부재로 창호를 세우기 위한 문설주 역할을 하며 벽을 만들기 위한 수직의 틀이 된다.

서양 건축에서 문의 역할은 출입을 위한 용도로 한정되지만, 한식 건축에서 문은 사람이 오가는 역할만 담당하는 것은 아니다. 대청에 설치되는 문은 대체로 4분합문, 6분합문 등으로 설명되는데 이는 문을 접어서 올려 걸 수 있다는 것을 의미한다. 따라서 문을 내리면 마루는 하나의 방이 되고 문을 열면 집 안과 집 밖을 연결해주는 트인 공간인 마루가 된다. 또한 분합문은 방과 방 사이에도 사용하여 필요에 따라 공간을 넓히거나 줄여서 사용할 수 있다.

사찰

한국은 약 70퍼센트가 산이고 그 산에는 대부분 사찰이 있다. 그러므로 지방 출장 때 고속도로를 달리다 보면 곳곳에 사찰 안내판이 나온다. 외국인과 함께 지방에 내려가면 사찰을 건너뛸 수 없다. 따라서 우리 문화를 이해하기 위해서나, 우리 문화를 외국에 소개하려 할 때 사찰의 기본을 알아두는 것은 매우 유용하다.

불교가 인도에서 발생했지만 현재 세계의 많은 나라가 불교를 받아들이고 있다. 불교 특유의 진리성 등에 의해 어떠한 민족이나 국가에서도 그 민족 그 국가의 특수한 불교로 전환되는 것이 수월했기 때문이다. 그러므로 한국의 역사와 문화 속에서 태어난 불교를 한국 불교라 볼 수 있다.

지금의 만주지방 일대와 한반도를 중심 무대로 삼았던 우리 조상들은 여느 원시민족들과 다름없이 자연신自然神 숭배의 신앙을 갖고 있었는데, 삼국시대에 중국 대륙에서 높은 수준의 문화를 수반한 불교라는 새로운 종교를 받아들였다. 우리 조상들에게 불교는 말할 것도 없이 외래종교지만, 불교는 그 자체가 배타성이 없는 등 각 지역에서 뿌리를 내리는 데 적합한 교리를 갖고 있어 종교를 갖지 못한 한민족에게 곧바로 정신적인 기둥이 되었다. 특히 신라 왕실이 불교를 국가 통치 이념으로 받아들이자 법문, 불상, 불탑, 사찰 등이 서로 유기적으로 연계되면서 불교의 한국화가 뿌리를 내리기 시작한다.

최준식은 '나는 불교도가 아닌데 불교에 대해 군이 알아야 하느냐'고 질문하는 사람들이 있다고 지적했다. 최준식의 답은 간단하다. 불교가 우리 땅에 오래 있었기 때문에 우리 생활 속에 아주 깊게 침투해 있으므로 한국인이라면 자신이 여타 종교를 갖고 있더라도 자신도 모르게 불교적인 요소를 지니고 살고 있음을 전제해야 한다고 말한다. 한마디로 유네스코 세계문화유산 답사를 위해서가 아니더라도 이들에 대한 기초 지식을 이해하고 있는 것은 실생활에도 많은 도움이 될 수 있다는 설명이다.

그러므로 여기에서는 불교의 교리 등 원천에 대해서는 다루지 않고 국보, 보물, 문화재들이 있는 사찰을 답사할 때 접하게 되는 불교 유적의 기본에 대해서만 설명한다.

사찰의 기원

대형 사찰을 들어가면 생각보다 화려하게 되어 있음을 곧바로 느낀다. 사찰이라면 승려들이 수행하는 곳인데 왜 그렇게 알록달록하게 단청을 해서 화려하게 만드느냐는 질문이 나올 만하다. 그런데 곧바로 정답을 들으면 고개를 끄떡인다. 그것은 사찰이란 부처가 계신 장엄한 곳이기 때문이라는 설명이다. 부처가 계신 곳이므로 인간 세상과는 비교도 안 되게 화려한 곳이라는 뜻이다. 이를테면 사찰은 극락과 같은 곳이므로 사바세계와는 본질적으로 다르다는 내용으로 이 부분에 관한 한 동양이나 서양이나 마찬가지다. 서양의 교회나 이슬람 사원도 웅장하고 호화롭게 건설된다. 이것은 신의 세계를 지상에 건설하고 신자들로 하여금 그 장엄함에 압도당해 종교심을 일으키게 하기 위한 목적임을 모르는 사람은 없을 것이다.

사찰이라는 말의 어원은 산스크리트어로 상가아라마sangharama다. 이 말을 소리 나는 대로 옮긴 한자말이 승가람마이며, 승가람마를 줄여서 '가람'이라 한다. 상가아라마는 무리 또는 모임이라는 뜻을 지닌 '상가'와 정원 또는 담장을 두른 집이라는 뜻의 '아라마'가 복합된 말이다. 이 말을 번역해 중원·승단·승원이라 하는데, 모두 수행자들이 모여서 수행하는 곳, 한마디로 '절'을 뜻한다. 한편 승가람이란 종합사원이라는 뜻으로 줄여서 가람이라 부르는데, '뭇 스님들이 즐겨 머무는 곳'이란 뜻을 담고 있다. 가람은 예배·집회·포살(참회)·거주 등에 필요한 모든 시설을 갖춘 종합사원을 말한다.

중국에서는 사찰을 흔히 '불사佛寺' 또는 '사寺'라 불렀다. '사'란 말은 원래 외교사절을 관장하는 관청을 뜻하던 것으로 인도의 중(스님)들을 홍로사鴻盧寺로 맞이해 거주하게 했다. 다시 말한다면 '사'는 불교의 스님들이 사는 집이라는 뜻이다.

대형 사찰에 딸린 스님들의 수도 공간을 암자라고 한다. 초기 인도 불교 당시부터 인도에 있었던 '아란야aranya'라는 수도처가 바로 암자에 해당한다. 암자의 현판에서 쉽게 볼 수 있는 '난야'가 바로 '아란야'의 음사어音寫語다. 아란야는 일체의 번잡한 소리가 들리지 않는 곳, 즉 수행하기 좋은 한적한 수도처의 사찰을 의미하는데 선원禪院 또는 선방禪房의 뜻과 같다.

여기에서 중과 스님에 대한 설명을 보자. 천하의 유학자인 율곡栗谷이 어머니인 신사임당이 사망하자 인생의 허망함을 느끼고 1년 동안 속세를 버리고 입산을 했다. 19세 때의 일이다. 당시는 불교를 배척하고 중을 천대했던 때라 그 선문禪門 1년이 인생에 지울 수 없는 흉터처럼 되어 과거에 급제한 뒤에도 왕따되기 일쑤였다. 문묘에서 공자에게 배례할 때도 따돌림 당하고 홍문관 교리 때에도 왕따를 당해 사직소를 올리기도 했고 죽은 후에도 두고두고 학계의 쟁점이 되었다.

'중'이란 호칭을 싸고 도는 이미지가 율곡같은 학문의 거인까지도 오염시켰다는 뜻으로 개화기 때만 해도 중은 성문 안에 발을 들여 놓지도 못하게 했을 만큼 천대했다. 그러나 중이란 말은 본래 좋은 뜻이다. 불교의 성직자를 뜻하는 범어의 '상가samgha'를 한문으로 옮길 때 음대로 '승가僧伽'라 했고 의역으로 '중'이라 했던 것이 그 뿌리다. 『대지도론大智度論』에 의하면 고대 불교에서 4명 이상의 비구가 화합해 불사를 베풀었으므로 무리 '중'이라 불렀다 한다. '숲을 이루는 나무를 낱낱 숲이라 이르지 않지만 그 낱낱의 나무 없이 숲을 이룰 수 없는 것과 같은 이치다'라고 승을 집단적으로 파악해 '중衆'이란 말을 사용한 것이다.

중이란 원래 중국 주나라 때부터 사용한 것으로 한국에서는 불교가 융성했던 고려 때까지 중이라 부르지 않고 복을 일구는 뜻으로 '복전福田'이라 불렀다. 승의 호칭으로 비구, 화상, 사문, 대덕, 법사, 선사 등 많으나 가장 이미지가 좋고 친근한 호칭은 존댓말인 '님'자가 붙은 스님이라고 적었다. 스님이라는 말은 불사 측면에서 시자→시님→스님이 된 것으로 추정된다.

우리에게 익숙한 일정한 규모의 사찰이 석가모니 생존 당시부터 있었던 것은 아니다. 당시에 두 가지 절이 있었는데 아바사와 아라마다. 아바사는 인도에서 비가 많이 오는 장마철에는 비구승들이 다니면서 수행하거나 교화할 수 없으므로 여러 사람이 임시로 방을 만들어 사는 일시적인 승려 거주처다. 아라마는 수도하기도 좋고 교화하기도 좋으며 보시받기도 편리한 도시나 큰 마을 주변의 한적한 곳에 일정한 대지와 승려가 거주할 수 있도록 만든 건물이다. 이러한 아라마가 확대되고 종합된 것이 승가람, 즉 중원이다.

한편 탑은 일찍부터 세워졌지만 처음에는 승단과는 무관하게 일반 신도들이 탑을 조성해 공양하던 것으로 처음의 가람에는 야외탑이 없었으므로 탑을 공경하는 예배 장소도 없었다. 그런데 일반 신도들이 공양하는 탑이 성행하자 가람에 탑을 봉안하게 된 것이다.

탑이 승원과 결합된 후 사원에서 차지하는 탑의 비중은 차츰 커지기 시작한다. 그러므로 가람 구조를 설명할 때 배치 형식이 주요 관건인데 여기에는 탑의 존재 유무가 기본이다. 즉, 탑이 금당金堂과 일직선상에 놓여 있으면 일탑식 가람 배치, 두 탑이 좌우에 대칭으로 배치되면 쌍탑식, 탑 하나에 금당이 3개 있을 경우 1탑 3금당식 가람 배치라 부른다.

탑이 승원에서 예배의 주 대상이 될 때부터 탑은 사원의 중심이 되었는데, 불상이 예배 대상으로 등장하기 시작하자 위상이 바뀐다. 불상을 봉안한 불전, 즉 금당도 탑과 같이 중요시되어 탑·금당이 병립하기 시작하더니 불상이 불교 신앙의 주체로 등장했다. 당연히 금당이 주主가 되고 탑은 종從이 되는 사원으로 변한다. 그러므로 가람에 반드시 탑이 있어야 하는 것은 아니다. 신라 말부터 특히 산지가람에서는 탑이 없는 배치가 나타나다가 고려 이후 조선시대에는 탑이 사원에서 자취를 감추거나 외곽 지대로 밀려나는 경우가 많았다.

사찰에는 부처를 봉안한 여러 불전에서부터 강의를 위한 건물, 참선하는 건물, 승려들이 거주하는 건물은 물론 식당, 부엌, 종루, 고루에 이르기까지 갖가지 쓰임새에 따라 분리되어 건설된다. 그런데 많은 사찰을 방문하다 보면 각 건물들이 거의 유사한데도 건물의 현판을 보면 완연히 다른 이름을 갖고 있어 헷갈리기 마련이다. 이는 사찰 나름의 기준을 갖고 있다는 뜻이다.

일주문

사찰의 시작은 기본적으로 당간지주幢竿支柱에서 시작된다. 당간지주는 2개의 돌기둥과 철로 된 긴 통으로 되어 있는데 이 철통(당간)을 기둥 사이에 넣어서 깃대 역할을 하게 하는 것이다. 사찰에서 큰 행사가 있으면 당간 위에 깃발을 달아 신자들이 절을 찾을 수 있게 한 것이다. 일종의 이정표로 반드시 사찰의 입구에 놓이는데 현재 대부분의 사찰에는 지주만 남아 있는 것을 볼 수 있다. 이것은 당간이 철로 만든 것이

일주문은 말 그대로 기둥이 한 줄로만 되어 있는 문이다. 부처의 나라는 일주문부터 시작된다. 가야산 해인사 일주문.

라 녹슬어 없어졌기 때문이다.

당간지주를 지나면 곧 일주문이 나온다. 말 그대로 기둥이 한 줄로만 되어 있는 문인데 사찰의 영역, 그러니까 부처의 나라는 일주문부터 시작된다. 두 기둥으로 되어 있는데도 일주문이라고 부르는 것은 두 기둥을 일직선상에 세웠다는 의미이기 때문이다. '일주'라는 단어는 상당히 어려운 철학적인 의미를 지니고 있는데 일반적으로 '일심(One Mind 혹은 Cosmic Consciousness)'을 상징한다고 설명된다. 불교에서는 이 우주가 가장 깊은 속마음인 일심에서 비롯되었다고 보기 때문이다. 그러므로 이 문을 지나면 이제 속세와는 이별이라는 뜻도 된다. 그러나 아직 부처의 세계에 온 것은 아니고 중간 단계에 있다고 할 수 있다.

대형 사찰에서는 보통 일주문부터 본전에 도달하기까지 시내, 즉 개울이 흐르는 것을 볼 수 있다. 이것은 부처를 만나러 가기 전에 자신의 마음을 깨끗이 하라는 뜻과 다름없다. 머리와 마음속에 있는 번뇌를 모두 이 시내에 흘려버리라는 것이다.

사찰의 위용을 한눈에 느끼게 해주는 일주문은 모든 중생이 성불의 세계로 나아가는 길의 첫 관문을 상징한다. 부처의 경지에 이르기 위해 불도를 닦는 사람은 지극한 일심으로 부처와 진리를 생각하면서 일주문을 지나야 한다는 것을 의미한다.

일주문의 형태는 기본적으로 다포양식(고려 후기인 13세기 말에서 14세기에 원에서 전래된 양식으로 조선시대에 성행했으며 주두와 기둥 사이에 두공을 둔 것을 말한다)의 공포로 구조해 윗부분이 지나치게 과중해지는 가분수인 경우가 많다. 이 말은 건축적으로 다포계 공포 구성이 채택되고 유행하기 시작한 이후부터 일주문이 오늘에 이르렀다는 뜻으로 과거에는 일주문이 흔하지 않았다는 것을 의미한다.

중문

사찰의 규모에 따라 다르지만 어느 정도 걸으면 문이 하나 나온다. 천왕문으로 이 문 안에는 험상궂게 생긴 4명의 장수가 있다. 이들은 사천왕으로 원래는 힌두교의 신이었는데 불교가 갖고 와서 불교를 수호하는 '보디가드'로 만든 것이다. 그런데 이 천왕들은 발로는 악귀들을 밟고 있으며 인상마저 험악하다. 흥미있는 것은 이 천왕들을 보면 불교가 인도에서 실크로드를 따라 한국으로 전해졌다는 것을 알 수 있다. 즉, 사천왕의 얼굴은 중앙 아시아인이고 옷은 중국 원나라 장수의 갑

불이문을 넘어서면 대웅전 마당이 되며, 이곳이 바로 붓다가 주석하고 있는 부처의 나라. 강원도 고성 건봉사 불이문.

옷을 입었다. 그런데 손에는 조선 검을 들고 있는데 이것은 아무리 외국에서 도입된 불교이지만 한국식으로 변용되어 우리에게 나타난다는 것을 의미한다.

금강문이 없는 사찰에서는 바로 사천왕문에 도달하기도 하는데 격으로 보면 사천왕문은 중문에 해당한다. 금강문에는 금강역사상이 자리 잡고 있으며 사천왕문에는 사천왕상 4명이 좌우에 있다. 이들은 팔부신중이나 십이지상과 더불어 법을 호지護持하고 도량을 수호한다. 불국사에서 대웅전 일곽으로 들어가는 자하문과 극락전으로 들어서는 안양문도 중문이다. 사천왕문이 없는 사찰에서는 중문으로 회전문廻轉門을 세운 경우도 있다. 청평사 극락전 앞에 있는 중문이 회전문(보물 제

164호)이고 도갑사의 해탈문(국보 제50호)도 회전문에 속하는데 성격상 이곳에서는 중문보다는 대문으로 간주된다.

이제 진짜 붓다의 세계에 다가온 것인데 입구에 문이 하나 더 있다. 보통 불이문不二門이라 불리는데 이 문을 넘어서면 대웅전 마당이 되며 이곳이 바로 붓다가 주석하고 있는 부처의 나라다. 불이문의 의미는 일주문보다 어려운데 직역하면 '둘이 아니다'라는 뜻이다. 너와 내가 둘이 아니고 우주와 나는 둘이 아니라는 심오한 의미를 갖고 있다. 인간과 우주는 하나인데 인간이 자꾸 분리해서 욕심을 가지니까 그렇게 하지 말라는 뜻이다.

대웅전

일주문과 중문을 지나면 각 사찰의 보궁으로 들어가는데, 보궁의 이름은 어느 부처를 모시느냐에 따라 이름이 달라진다. 대웅전大雄殿은 도력과 법력으로 세상을 밝힌 위대한 영웅을 모신 전각이라는 뜻으로 가람의 중심 건물이다. 석가모니불을 봉안한 사찰 본당本堂의 대명사로 대웅보전大雄寶殿이라고도 한다. 석가모니를 대웅세존大雄世尊이라 부르는 것에서 유래한 이름으로 석가단독불釋迦單獨佛을 봉안하기도 하지만 과거, 현재, 미래의 삼세불三世佛을 봉안하는 것이 일반적이다. 또 삼세불에 각각 보현普賢, 대세지大勢至, 관음觀音, 문수文殊을 협시해 총 7구의 불상을 봉안하기도 하며 이 경우에 대웅보전이라 한다. 수덕사 대웅전, 불국사 대웅전, 통도사 대웅전 등 많은 걸작품이 남아 있으며 봉정사의 대웅전에는 앞에 난간으로 쪽마루를 설치한 흔적이 있다.

대웅전은 도력과 법력으로 세상을 밝힌 위대한 영웅을 모신 전각으로 대웅보전이라고도 한다. 전남 구례 화엄사 대웅전.

고려 때는 본존불을 모신 중심 전각을 '금당'이라고 했으며, 조선에 들어와서는 법문을 설하는 곳이라는 뜻으로 '법당'이라고 했다. '대웅'이란 말은 『법화경』에서 석가모니를 큰 영웅인 대웅으로 지칭한 것에서 유래했다. 대웅보전에는 석가모니불의 협시불로 아미타불과 약사여래불이 안치된다.

한편 부처의 진신사리를 갖고 있는 사찰에서는 불상을 갖지 않는다. 신라의 자장법사가 부처의 진신사리를 갖고 와 황룡사탑과 태화사탑, 통도사 불단에 나누어 봉안했으며 추후에 양산 통도사, 설악산 봉정암, 태백산 정암사, 사자산 법흥사, 오대산 월정사 등 '5대 적멸보궁'에 나누어 봉안했다. 임진왜란 때 왜군이 통도사의 금강계단에 모셔진 사리를 탈취해가자 선조 38년(1605) 사명대사가 왜에서 이를 되찾아 금강산 건봉사에 봉안했으므로 엄밀하게 말하면 '6대 적멸보궁'이 한국에 있다. 이들 사찰에 불상을 안치하지 않는 것은 부처의 진신사리에 예불을 드릴 수 있으므로 구태여 불상이 있어야 할 까닭이 없기 때문이다.

극락전

대웅전과 더불어 조선시대 2대 불전으로서 위치를 점하고 있는 극락전極樂殿은 아미타불을 주불로 안치하고 있는 법당으로 극락세계에서 영원히 평안한 삶을 누린다 하여 아미타전 또는 무량수전無量壽殿이라고도 한다. 아미타불은 서방정토 극락세계에 머물면서 중생들에게 자비를 베푸는 부처인데, 무량한 지혜와 무량한 덕, 무량한 수명을 가지고 있기 때문에 '무량수불無量壽佛'로 표현되어 무량수전으로도 불린다. '나무아미타불'은 무한한 생명과 지혜로 부처에 귀의하겠다는 마음을 다지는 구호다.

아미타여래가 다스리는 곳이 서방 극락정토이므로 극락전은 언제나 중심 불전으로 서쪽에 있어 참배하는 사람들이 그곳을 향하도록 세워진다. 따라서 이 세계를 염원하는 사람은 '나무아미타불'이란 염불을 외우며 극락에서 누리는 새로운 삶을 기원한다.

한국에서 아미타 신앙은 그 어떤 신앙보다 큰 비중을 차지해 6~7세기 무렵부터 이미 대중 속에 자리 잡았다. 고구려·백제·신라의 치열한 전쟁 속에서 생겨난 수많은 희생자가 극락으로 갈 것을 바라는 기도가 자연적으로 아미타여래 신앙으로 귀의한 것으로 본다. 극락전은

극락전은 아미타불을 주불로 안치하고 있는 법당으로 아미타전 또는 무량수전이라고도 한다. 불
국사 극락전.

한국의 사찰에서 대웅전 다음으로 많이 세우는 건물로 그만큼 아미타
여래가 한국인들에게 깊은 신앙의 대상이 되고 있음을 알려준다.

극락정토의 본존인 아미타불을 주불로 중앙에 모시고, 자비로 중생
의 괴로움을 구제한다는 관세음보살과 지혜와 광명의 빛으로 중생을
비춰주는 대세지보살을 협시로 안치한다. 또는 관세음보살과 함께 중
생을 교화하고 구제해 극락으로 인도하는 지장보살을 협시로 봉안하
기도 한다. 주불전이 아닐 경우 일반적으로 미타전彌陀殿이라 부른다.
천은사와 무위사가 대표적이다. 극락세계는 평안하고 풍부한 안양세계
安養世界라고도 하여 안양전安養殿, 사후 극락왕생할 때에 연꽃에서 피어
난다고 하여 연화전蓮花殿이라고도 한다.

대광전

　대광전은 비로자나불을 본존불로 봉안한 법당이다. 화엄종 계통의 사찰에서는 대적광전大寂光殿이 본전이다. 그러나 사찰의 주불전이 아닐 때는 『화엄경』의 연화장 세계 교주인 비로자나불을 본존불로 모시므로 비로전毘盧殿이라고도 하고, 『화엄경』에 연유되어 화엄전華嚴殿이라고도 한다. 비로자나불이 있는 연화장은 더러움에 물들지 않는 연꽃으로 그 분위기가 위엄이 있고, 진리의 빛이 가득하며, 고요가 깃든 세계라는 데서 대적광전이란 이름이 유래했다.

　주불인 비로자나불을 중심으로 왼쪽에 보신불인 노사나불, 오른쪽에 화신불인 석가모니불을 안치한다. 또한 삼신불 좌우에 아미타불과 약사여래불을 두어 5불을 안치하기도 한다. 주불을 모신 불단 위에 닫집을 만들고 여의주를 입에 물고 있는 용으로 화려하게 꾸미며 천장에는 연꽃무늬와 보상화무늬 등으로 장식한다. 대광전에는 삼신불을 안치하므로 후불탱화로 삼신불탱화를 걸어둔다. 한 폭에 비로자나불·노사나불·석가모니불을 모두 그리거나 법신탱·보신탱·화신탱을 세 폭에 나누어 그린 불화를 배치하기도 한다. 해인사 주불전, 마곡사 대광전 등이 이에 포함된다.

보광전

　『화엄경』에 의하면 선재동자善財童子가 지상과 천상을 오르내리며 구법순례求法巡禮를 하는 칠처구회七處九會 중 2, 7, 8회의 설법이 보광명전

대광전은 비로자나불을 본존불로 봉안한 법당으로 대적광전 혹은 비로전, 화엄전이라고도 한다. 도피안사 대적광전.

普光明殿에서 행해진다고 묘사되어 있다. 상주의 남장사 보광전과 같이 원래 비로자나불이 주존主尊으로 되어야 하나 조선시대 화엄종의 퇴조 와 함께 석가모니불 혹은 아미타불을 봉안하는 것이 일반화되었다. 따 라서 명칭만 다를 뿐 대적광전, 대웅전, 극락전과 같은 성격의 전각이 라 볼 수 있다.

미륵전

미륵전彌勒殿은 사찰에서 미륵불을 주불로 봉안한 법당이다. 석가가 열반한 뒤 56억 7,000만 년이 지나면 말세가 되는데, 도솔천의 미륵보 살이던 분이 사바세계 용화수 아래 내려와 성도하고 미륵불이 된다. 그

미륵전은 사찰에서 미륵불을 주불로 봉안한 법당으로 용화전 혹은 자씨전이라고도 한다. 금산사 미륵전.

는 석가가 다 구제하지 못한 중생들을 제도한다. 모든 중생을 위해 용화삼회를 열고 설법한다. 미래의 부처인 미륵불이 용화수 아래에서 성불해 용화 세계를 이룬다는 뜻에서 용화전龍華殿이라고도 하며, 미륵의 한자 의역인 자씨를 따서 자씨전慈氏殿이라고도 한다. 극락전, 대적광전, 보광전 등의 주불전과 대등한 위치에 건립되어 또 다른 주불전으로서 위계를 갖는다.

미래불인 미륵불은 아직 부처가 아니라는 뜻에서 '미륵보살'이라고도 부른다. 이 미륵보살이 새로운 불국토 용화 세계에서 중생을 교화하고 제도하는 것을 상징하는 법당이다. 미륵불의 협시보살로는 법화림보살과 대묘상보살 또는 묘향보살과 법륜보살을 배치하며, 후불탱화로는 미륵불이 용화수 아래에서 설법해 중생들을 극락으로 이끌어주는 장면을 묘사한 〈용화회상도龍華會上圖〉를 걸어둔다. 금산사 · 범어사 · 동

약사전은 사찰에서 약사여래를 주불로 봉안하고 있는 법당으로 불자들에게는 매우 친근한 여래다. 기림사 약사전.

화사·법주사·용화사 등 주로 법상종法相宗 계통의 사찰 금당이 이 이름을 사용한다.

약사전

약사전藥師殿은 사찰에서 약사여래를 주불로 봉안하고 있는 법당인데 보통 동쪽을 향해 자리 잡고 있다. 약사여래는 몸의 질병뿐만 아니라 마음에 든 병이나 집에 든 재난까지 치유하거나 소멸시켜주므로 불자들에게는 매우 친근한 여래다. 극락신앙極樂信仰이 내세기복來世祈福을 위한 것이라면 약사신앙藥師信仰은 현세구복現世求福을 위한 것이다.

약사전에는 약사불이라고도 하는 약사여래를 중심으로 왼쪽에는 태양처럼 빛나는 지혜와 덕성을 지니고 중생을 교화하는 일광보살, 오른쪽에는 달처럼 청정한 덕성을 갖추고 중생을 교화하는 월광보살을 배치한다. 『약사여래본원경』에 의하면 12약사신장藥師神將과 7,000야차夜叉를 권속眷屬으로 거느린다 하여 12신장설이 도교道敎의 12지신支神과 결합해 약사 12지신을 낳기도 했다.

약사여래는 대개 왼손에 약병이나 약합을 들고 있으며, 후불탱화로는 〈동방약사유리광회상도東方藥師瑠璃光會上圖〉를 걸어둔다. 법당 안에는 우물천장을 비천과 연꽃으로 꾸미고 닫집을 만든다. 한국에서 대형 사찰의 많은 곳이 이 이름을 갖는데 통도사, 송광사, 관룡사, 고운사 등도 이런 건물을 갖고 있다.

관음전

관음전觀音殿은 관세음보살을 주불로 모신 법당이다. 관세음보살은 대자대비의 마음으로 중생의 괴로움을 구제하고 제도하는 보살이다. 관세음보살은 세상을 구하고 생명이 있는 자들에게 이익을 가져다주기 때문에 아무런 인연이 없는 중생이라도 '관세음보살'을 염송하고 항상 마음속에 새겨서 공경하고 섬기면 반드시 소원을 성취하게 된다고 한다. 이 때문에 민간 사회에서 널리 신봉되어 한국에서도 일찍부터 관세음 신앙이 유행했으며, 지금도 보살을 모신 불전 가운데 관음전이 가장 많이 보인다.

대체로 관세음보살은 연꽃이나 감로병 같은 물건을 들고 있는 경우가 많다. 이 모양은 본래 깨끗하지만 욕심·성냄·어리석음의 삼독三毒에 물들어 있는 중생의 마음을 이 감로수로 씻어준다는 뜻을 갖고 있

관음전은 관세음보살을 주불로 모신 법당으로 관세음보살은 중생의 괴로움을 구제하고 제도하는 보살이다. 표충사 관음전.

다. 관세음보살은 여러 형태를 갖고 있는데 한국에서는 불국사의 11면 관음, 버드나무 가지를 들고 있는 양류관음, 27개의 얼굴과 1,000개의 손, 1,000개의 눈을 가진 천수천안관음 등이 가장 많이 보인다.

『묘법연화경』 「관세음보살보문품」에 교의敎儀적 연원이 있으며 관세음보살을 봉안한 건물이 사찰의 중심 법당일 때는 원통전圓通殿, 사찰 건물의 일부에 속하는 부불전일 경우 관음전觀音殿이라고 하며, 관세음보살의 자비를 강조해 대비전大悲殿이라고도 한다. 좌우에 해상용왕海上龍王과 남순동자南巡童子를 협시하나 조상造像하지 않고 후불탱화에서만 표현된다. 원통전은 절대적인 진리가 원만하게 탐색된다는 '주원융통周圓融通'에서 유래된 이름이다. 통도사 · 화엄사 · 법주사 · 선암사의 원통전, 범어사 관음전 등이 대표적 예다.

송광사 관음전은 조선시대 왕실의 원당이던 성수각聖壽閣이다. 조선시대의 국시는 불교를 억압하고 유교를 숭상했으나 역대 왕과 왕비들은 대부분 불교에 의지했다. 조선시대에 수많은 사찰이 대규모로 존속

사찰

할 수 있었던 것은 왕실의 비호가 있었기 때문인데, 왕실에서 치성드릴 일이 있으면 상궁을 파견해 기도하게 했다. 성수각은 이들이 사용할 수 있는 전각을 기도처에 마련한 것이다.

영산전

영산전靈山殿은 석가모니의 설법장說法場인 영산회상靈山會相에서 유래한 이름의 전각으로『유마경』,『증일아함경』등에 나오는 20대 제자들을 봉안하는 것이 기본이나 조선시대에는 16나한을 봉안하는 것이 일반적이어서 나한전羅漢殿과 구별이 없게 되었다. 그러므로 영산전, 응진전應眞殿 등은 석가모니불을 주불로 모시고 그 좌우에 석가모니의 제자인 16나한상을 안치한 법당이다.

나한은 아라한Arhan의 약칭으로 성자聖子를 부르는 호칭이기도 하다. 존경과 공양을 받아 마땅한 사람으로 진리에 도달했다는 뜻에서 응진應眞이라고도 한다. 나한은 부처가 되지는 못했으나 모든 고통과 번뇌를 끊고 해탈의 경지에 이른 성자로 미래불인 미륵불이 나타날 때까지 중생들을 제도하라는 부처의 수기授記를 받았다. 즉, 16나한은 특별히 석가의 수기를 받아 미륵불이 하생下生할 때까지 열반에 들지 않고 이 세상의 불법수호佛法守護를 위임받은 자들이다.

대규모 영산전과 나한전은 대범천大梵天, 제석천帝釋天, 감제사자監濟使者, 직부사자直符使者, 동자상童子像 등을 추가로 협시하기도 하고, 수기삼존授記三尊 외에 석가의 수제자인 아난阿難과 가섭迦葉을 추가하기도 한다.

500나한, 즉 부처의 500제자를 모신 전각을 나한전 또는 500나한전

영산전은 석가모니의 설법장인 영산회상에서 유래한 이름의 전각으로 20대 제자나 16나한을 봉안한다. 봉은사 영산전.

이라 한다. 석가가 열반한 뒤 마하가섭이 회의를 소집했다. 생전에 부처께서 설법하신 내용을 모아 정리하기 위함인데, 이때 500인의 비구가 모였다. 이들은 하나 같이 아라한의 경지에 도달한 사람으로 500나한전의 500나한들은 이 모임에 모였던 500명의 모습을 묘사한 것으로 이것을 '제1결집' 또는 '오백결집'이라 한다. 모두 가장 편안한 자세를 취하고 있는 것이 특징이다. 통도사·송광사·해인사·선암사·마곡사·천은사·은혜사·기림사 등이 응진전의 대표적 예다.

팔상전

석가모니의 전생에서부터 열반에 들기까지의 일대기를 8장면의 대표적 그림으로 표현한 것을 〈팔상도八相圖〉라고 한다. 이 그림들을 봉안하고 석가모니를 기리는 곳이 팔상전八相殿이다. 내부 중앙 정면에 〈영산회상도靈山會相圖〉를 놓기도 하고, 석가단독불을 봉안하기도 한다.

명부전

명부전冥府殿은 지장보살을 주불로 봉안한 법당으로 대개 대웅전의 오른쪽에 자리 잡고 있다. 명부冥府란 사후세계를 이르며 여기서 10대왕大王의 심판을 받아 천상, 지옥 등으로 가게 된다고 한다. 죄인들은 염라대왕 앞에서 지은 죄를 숨김없이 공술하는데, 죄를 적은 두루마리를 저울에 달아 죄가 무거운지 아닌지를 판가름한다. 이 과정을 지장보살이 지켜보면서 죄를 변호해주기도 하는데, 원래 인도의 지신신앙地神信仰에서 유래했다. 이 지옥 장면들을 그린 것이 〈시왕도十王圖〉다.

지장보살을 주불로 모시고 있어 지장전地藏殿, 시왕을 봉안하고 있으므로 시왕전十王殿이라고도 한다. 사람이 사망한 후를 감독하는 지장보살은 석가의 위촉을 받아 미륵불이 출현하기까지 천상에서 지옥에 이르는 6도의 중생을 교화하고 구제한다는 보살이다. 명부전 안에는 불단 가운데에 지옥중생의 구세주인 지장보살을 중심으로 협시로 도명존자道明尊者와 무독귀왕無毒鬼王을 배치하고 그 좌우에는 죽은 뒤 지옥에서 죄의 경중을 다루는 10명의 명부시왕상을 세운다.

명부전은 지장보살을 주불로 봉안한 법당으로 지장보살이 사후세계에서 사람들의 죄를 변호해준다. 금산사 명부전.

　시왕단十王壇은 지장단 좌우로 나누어 진광대왕秦廣大王, 초강대왕初江大王, 송제대왕宋帝大王, 오관대왕五官大王, 염마대왕閻魔大王, 변성대왕變成大王, 태산부군泰山府君, 평등대왕平等大王, 도시대왕都市大王, 오도전륜왕五道轉輪王의 순으로 배열되고, 동자童子, 일판관日判官, 월판관月判官, 일직사자日直使者, 걸왕신乞王神 등이 권속으로 협시된다.

　기복신앙이 민간불교였던 조선시대에는 종파에 관계없이 어느 사찰에서나 거의 있었던 중요한 불전으로 화엄사 · 신륵사 · 금산사 · 동화사 등 많은 사찰이 이들을 갖고 있다.

조사전

　조사전祖師殿은 사찰에서 조사, 사찰의 창건주, 역대 주지 등 후세에

존경받는 승려들의 영정이나 위패를 안치한 건물이다. 사찰에 따라서 조당, 조사당, 국사전이라고도 한다. 선종 사찰에서 조사당을 세워 영정과 위패, 조각상 등을 모신 데서 비롯되었다. 조사전이 없는 절에서는 영각影閣을 짓고, 국사를 배출한 절에서는 국사전을 짓기도 했다. 선종에서는 달마대사를 제일가는 조사로 받들고 있으므로 많은 사찰에서 달마대사를 지극히 공경하는 이유다. 부석사의 조사당이 유명하며 통도사 조사당, 송광사 국사전, 해인사 조사전, 신륵사 조사당 등은 조사당을 대표하는 전각이다.

설법전

석가는 많은 비구가 모여 있는 곳에서 언제나 모여 앉으면 마땅히 두 가지 일을 행하라고 했다. 하나는 진리에 대해 이야기하는 일이고 또 하나는 침묵을 지키는 일이라고 했다. 조계산 송광사의 설법전說法殿, 불국사 금당 뒤에 있는 무설전無說殿이 바로 이런 뜻에서 세워진 것이다. 즉, 비구들이 모여 법을 설하던 곳으로 무설전이란 말하는 것과 말하지 않는 법이 한 가지라는 뜻을 담았다. 새로 창건하는 사찰에서는 거의 무설전이 없고 선방을 만든다.

칠성각

칠성각七星閣은 도교의 칠성신앙七星信仰이 불교화되어 나타난 신중각神衆閣으로 재난을 물리치고 아들을 얻을 수 있다는 효험 때문에 일반인

설법전은 비구들이 모여 법을 설하던 곳으로, 무설전이라고도 하는데 이는 말하는 것과 말하지 않는 법이 한 가지라는 뜻이다. 불국사 무설전.

들에게 인기가 높다. 주존으로 북극성北極星의 화신인 치성광여래탱熾聖光如來撑을 놓고 주존 양편에 칠성탱七星撑을 배열한다.

독성각

독성獨聖이란 부처 이전 시대에 홀로 연기법緣起法을 깨달은 독성불獨聖佛, 또는 부처의 제자인 나한羅漢 나반존자那畔尊者로서 천태산에서 미륵이 오기까지 기다리는 독수성자獨修聖者라고도 한다. 다소 모호한 설명인데, 민간에서는 부처와 중생의 중계자로서 또는 단군 토착신의 화현化現으로 믿어왔다. 일명 천태각天台閣으로도 불리는데 산신각山神閣과의 건축적 차이는 거의 없다.

산신각

한국 고유의 토속신앙이 불교화되어 사찰의 영지신앙靈地信仰과 함께 가람을 수호하는 임무를 갖고 있다. 신앙의 대상인 산신탱화山神撑畵에는 항상 호랑이와 산신이 함께 등장하는데, 인격체로서 산신과 화신으로서 호랑이를 숭배한다.

삼성각

삼성각三聖閣은 3인의 성인을 모시는데, 그중에 둘이 한국적인 신이다. 항상 호랑이를 대동하고 있는 할아버지는 산신이고 그냥 혼자 있는 분은 칠성신이다. 이 두 신은 한국 고유의 신으로 언제부터 사찰에서 모셨는지는 확실하지 않지만 대체로 고려 말로 추정한다. 원래 불교는 포용력이 강한 종교라 자기 종교의 신이 아닌 신들도 잘 포섭하는데 토착신들에게 익숙해 있는 한국인들을 불교로 이끌기 위해 이런 신들을 모시게 된 것으로 추정된다.

그러므로 칠성각, 독성각, 산신각은 서로 구별되기보다 총체적인 민간신앙으로 동시에 예배된 것이 일반적이다. 이들은 각각 행복과 득남, 재물, 장수라는 구복신앙求福信仰을 담당해 모셔지기도 한다. 보통 3칸 규모인 삼성각은 칠성단七星壇을 중심으로 좌우에 독성단과 산신단이 형성된다.

삼성각은 3인의 성인을 모시는데 그중에 둘이 한국적인 신이다. 호랑이를 대동하고 있는 할아버지는 산신이고, 혼자 있는 분은 칠성신이다. 미륵사 삼성각.

선원

사찰에 선원이라는 특별 구역이 있다. 선원은 좌선 수행하는 곳으로 보통 좌선방坐禪房 혹은 선방이라고도 부르며 이곳에서 정진하는 스님을 수좌首座라 한다. 한국 불교에서는 강원講院과 함께 전통적인 승려 교육기관으로서 의미를 지니고 있지만, 원칙적으로는 일정한 교육 기간이 정해져 있지 않다. 강원 수료자가 들어가 자율적으로 수행하는 높은 단계의 평생 수행의 장이라 할 수 있다.

선원에서 수행이 자율적이라 하더라도 규율은 엄격해 파계나 나태한 행위는 일절 금지되며 대중이 규약한 규칙을 엄하게 지키는데 이를 대

중청규大衆淸規라 한다. 선원의 전통적인 수행 방법은 스스로 진리를 탐구하는 것이며, 초하루와 보름에 삭발식과 함께 조실祖室 또는 선지식善知識의 설법을 듣는다. 참구參究하는 도중에 의심이 생기면 조실 또는 선원장에게 찾아가 질문해 의심을 푼다.

한국 선불교의 전통은 화두話頭를 가지고 이를 해결하는 데 전심전력을 기울인다. 이를 간화선看話禪이라고 한다. 화두란 한자 그대로 '말머리'지만 실제로는 일반 범부의 사량思量으로는 도저히 답을 낼 수 없는 의심덩어리를 뜻한다. 그래서 화두를 든 수행자는 스스로 도저히 빠져나올 수 없는 은산철벽銀山鐵壁에 자신을 가두고 그곳을 빠져나오기 위한 다함없는 정진을 하는 것을 말하며 이렇게 정진하는 곳이 바로 선원이다.

한국의 선원은 정기적으로 일정한 기간 단체로 수행하는 안거安居 수행을 하는데, 여름철 즉 음력 4월 15일에서 7월 15일까지를 하안거라하고 겨울철 음력 10월 15일에서 다음해 1월 15일까지를 동안거라고한다.

불상

불교가 석가모니에 의해 탄생한 이후 거의 500년간 무불상 시대로
있다가 간다라에서 불상이 처음으로 태어났다. 무불상 시대가 500년
이나 이어진 것은 석가모니가 자신을 개인적으로 숭배하는 것을 금했
기 때문이다. 간다라 지역에 불교가 전파된 것은 인도 마우리아 왕조의
아소카왕Ashoka the Great(기원전 304~기원전 232) 때다. 그는 호불왕이라
고 불릴 만큼 불교의 포교에 전념했는데, 그 일환으로 수많은 불탑을
세웠다.

그런데 간다라 지역에 알렉산더 대왕 때 이주했던 그리스인들이 계
속 거주하고 있었으므로 이들은 자신들의 문화를 유지하면서 새로운
문화의 도입을 받아들이고 있었다. 불교가 대중적으로 보급되는 것을
인정하면서도 그리스와 그레코로만식의 건축이나 조각을 견지한 것이

다. 이른바 '불교화한 간다라 예술'로 불교 사원에서 코린트식 기둥머리 등이 등장하는 것은 물론 그리스인이 모델이 된 불상도 만들었다.

이때의 불상은 그리스 조각과 다를 바 없었다. 여하튼 일단 불상이 만들어지자 불교도에게서 상당한 지지를 받았는데, 간다라에서 불교 예술이 다른 지역과는 달리 꽃피운 이유를 일본인 나가사와 가즈도시는 다음과 같이 설명했다.

"불상이 태어난 동기는 원천적으로 간다라에서 터전을 잡은 그리스인들의 생활 풍습 때문이다. 어느 지역을 가더라도 아크로폴리스 언덕을 건설하지 않으면 성에 차지 않는 그리스인들은 간다라 지방에 들어와서 불교와 접촉하자 신전과 조각이 없는 종교에 한없는 불만을 품었다. 그러므로 그리스인 조각가들은 새로운 종교를 위해 불상을 만들고 사원을 만드는 데 주저하지 않았다."

최초의 불상은 완전한 의미의 붓다가 아니라 아직 깨달음에 이르지 못한(보리수 밑에 있는 것으로 보아 깨달음 직전에 있는) 보살을 나타낸 것이라고 설명된다. 불교에서 불상이 없던 시대 뒤에 곧바로 불상의 조성에 이르지 못하고 보살상의 조성이라는 과도적 단계를 거쳤으리라는 점을 시사한다. 초기의 조각가들은 붓다를 나타내는 상을 창안하는 것보다는 세속의 세계와 인연을 맺고 있는 보살을 상으로 표현하는 것이 여러 면에서 상대적으로 안전하고 부담이 적었다는 설명으로 이해될 수 있다.

불상이라는 개념이 태어나자 통례적인 불상으로 변화되는 것은 자연스러운 귀결이다. 대체로 기원후 1세기 중엽에는 이미 통례적인 불상의 형식이 태어났다. 간다라에서 창안된 완전한 의미의 불상은 커다란 천을 몸에 감싸 두르고 아무런 장신구도 걸치지 않은 차림이다. 당시 간다라를 포함한 인도에서 유행하던 불교 승려의 복장에 기초한 것으로 커다란 천은 승려들이 입는 3가지 옷三衣 가운데 가장 격식을 갖추어 입는 대의大衣를 나타낸 것이다.

반면에 머리는 승려들처럼 삭발하지 않고 긴 머리카락을 위로 올려서 상투를 틀었다. 이처럼 붓다의 머리 모양이 불교의 출가 수행자에게 어울리지 않는 형상을 갖게 된 것은 인도에서 전통적으로 내려오는 대인상大人相(인간의 뛰어난 신체적 특징)을 따르고 있기 때문이다.

한국의 초기 불상이란 포괄적인 면에서 본다면, 고구려 불상에 대한 연구로 볼 수 있다. 고구려가 삼국의 어느 국가보다도 빨리 중국 문화를 받아들일 수 있는 지리적인 위치에 있었고 실제로 불교도 제일 먼저 도입했기 때문이다. 하지만 이들의 유물이 많지 않은 것은 사실이므로 이들을 대상으로 불상을 설명하는 데는 한계가 있다. 그러므로 여기에서는 신라의 불상을 주로 설명한다.

불상이 중국에 전해진 것은 1세기경인데 중국 불상은 처음에 인도 양식으로 조성되다가 점차 중국인의 모습으로 변해갔다. 윈강雲崗 · 룽먼龍門 · 둔황敦煌 석굴의 초기 불상이 변화하는 모습을 담고 있다. 신라에서 처음에는 중국 불상과 비슷한 모습으로 조성되어 얼굴이 갸름하고 몸이 날씬한 중국 남북조시대 불상의 모습으로 삼국 통일을 전후한 시기에 체형과 얼굴, 복식 등이 변화하고 불상도 다양하게 조성되는 데 재료와 방법도 여러 가지를 사용했다.

삼국시대 불상은 대체로 동과 청동으로 만든 불상에 금을 입힌 금동불金銅佛로 부처의 광명을 상징하는 광배에 부처와 보살을 함께 모신

'일광삼존一光三尊'의 형식으로 만들어졌다. 초창기 불상은 좁은 공간에 모실 불·보살을 함께 조성했기 때문으로 남북조 시대의 불상을 차용했다. 그러나 이들 불상은 한국 지역에 맞는 불상으로 바뀌기 시작하는데, 6세기 중반 신라보다 먼저 불교를 받아들인 백제 불상 양식이 신라에 전파되면서 점차 풍만한 모습으로 바뀐다.

불상의 머리 모습은 꼬불꼬불한 머리카락(나발)보다 머리카락을 틀어 올린 상투 모양(육계)이 훨씬 커지고 눈꺼풀이 두툼해지며 볼에 살이 붙으면서 입술 주변이 들어가 미소를 짓는 모습을 띤다. 통일신라시대에 들어서면 육계가 작아지고 눈썹과 코를 잇는 선이 뚜렷해지며 입가에 미소가 점차 사라진다. 불상의 얼굴 또한 깊은 사색에 빠진 근엄한 얼굴로 변하는데, 이는 신라 불교의 철학과 사상이 심오하게 발전해가는 시대상의 반영이라 볼 수 있다.

복식의 변화도 옷의 두께와 주름에서 나타난다. 삼국시대 불상은 양어깨에 가사를 걸치고(통견) 있어 옷 속의 신체를 표현하지 못했는데, 통일신라 불상은 왼쪽 어깨에만 옷을 걸쳐 오른쪽 어깨가 드러나면서(우견편단), 젖가슴과 어깨의 윤곽이 선명하게 표현되었다. 우견편단의 표현은 이후 불상의 일반적 복식 양식으로 자리 잡는다. 옷 주름도 왼쪽에서 오른쪽으로 흐르므로 좌우 대칭의 형태가 사라지며 옷 길이도 짧아져 연꽃무늬의 대좌에 놓인 발이 그대로 드러난다. 복식의 양식으로 옷 속의 신체까지 표현한 것은 인간적 부처의 모습을 그리려 한 것으로 볼 수 있다.

인간적인 부처를 표현하기 시작하자 불상의 유형도 다양해지므로 사찰 안의 건물이나 야외에 조각된 수많은 불상을 보면 혼동되기 십상이다. 수많은 불상이 모두 같은 모습처럼 보이는데다 구별하는 것이 어려우므로 불상을 보기만 해도 질린다고도 말한다. 그러나 불상들은 각각의 교리적 배경을 갖고 있으며 이것을 불격佛格 또는 덕이라고 한다.

불상은 깨달은 사람, 즉 각자覺者로서 격을 갖추고 있는 부처를 형상화한 것인데 한국의 대승불교에서는 누구나 다 부처가 될 수 있고, 또 어느 때나 부처가 될 수 있다는 입장이므로 과거, 현재, 미래를 막론하고 수많은 부처가 존재한다. 따라서 석가모니불을 비롯해 비로자나불, 아미타불, 약사불, 미륵불 등과 53불 1,000불상이 만들어진다.

석가여래

석가불만 유일하게 실제로 존재했던 인물이다. 삼국시대는 대체로 석가불이 조성되었고 석가가 중생의 두려움을 없애주는 시무외여원인 施無畏與願印(오른손을 들어 손바닥을 보이면서 손가락을 위로 펴고, 왼손은 아래로 내려 손바닥을 밖으로 보이는 손가짐)이 주류를 이룬다. 앉아 있는 좌상은 선정인禪定印(왼손 위에 오른손을 놓고 엄지를 맞대는 모양)의 수인手印을 하는 것이 보편적이다. 통일신라시대 이후에는 대부분 항마촉지인降魔觸地印(오른손을 무릎 아래쪽으로 향하게 하는 모양) 자세를 취한다. 대웅전에 주불로 봉안되며, 응진전 · 나한전 · 영산전 · 팔상전 등에도 주불로 봉안되는 경우가 많다.

협시보살상은 문수보살상과 보현보살상이 좌우에 배치되거나 관음보살상과 허공장보살상, 또는 미륵보살상도 배치된다. 대승불교 시대(1세기경 이후)에 다양한 부처가 예배되지만 불교의 창시자인 석가모니

석가여래의 좌상은 선정인의 수인을 하는 것이 보편적이다. 송광사 석가모니불.

불이 가장 숭앙 받았다는 것은 자연스러운 일이다. 따라서 어느 시대나
지역을 막론하고 석가모니불이 가장 많이 만들어졌다.

아미타불

삼국 통일을 전후한 시기에는 석가불 외에 아미타불·비로자나불 등
이 조성되는데, 아미타불은 상상 속의 붓다로 우리가 죽은 뒤에 가는
극락을 관장한다. 불신자가 아니더라도 '나무아미타불 관세음보살'이
란 말은 들어보았을 것이다. 한마디로 아미타불과 관세음보살이 한국
인에게 가장 인기 있는 보살이라 볼 수 있다. 아미타불은 영원한 수명無
量壽과 무한한 광명無量光을 보장해주는, 즉 시간적으로나 공간적으로 영

아미타불은 상상 속의 붓다로 우리가 죽은 뒤에 가는 극락을 관장한다. 석굴암 본존불(아미타여래).

원한 부처라는 뜻으로 서방 극락을 주재하면서 중생들에게 자비를 베
푼다. 말하자면, 어떤 중생이라도 착한 일을 하고 아미타불을 지극 정
성으로 부르면 서방 극락의 아름다운 정토로 가게 만드는 부처다.

　아미타불은 신분의 고하를 불문하고 누구에게나 평안한 삶과 안락한

정토세계를 보장해주는 부처로 인식되었기 때문에 특히 하층민들에게는 구세주로 절대시되었다. 삼국 통일시대부터 화엄종, 법상종 등의 인기 절정의 부처가 되었으므로 가장 많이 조형화되었다. 고려시대부터 이 불상이 봉안되는 불전을 극락전, 무량수전, 아미타전 등으로 불렀다.

아미타불의 형식적 특징 가운데 가장 중요한 것이 수인이다. 보통 아미타정인과 9품인을 짓는 것이 원칙이며, 이러한 수인은 통일신라시대부터 나타나기 시작해 8세기 중엽부터는 완전히 정착하게 된다. 좌우 협시보살은 관세음보살과 대세지보살이 가장 보편적이며 관세음보살과 지장보살 또는 8대 보살도 고려시대부터 나타나며 8대 보살을 봉안해 군상을 이루고 있는 예도 많이 등장한다. 8대 보살은 관음, 세지(또는 허공장), 문수, 보현, 금강장, 제장애, 미륵, 지장 등이다.

황복사탑 순금아미타불상, 감산사 아미타석불, 굴불사 석주아미타불상, 불국사 금동아미타불상, 백률사 소조아미타불상, 중생사 소조아미타불상 등이 현재 남아 있는 대표적인 걸작들이다. 일반적으로 아미타불은 석가모니불과 여러 면에서 형태가 유사하므로 구분하기 힘들지만 삼존일 경우에는 관세음보살과 대세지보살을 협시로 하므로 구별이 쉽다.

비로자나불

불교 진리를 상징하는 비로나자불은 기독교로 말하면 신에 해당하는 존재로 석가나 아미타불이 존재할 수 있게 하는 근원적 존재다. 중생과 부처가 하나라는 의미로 검지를 세우고 오른손으로 그 첫째 마디

비로자나불은 중생과 부처가 하나라는 의미로 검지를 세우고 오른손으로 그 첫째 마디를 쥔 수인을 취한다. 도피안사 비로자나불.

를 쥔 수인을 취했다. 통일신라 8세기 후반에서 9세기에 걸쳐 크게 유행했다. 대개 독립상으로 봉안되지만 삼존일 경우 문수보살과 보현보살이 협시한다. 이 불상이 모셔진 불상을 대적광전 또는 비로전이라 한다. 기림사 대적광전, 불국사 비로전 등이 대표적이다.

약사불

불교가 대중화되면서 질병의 고통을 없애주는 의사격인 부처도 크게 요구되었는데, 여기에 부합해서 출현한 부처가 바로 약사불藥師佛이다. 특히 일반 대중들이 극락의 아미타불과 함께 의사로서 약사불을 신봉

대중들은 극락의 아미타불과 함께 의사로서 약사불을 신봉했다. 기림사 약사전 약사여래(중앙).

했다는 것은 당연한 일로 보인다. 약사불은 7세기 중엽부터 보편화되기 시작해 8세기 중엽에 크게 유행한다.

약사불은 다른 불상과는 달리 왼손에 지물持物을 가진 계인契印을 짓고 있는 것이 특징이다. 즉, 왼손에 약합 같은 약그릇藥器을 들고 있어 불상의 손에 약병이 있다면 무조건 약사불로 보면 된다. 또 오른손을 들어 손바닥이 밖으로 향하도록 하고 다섯 손가락을 모두 펴는 시무외인施無畏印을 맺어 중생들의 두려움과 공포를 없애주고 안심을 주는 형상을 하고 있다. 일광日光보살과 월광月光보살 또는 약사12지신상藥師十二支神像을 거느리기도 한다.

미륵불

메시아로서 널리 알려진 미래불이 미륵불이다. 사회가 불안하고 나라가 혼란할 때는 많은 사람이 새로운 지상낙원을 꿈꾸게 되는데, 이러한 혁명적인 생각을 가진 사람들을 위한 복음적인 부처가 바로 미륵불이다. 미륵사상은 미륵상생경과 미륵하생경 등 미륵정토에서 유래하는데, 이를 조직화한 것이 법상종이며 통일신라 때부터는 미륵사상과 미륵존상을 주재했다.

원래 불상의 형태로 나타나기 전 미륵은 보살이었다. 이는 도솔천을 주재하는 보살로, 56억 7,000만 년 후가 되면 석가불이 미처 제도하지 못한 중생들을 모두 구제하기 위해 용화수라는 나무 밑에 부처님의 모습으로 내려와 3번 설법해 모든 중생을 남김없이 제도한다고 한다. 그래서 이 불상이 봉안된 불전을 용화전이라 부른다. 미륵불상이 의자에 앉아 있는 의좌세倚坐勢의 불상과 입상은 용화꽃 봉오리나 꽃가지를 든 용화수인을 짓고 있다.

보살은 범어인 '보디사트바Bodhi-Sattva'의 약칭으로 부처의 깨달음을 구하는 동시에 부처의 자비행을 실천해 모든 중생을 구제하고자 노력하는 대승불교의 이상적 수행자상을 의미한다. 보살은 귀하고 자비로운 성격을 표현하기 위해 몸에 많은 장식을 한 여성상으로 표현되며 관세음보살, 문수보살, 보현보살, 대세지보살, 지장보살 등으로 구분된다.

부처의 조상이 변하는 것과 궤를 같이해 보살상의 조상도 다양하게 나타난다. 삼국시대에는 의자에 앉은 채 한쪽 다리를 다른 한쪽 무릎 위에 올려놓는 미륵보살상이 주로 만들어졌다. 보살상은 불상처럼 옷

불상

주름이 좌우 대칭으로 표현되었다. 통일신라시대에 이르면 목과 허리를 약간 꺾인 자세로 연화좌 위에 서 있는 모습으로 바뀐다. 옷 주름도 좌우 대칭이 사라지고 대신 화려한 장신구를 몸에 걸친 형식을 갖추었다. 보살은 현세에 열심히 '자리이타행自利利他行'을 실천해야 비로소 미래에 부처가 될 수 있다고 생각했다. 다음 세상에 태어나 부처가 될 보살은 부처를 옆에서 모시고 있으므로 중생을 인도하고 가르치는 보살행을 드러내기 위해 점차 화려하게 만들기 시작했다.

불탑

한국의 도처에 불탑이 있는 것은 사실이다. 수많은 유적지나 유원지에서 지금도 돌을 주워서 조그마한 탑을 쌓는 모습을 자주 보았을 것이다. 그러나 탑이 정작 무엇을 의미하는지에 대해서는 생각해본 적이 거의 없을 것이다. 그만큼 우리에게 가장 친숙한 존재이므로 더는 설명을 들을 필요가 없기 때문이다. 탑은 탑이라는 뜻이다.

탑은 한마디로 '붓다의 무덤'이라 볼 수 있다. 석가모니가 쿠시나가라Kuśinagara에서 입적하자 석가모니의 시신을 말라족이 다른 인도인들처럼 다비에 붙였다. 그런데 놀랍게도 시신에서 영롱한 사리가 나오자 인도의 여덟 나라는 석가모니의 사리를 서로 차지하기 위해 분쟁을 일으켰다. 한 제자의 의견에 따라 석가모니의 사리를 팔등분해 각 나라에 분배하고, 이를 봉안하기 위해 각기 탑을 세웠다. 이를 사리팔분舍利八分

석가모니가 입적하자 석가모니의 시신에서 영롱한 사리가 나오자 인도의 여덟 나라는 석가모니의 사리를 차지하기 위해 분쟁을 일으켰다. 건봉사 석가모니 치아 사리.

이라 한다.

그런데 유골의 분배가 끝난 후 석가모니의 열반 소식을 뒤늦게 전해 듣고 달려온 모라족은 어쩔 수 없이 석가모니의 화장터에 남아 있던 재를 가져가 유골 대신 재탑을 세웠다. 결국 처음에 건립된 8기의 탑과 추가된 2기의 탑을 합해 총 10기의 탑이 최초의 불탑이 된다.

당연하게 석가모니의 불사리를 봉납한 탑은 예배의 대상이 되어 신성하게 모셔졌다. 불교를 열렬히 신봉했던 아소카왕은 이 8개의 탑을 헐고 불사리를 다시 나누어 나라 전체에 8만 4,000개나 되는 탑을 세웠다. 8만 4,000개의 탑에 보관할 정도로 불사리가 많을 수 있느냐는 지적도 있지만, 이 숫자는 불교에서 많은 것을 의미할 때 사용한다는 것을 이해할 필요가 있다.

그렇다면 부처의 무덤을 유독 '탑'이라고 부르는 이유가 궁금하다. 정답은 부처의 무덤이라고 해서 탑이라고 붙여지는 것은 아니라는 것이다. 탑이란 명칭은 원래 고대 인도어인 스투파stupa에서 시작되었다. 인도에서 스투파는 본래 '쌓아올린다'는 의미를 가진 말로 죽은 사람을 화장한 뒤 유골을 묻고 그 위에 흙이나 벽돌을 쌓은 돔Dome 형태의 무덤을 지칭한다. 그러므로 탑의 원래 의미는 간단히 말하면 '유골을 매장한 인도의 무덤'이라는 뜻이다. 그러므로 고대 인도인들에게는 부처의 무덤이나 일반 인도의 무덤이나 모두 똑같은 스투파다.

그런데 아소카왕이 인도 전역에 부처의 사리를 봉안한 스투파를 건설하자 이후 스투파는 단순한 인도의 전통적인 무덤이 아니라 성스러운 구조물로 변모했고 사람들은 경외와 참배의 대상으로 삼았다. 스투파가 석가모니의 유골, 즉 사리를 봉안하는 구조물에서 나아가 석가모니의 실재로 인식되기 시작하는데 이는 아소카왕의 8만 4,000개의 탑 건립에서 진정한 불리佛理의 원리가 확립되었다고 볼 수 있다.

불교가 중국으로 전파되자 부처의 스투파가 중국에서 솔도파率都婆, 스도파窣都婆, 탑파塔婆 등으로 발음되어 한자로 표기되다가 마침내 줄여서 탑이라고 불리게 되었다. 탑을 파고다라고도 부르는데, 이 용어는 포르투갈어 '빠고데pagode'에서 유래되었다고 알려진다. 15세기 이후 포르투갈이 동남아시아 지역에 진출해 독특한 건축물인 탑을 보고 이러한 명칭을 붙였다는 것이다. 이 때문에 지금도 서양인들은 동양의 탑을 지칭할 때 '파고다'라고 부른다.

불탑

탑의 배치와 장엄

사찰 안의 탑은 사찰의 여러 건물과 어우러져 하나의 전체를 이루고 있다. 이때 탑과 건물이 어떤 관계로 배치되어 있는지를 '가람 배치'라고 한다. 예를 들면 탑과 금당의 관계에 따라 1탑 3금당 · 1탑 1금당 · 쌍탑식 등으로 분류한다.

1탑 3금당식 가람 배치는 한국에서 가장 오래된 형식으로 주로 고구려에서 그 형식을 찾아볼 수 있다. 탑을 한가운데 두고 북쪽에 1개, 동서에 1개씩 금당이 있어 금당이 탑을 삼면에서 둘러싸고 있는 형상이다. 고구려의 금강사지, 상오리사지, 정릉사지 등은 모두 이와 같은 1탑 3금당식의 가람 배치다.

1탑 1금당식 가람 배치는 남북축 선상에 탑과 금당을 1개씩 두는 형태와 동서로 탑과 금당을 두는 형태가 있다. 백제시대의 탑은 남북축 선상에 탑과 금당을 두는 형태로 군수리사지, 정림사지, 미륵사지 등이 이런 형식을 따르고 있다. 미륵사는 탑과 금당이 각각 3개씩 있었으나 각각의 독립된 구역을 만들어 1탑 1금당식의 형식을 취했다.

쌍탑식 가람 배치는 통일신라시대 사천왕사지에서 처음 나타나는데, 망덕사지 · 보문사지 등에서는 목탑, 감은사지 · 천군동사지 · 불국사 등에서는 석탑으로 나타난다. 이후 대부분의 사찰에서는 이런 쌍탑식 가람 배치가 기본이 된다. 이와 같이 금당과 탑의 관계가 변모하는 이유를 강우방은 다음과 같이 적었다.

"통일신라시대 전의 초기 사찰에서는 중문을 통해 사찰 안으로 들어갔을 때 정면에 거대한 탑이 금당 앞에 서 있는 구조였으나 통일신라

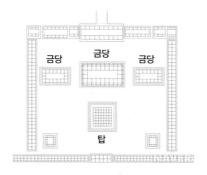
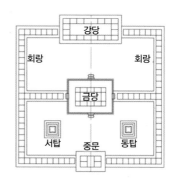

탑은 사찰의 여러 건물과 어우러져 하나의 전체를 이루고 있다. 이를 가람 배치라고 하는데, 1탑 3금당식, 1탑 1금당식, 쌍탑식 등으로 분류한다. 1탑 3금당식(경주 황룡사), 쌍탑식(경주 감은사).

이후 탑의 크기가 점점 작아지자 탑이 중앙에서 비켜나 좌우로 물러나면서 탑 대신에 중앙에 금당이 있는 구조로 변한다. 이는 세월이 흐르면서 탑 신앙이 불상 신앙으로 바뀌자 불상을 모신 금당이 중요시되어 상대적으로 탑의 위상이 낮아졌기 때문으로 볼 수 있다."

한편 사찰의 건축 계획에서도 초기 사찰들은 탑의 기단폭을 사찰 평면 배치의 기준으로 삼았는데, 쌍탑식 가람 배치에서는 탑과 탑 사이의 간격을 기준으로 계획했다. 그러므로 1탑식 가람 배치를 탑 중심적 가람 배치라고 하고, 쌍탑식 가람 배치를 금당 중심적 가람 배치라고 부르는 학자들도 있다. 이는 동서로 금당과 탑을 배치하는 형태는 탑과 금당을 동일시했다는 것을 의미한다.

물론 탑과 같은 형태를 갖고 있다고 해서 모두 탑이라고 부르는 것은 아니다. 탑은 다음 2가지 조건을 충족시켜야 하기 때문이다. 첫째는 석가의 사리를 봉안하는 것이고 둘째는 상륜相輪을 갖고 있어야 한다. 사

불탑

리의 봉안이 석가의 무덤임을 알리는 실질적인 내용이라면, 상륜은 인도 스투파를 축소시킨 상징적인 형식이다. 그러므로 한국의 모든 탑에는 상륜이 있다. 목탑이나 전탑에서는 주로 금속으로 만들었고 석탑은 돌로 저마다의 형태를 조각해 올려놓았다. 물론 불교가 널리 전파되면서 건립되는 모든 탑에 석가의 진신사리를 모실 수가 없어 후대에는 다른 승려들의 사리나 불경, 작은 금동불 등 공경물이 될 수 있는 것들을 탑 안에 모셨다. 그래서 사찰에 들어가면 부처를 모신 법당 안에 있는 탑에 합장해 예배하거나 탑돌이를 하며 기원하는 것이다.

세계 각국이 현지 상황에 맞는 여러 가지 형태의 상륜을 만들었는데, 한국 역시 독특한 형태의 상륜을 만들었다. 상륜을 세우기 위해 찰주擦柱가 필요하다. 석탑은 주로 쇠로 만든 찰주에 하나하나의 돌로 된 부재들을 끼우도록 되어 있다. 엄밀한 의미에서 상륜은 탑 위에 또 다른 탑이 서 있는 것으로 볼 수 있다. 이는 상륜이 스투파의 완벽한 축소형이지만, 중국의 상륜과 전혀 다른 한국만의 독특한 상륜부가 발전했음을 알 수 있다. 이러한 상륜부의 모습은 통일신라시대 탑에서만 찾아볼 수 있다.

탑의 장엄莊嚴, 즉 탑을 아름답게 꾸미는 것도 인도와는 크게 다르다. 한국 석탑의 기본 형식은 평면 사면의 구조에 2중의 기단을 가진 형태다. 그러므로 기둥과 기둥 사이에 생긴 면석面石이 8~12면에 나타난다. 이들 공간에 다양한 종류와 형태를 달리하는 조각이 화려하게 설치된다.

1층 탑신에 목탑의 형식을 모방한 문이 조각되어 있으면 문을 지키는 금강역사상이 등장한다. 문이 조각되어 있지 않으면 사천왕상이 등장하는데 이들은 불국토를 지키는 신장상神將像들이다. 또한 상층기단

한국 석탑의 기본 형식은 평면 사면의 구조에 2중의 기단을 가진 형태다. 그러므로 기둥과 기둥 사이에 생긴 면석이 8~12면에 나타난다. 정혜사지 13층 석탑.

과 하층기단에는 팔부중상이나 십이지상들이 조각된다. 특히 팔부중상은 상층기단이 8면의 공간으로 구획되어 있어 조각이 가능했다. 이는 한국 탑만이 갖는 독특한 특징이다.

지붕돌 처마 모서리 양쪽에는 소형 구멍을 만들어 이곳에 금속으로 제작된 풍경을 매달아 걸었다. 처마에 달린 풍경과 상륜을 잇는 체인에 달린 풍경은 작은 바람에도 살랑살랑 흔들려 제각각의 빛과 소리를 냈다. 말하자면 시각적인 장엄뿐만 아니라 청각적인 장엄도 고려한 것이다.

불탑

목탑과 석탑

신라에 탑이 전래된 것은 불교가 공인되던 6세기경의 일이다. 불상이 중국과 고구려, 백제를 거쳐 전래된 것처럼 탑 역시 같은 경로를 통해 전해졌다. 중국에 탑이 만들어지기 시작한 것은 대략 2세기경이었는데, 중국의 탑은 봉분 형태로 만들어진 인도의 산치탑Sanchi Stupa과는 달리 여러 층의 누각 형태로 조성되었다. 중국인들은 탑을 부처와 보살이 사는 집으로 생각했기 때문으로 그들은 사람이 사는 집처럼 목재나 벽돌을 사용해 탑을 만들었다. 누각식 중국탑은 4세기경 고구려와 백제가 불교를 수용하자 이들을 모방해 6세기 후반까지 약 200년 동안 목탑이 주를 이룬다.

이들의 예는 황룡사탑으로 잘 알려져 있지만 현재 사라진 상태로 실물로는 보은 법주사에 있는 팔상전이 있다. 18세기에 건설된 쌍봉사 대웅전은 목탑의 고유한 기울기를 그대로 간직해 3층 목탑의 전형적인 모습을 지녔다고 한다. 그런데 불에 타 그 자리에 새로 복원된 건물이 있지만, 원래의 고아한 맛을 잃어버렸다고 한다. 이들 탑을 보면 꼭 건물처럼 생겼으므로 법당으로 오해할 수 있지만 팔상전은 엄연히 목탑이다. 탑과 법당이 다른 것은 탑에는 붓다의 사리를 모셨고 법당에는 불상을 모신다는 점이다.

목탑은 목재로 만든 일반 궁궐 건물 등과는 매우 다르다. 굵은 원목으로 기둥을 세우고 기와로 지붕을 얹는 등 목조건물에 사용되는 재료는 다른 건물과 차이가 나지 않지만 여러 층으로 건물을 높이 올리기 때문이다. 목재로 고층 건물을 만든다는 것은 간단한 것은 아니라는 것

전탑은 돌을 벽돌처럼 깎아 만든 모전석탑이나 돌을 나무처럼 다듬어 세운 목탑 형식의 석탑이
있다. 분황사 모전석탑.

을 이해할 것이다. 한국은 산이 많으므로 목조건축을 짓기 위한 나무의
공급이 원활했을 것으로 생각하지만 실상은 그렇지 않다. 나무는 많더
라도 연중 기온의 변화가 심해 커다란 목탑을 세울 만큼 질 좋은 목재
의 생산이 많지 않기 때문이다.

불교의 신앙심을 따라갈 목탑을 계속 건립한다는 것은 간단한 일이
아니다. 건축 구조상의 문제점들은 기술로 해결할 수 있다고 하지만 한
정된 목재 공급으로는 필요한 목탑을 건설할 수는 없는 일이다. 목탑을
대체할 수 있는 대안을 강구해야 했다.

목탑의 문제점을 해결하는 방안으로 창안된 것이 전탑이다. 돌을 벽
돌처럼 깎아 만든 모전석탑이나 돌을 나무처럼 다듬어 세운 목탑 형식
의 석탑이 등장하기 시작한다. 분황사 모전석탑이 대표적인 예다. 하지

불탑

만 4면에 화강암 석재를 끼워넣어 순수 벽돌로만 탑을 조성했던 중국 전탑과는 약간의 차이가 있다.

삼국 통일 무렵 모전석탑은 목탑계 석탑의 양식을 절충하는 형태가 나타난다. 구운 벽돌로 만드는 전탑도 문제점이 있기는 마찬가지다. 벽돌을 만들 수 있는 진흙이 많아야 했는데 이 역시 중국과는 차원을 달리한다. 한반도는 전탑을 만들 수 있는 진흙이 풍부하지 않은 반면에 곳곳에 화강암이 있었다. 당연히 한국에 가장 많이 있는 재료, 즉 돌을 이용하자는 생각을 한다. 이것이야말로 한국의 석탑이 세계에서 유래를 찾아볼 수 없는 독창성을 갖게 만든 요인이다.

이러한 변화는 경주에 사탑이 많이 세워지면서 석탑을 조성하기 위해 동원되는 인력과 경제력을 줄여야 했기 때문에 나타난다. 모전석탑은 바위를 일일이 작은 벽돌로 쪼개어 다듬어야 했지만, 목탑계 석탑은 돌의 크기를 좀더 크게 하여 부재의 수효를 줄이고 모양을 단순하게 하여 쌓는 아이디어를 도출했는데 의성 탑리의 5층 석탑이 그것이다. 이런 탑들은 몸돌에서 한 단계씩 점점 넓혀가며 쌓다가 가장 넓은 면에서 다시 한 단계씩 좁혀가며 쌓는 식으로 옆에서 보면 한 층의 모양이 마름모꼴을 이룬다.

석탑의 기술을 획기적으로 발전시킨 국가는 백제다. 백제는 돌 자체의 성질을 살려 목탑의 부재를 돌로 대체하는 방법을 고안했는데 익산의 미륵사탑이 그것이다. 현재 남아 있는 서탑의 경우 1층 기둥 모양의 틀에 목재를 다듬듯이 배흘림을 주었고 기둥 위에도 목조건축의 가구 수법을 그대로 적용해 두공과 방榜 등을 두었으며 넓은 판석을 다듬은 지붕돌의 처마 부분도 기와집의 지붕처럼 처마선이 약간 들리도록 했다.

문제는 석재로 이렇게 만들려면 보통 어려운 일이 아니라는 점이다. 그러므로 돌의 성질에 맞게 세부를 단순하게 해서 다듬었는데 이렇게 만든 탑이 부여 정림사의 5층 석탑이다. 익산의 미륵사탑보다는 훨씬 간결해졌는데 그래도 미륵사탑에서 보는 것과 같은 목조건축의 느낌을 보여준다.

　뒤를 이어 몇 개의 큰 돌만 깎아 세우는 방식을 채용한 감은사지 3층 석탑과 덕동호 댐 건설로 수몰되어 국립경주박물관으로 이전된 고선사지 3층 석탑 등이 등장한다. 이들 탑은 백제와 신라에서 각기 계통을 달리하며 발전했던 석탑 양식이 하나로 융합되어 새로운 양식을 형성한 것이다. 곧 신라 석탑은 백제와 고구려, 중국의 영향에서 벗어나 독창적인 신라 석탑의 양식으로 정립되기 시작한다. 이후 석재의 수를 극히 간소화하면서 구조도 함께 변화되어갔는데, 대표적인 탑이 나원리 5층 석탑과 구황리 3층 석탑이다. 이들 탑은 감은사지 · 고선사지 석탑의 양식에서 기단부와 탑신부의 구조가 상당히 변화한 탑으로 신라 석탑 양식이 확립된 8세기 초반을 대표한다.

　강우방은 인도의 아잔타, 중국의 윈강 · 룽먼 · 둔황 석굴의 거대한 암석에 수백 수천의 부처가 조각되어 있지만 석가모니의 실체인 불탑을 바위, 즉 돌로 만든 나라는 오직 한국뿐이라고 설명한다. 특히 한국의 대표적인 석재라고 볼 수 있는 화강암같은 견고한 돌로 탑을 만들기 위해서는 목탑에서는 시도하지 않던 다른 기술도 필요하다. 목탑은 나무와 기와로 이루어졌으므로 건축적인 기술이 대부분이다. 그러나 단단한 돌로 탑을 쌓기 위해서는 건축적인 기술뿐만 아니라 다듬는 조각 기술도 합해져야 한다. 단단한 석재를 다루어야 하므로 상당한 석조

돌의 성질에 맞게 세부를 단순하게 해서 다듬어 만든 탑이 부여 정림사의 5층 석탑이다.

기술이 없으면 시도할 수 없다.

　신라 석탑은 8세기 불국사 석가탑과 다보탑에 이르러 독창적인 구조
와 형태가 정립된다. 석탑들은 대체로 경주를 중심으로 한 인근 지역에
분포했는데, 9세기에 교종 불교가 쇠퇴하고 지방 곳곳에 석탑이 조성
되면서 석탑의 구조와 형식에도 큰 변화가 일어난다.

　석탑 구조와 형식이 정형화될 성질이 아니므로 탑신부 · 기단부를 중
심으로 변화되기 시작한다. 정혜사지 13층 석탑은 탑신부의 변화가 두
드러진 석탑으로 13층이지만 전체 높이가 높지 않은 한국 유일의 석탑
이다. 석굴암 3층 석탑은 탑신부가 사각형이지만 기단부는 팔각원당형
인 탑이며 경주 남산동 동서 3층 석탑은 서탑이 석가탑과 같은 모습인
반면 동탑은 모전석탑 양식을 따랐다. 구조 변경 없이 외부만 여러 조

각을 새기는 형태도 나타났는데, 원원사지 동서 3층 석탑이 그런 예다. 이들 탑은 정형적인 양식으로 조성된 탑이지만 기단과 1층 옥신屋身에 12지신상十二支神像과 사천왕상을 각각 조각했다. 이 설명이 약간 어렵게 느껴질지 모르므로 다소 풀어서 정리하면 다음과 같다.

"탑은 크게 볼 때 기단부와 탑신부, 상륜부로 나뉜다. 기단부와 탑신부를 구별하는 방법은 집의 지붕에 해당하는 옥개석(지붕)이 있는지 없는지를 확인하면 된다. 일반적으로 3층탑, 5층탑으로 부르는 것은 이 탑신의 숫자를 갖고 부르는 이름이다. 사리는 바로 탑신 안에 모신다. 탑이 집과 같은 모습을 보이는 것은 이 탑신부로 지붕이 있고 옥개받침이라는 처마도 있다. 처마는 집의 그것처럼 중층으로 되어 있는데 한옥처럼 그 끝이 약간 올려져 있다. 또한 탑신의 네 귀퉁이에 기둥의 모습隅柱(모서리 기둥)을 새겨놓았으므로 기둥과 지붕이 있는 완벽한 모습의 집을 의미한다. 이러한 한국의 완벽한 탑, 즉 집의 결정판은 불국사의 석가탑이다."

현재 한국에서 가장 오래된 석탑은 익산 미륵사지 석탑과 부여 정림사지 5층 석탑이다. 이들 백제 석탑은 석재를 나무처럼 잘라 쌓은 목탑 형식의 석탑인데, 이것이 신라에 전래되었고 삼국 통일 무렵 석재의 수, 구조 등이 줄어들면서 점차 조각이 다양하게 새겨지는 변화가 일어났다. 물론 석탑이라 하여 모두 화강암을 사용한 것은 아니며 안산암이나 점판암 등을 사용하기도 한다.

신라 중기가 되는 8세기가 되면 석탑 표면에 여러 가지 불교상을 조각해 장엄하기 시작하면서 9세기 이후에는 크게 유행한다. 장엄을 가하는 위치는 상하 기단이 중심이 되고 초층탑신에 조각한 예도 있다.

석굴암 뒤에 있는 3층 석탑은 전형 양식에서 벗어난 탑이다. 이런 이형양식은 그 형식이 일정하지 않으나 불교적 · 신앙적 배경을 갖고 있다.

조각하는 상의 종류는 불·보살 등의 예배 대상, 사천왕·팔부중·인왕·십이지·사자와 같은 수호신, 비천·주악상奏樂像 같은 공양상에서부터 연꽃 같은 단순한 장식 무늬까지 다양하다.

불·보살 같은 예배 대상은 대체로 탑신에 조각되고 수호신은 기단부에 조각되는데, 이러한 구별은 탑에는 부처의 사리가 봉안되었다는 탑 건립 본래의 정신이 남아 있었기 때문이다. 탑에 여러 가지 조각이 가해지면 탑 자체의 존엄성보다는 표면 조각에 시선이 더 쏠려서 예배 대상이라기보다는 오히려 장식물의 성격이 돋보이게 된다. 원원사지 동서 3층 석탑, 남산리 3층 석탑을 비롯한 많은 석탑이 이러한 예다.

석탑에는 전형 양식에서 벗어난 양식의 탑이 있다. 이러한 탑들을 이형양식異形樣式이라고 부른다. 그 형식은 매우 다양해 일정하지 않으나 모두 불교적 또는 신앙적인 배경을 가지고 있다. 경주에서 가장 뛰어난 이형석탑은 불국사의 다보탑이다. 옥산서원 뒤에 있는 정혜사지 13층 석탑, 석굴암 뒤에 있는 3층 기단이 원형으로 된 3층 석탑이 있고 바위를 기단 삼아 세운 남산 용장사의 3층 석탑도 이형석탑이다.

탑에는 부처의 사리와 함께 각종 유물을 넣어서 부처에게 공양하는 풍습이 있으므로 이러한 유물이 발견되는 예가 많다. 이 유물들은 후세의 수리 때 추가한 것도 있지만, 창건 당시부터 내려오는 유물이 대부분으로 그 당시의 문화를 연구하는 데 귀중한 자료를 제공한다.

석등과 석비

불교 유산 중에서 특이한 것은 석등이다. 원래 석등은 집 마당을 밝히는 목조 조명 설치물로 시작된 것으로 중국의 한나라 능묘에서 발견될 정도로 매우 연대가 높다. 그런데 불교가 도입된 이후로는 법당을 밝히는 상징적인 석물로 받아들여 다양한 형태의 석등이 등장한다.

한국의 사찰에서 석등은 탑 앞에 배치되는 것은 물론 고승의 묘탑 앞에도 세워졌는데, 고려 때부터는 왕과 정승의 능묘 앞에도 장명등長明燈이란 이름으로 세워지기도 했다. 그러나 장명등 자체가 불을 밝히는 것이므로 장명등은 분묘뿐만 아니라 사찰이나 관가 등의 공공 건축물의 처마 끝에 달거나 마당에 기둥을 세워 불을 밝히는 장치도 장명등이라고 한다. 특히 분묘 앞의 장명등을 일명 석등룡石燈龍 혹은 석등石燈이라고도 한다.

석등

석등의 일반적인 구조는 기단부 하단에 댓돌을 놓고 중간부는 기둥돌을 세우며 상단에는 연꽃무늬를 장식하고 그 위로는 불발기집火舍石을 얹는다. 기본적인 평면 형태는 팔각형을 이루며 기둥 돌은 팔각기둥, 사자 모양, 장구 모양 등으로 표현되고 고려시대부터는 사각형 석등도 등장한다. 또한 불발기집은 양면, 사면 혹은 팔면으로 불빛 창을 내고 그 테두리에는 비바람을 막기 위해 종이나 배를 씌운 창틀을 고정하도록 못 구멍을 냈으며 창 주위에는 사천왕이나 보살상을 조각하기도 한다. 현존하는 최고의 석등은 익산 미륵사지에서 발견된 백제의 석등 조각이며 완형完形의 석등으로는 영주 부석사 석등 등 통일신라시대 이후의 것이 남아 있다.

팔각기둥형 석등

팔각기둥형 석등의 대표적인 예는 통일신라시대 후기에 세워진 부석사 석등이다. 이 석등은 댓돌의 각 면에 2개씩의 안상眼象(무늬곽)을 배치하고 윗면에는 연꽃무늬를 베풀었다. 기둥은 팔각기둥이며 윗받침에는 다시 연꽃무늬를 했다. 불발기집은 팔각인데 앞뒤좌우 사면에는 불빛 창을 내고 나머지 사면에는 교대로 보살상을 새겼으며 상륜부에는 보주寶柱를 얹어 전체적으로 매우 단정한 느낌을 준다.

보은 법주사에 남아 있는 사천왕 석등은 같은 형식의 석등이나 부석사 석등보다 후대에 만들어진 것으로 댓돌받침이 높다랗게 2층으로 구성되고 불발기집에 사천왕이 부조되어 있어 전체적으로 장중하다.

석등과 석비

팔각기둥형 석등은 댓돌의 각 면에 2개씩의 안상을 배치하고 윗면에는 연꽃무늬를 베풀었다. 화엄사 석등.

　한편 통일신라 후대에는 기둥 부분이 장구 모양, 북 모양으로 변하면서 꽃띠, 돌대와 같은 장식이 나타나는데 전체적인 석등의 규모가 매우 크며 빼어난 조형 감각을 갖고 있다. 합천 청량사 석등, 구례 화엄사 각황전 앞 석등, 남원 실상사 석등은 이러한 형식에 해당한다.

고려시대에는 부여 무량사 석등, 나주 서문 석등 등이 통일신라 석등의 조형을 계승했고 장식에 약간의 변형이 있지만 전체적으로 큰 변화는 없다. 그러나 개성 현화사 석등은 불발기집을 개방형으로 나타내고 상륜부를 강조했다. 고려 말기에 제작된 여주 신륵사 보제존자 석등은 불발기집의 불빛 창이 이국적인 양식을 갖고 있어 고려시대에 석등이 다양하게 변화하고 있음을 보여준다.

쌍사자형 석등

이 석등은 기둥을 쌍사자형으로 장식한 것으로 통일신라시대의 석등으로는 보은 법주사 쌍사자석등, 광양 중흥산성 쌍사자석등, 합천 영암사지 쌍사자석등 등이 있다. 이들 석등은 한결같이 기둥 부분에 마주 선 쌍사자를 배치하고 있는데, 이는 불법을 호위하는 동물 중에 으뜸가는 사자를 쌍으로 배치하는 석탑이나 승탑의 조형을 응용한 것으로 인식한다.

그러나 쌍사자석등은 고려시대에 들어와 또 다른 변형을 낳는데, 여주 고달사지 쌍사자석등이다. 이 석등은 사자가 마주 서지 않고 나란히 엎드려 있는 모습을 하고 있다. 또한 조선시대 초기에 제작된 충주 청룡사 석등에서는 엎드린 사자가 두 마리에서 한 마리로 줄어들고 양주 회암사지 석등은 마주 선 쌍사자가 왜소해지고 납작한 모습을 보인다.

사각형 석등

사각형 석등은 대체로 기둥을 제외한 다른 부재, 즉 불발기집과 댓돌 등이 사각형인 경우를 말한다. 이러한 형식의 석등은 고려시대 이후에

석등과 석비

쌍사자형 석등은 기둥을 쌍사자형으로 장식한 것으로 불법을 호위하는 동물 중에 으뜸가는 사자
를 배치한 것이다. 회암사 쌍사자석등.

나타나는데 관촉사 석등, 현화사 석등 등이 이런 예에 속하며 조선시
대의 청룡사 석등, 회암사지 석등이 포함된다. 또한 고려시대와 조선시
대 후기의 능묘에 세워진 석등 중에서도 사각형 석등이 발견되는데, 능
묘의 사각 석등은 기둥을 포함한 평면 전체가 사각형을 이루는 특징을
보인다.

장명등

장명등은 고려시대와 조선시대에 능묘 앞에 세워진 석등으로 분묘
앞에 장명등을 세우게 된 시원은 정확하게 밝혀지지 않고 있다. 그러나

조선시대의 분묘제도에 의하면, 분묘 앞에 12지신상이나 문무신상 등의 석조물을 세우는 데는 피장자의 신분 혹은 품계를 기준으로 엄격하게 제한하고, 장명등은 일품재상—品宰相에 한해 세울 수 있도록 한정했다.

고려 공민왕릉의 장명등은 사각형 평면을 이루고 있으나 조선시대에 와서 팔각장명등으로 대체된다. 특히 조선시대 전기의 장명등은 댓돌이 높고 기둥이 짤막하며 불빛 창은 정사각형에 가까운 아亞자형을 이루나 창의 규격이 매우 작으며 조선시대 승탑의 외형과 비슷한 점이 많다.

조선시대 후기에 이르러서 장명등의 규모가 축소되고 사각장명등으로 외형이 바뀐다. 이는 숙종대 이후로 왕명에 따른 결과인데, 정조 이후에는 다시 팔각장명등이 등장한다. 댓돌은 향로의 다리 모양으로 바뀌기도 하며 평면의 변화와 시기적 조형 감각의 변화에 따라 장명등의 지붕이나 기타 외형적인 형태도 변화하지만 주로 왕릉의 석물로 조영되었으므로 조선시대 석등을 대표한다.

장명등의 기능은 본질적으로 묘역이나 건물의 외부 공간을 밝히는 데 있으나, 분묘의 장명등은 이외에도 피장자의 신분을 나타내기도 한다. 조선시대와 같은 엄격한 분묘제도가 없는 현대에서도 호화 분묘에 장명등을 비롯한 각종 석조물을 세운 경우를 볼 수 있는데, 이것은 피장자의 신분이나 지위에 관계없이 후손의 효행이나 사회적 지위, 경제적 계층을 반영할 의도로 세워진 것으로 볼 수 있다.

한국의 석등으로 발해의 불교 유산인 상경성上京城의 흥륭사興隆寺(중국 헤이룽장성 닝안시 발해진 남대묘) 석등을 거론하지 않을 수 없다. 이 석등은 현무암으로 만들었는데, 현재 사라진 상륜부 일부를 포함해 크

중국 흥륭사 발해석등은 현무암으로 만들었는데, 현재 사라진 상륜부 일부를 포함해 크기가 무려 6.4미터나 된다.

기가 무려 6.4미터나 된다. 상경 석등은 하부석 한 변의 길이(고구려자로 3자)를 단위자(M)로 하여 받침대+기둥 높이(3미터)와 전체 넓이(3미터)로 되는 정사각형으로 여기에서 다보탑에서와 같이 정삼각형을 작도하면 그 꼭짓점이 석등의 꼭대기 중심 끝점에 이른다. 이것은 상경 석등 역시 다보탑처럼 위로 올라가면서 구성 부분의 크기를 같은 비례로 줄여나갔음을 알 수 있다.

이 석등은 통일신라 헌안왕 4년(860)에서 경문왕 13년(873) 사이에 세워진 것으로 추정되는데, 세계에서 가장 높은 비석으로 알려지는 광

104

개토태왕비(6.39미터)와 거의 같은 규모로 통일신라의 화엄사 각황전 석등(6.36미터)과 쌍벽을 이루고 있다.

석비

석비란 인류가 문자를 발명한 이후 어떤 의미를 특정한 장소에서 널리 알리고 또한 그 내용을 길이 보전하기 위해 영구불변의 재료인 돌을 택해 그 표면에 새겨놓은 기념물이다. 그것은 단순한 표지물일 수도 있고, 만인이 지켜야 할 법규일 수도 있으며, 영원히 기억해야 할 중요한 인물 또는 사건의 내력일 수도 있다. 그러므로 석비의 주인공은 대체로 제왕이나 성현, 영웅호걸, 고승 등이 대부분이다.

원래 비석은 중국에서 장례를 치를 때 무덤의 구덩이에 관을 용이하게 내리기 위해 무덤 앞에 세운 돌기둥에서 비롯되었다. 한나라 때에는 이 돌기둥에 죽은 이의 행적을 기록했다고 알려지지만, 주나라 때부터 목비木碑가 존재했다고도 한다.

후한 때부터 비碑의 머리가 지붕 꼭대기처럼 뾰족하거나 둥글게 만들어지고 비신의 한가운데에는 구멍이 뚫려 관을 내리던 흔적을 남기고 있다. 또 비의 테두리에는 용, 꽃, 사신四神 등을 새겼는데 현무를 새겼던 아래쪽과 용을 새겼던 위쪽은 각각 댓돌과 머릿돌에 해당하는 귀부龜趺와 이수螭首로 발전했다고 알려진다. 거북돌과 용머리를 갖춘 비석은 남북조시대부터 등장하고 당나라 때에 들어서 일정한 신분을 갖춘 귀족들이 거북비를 사용했다.

원래 비석은 고인의 행적을 기리는 데에만 사용된 것이 아니고 어떤 사실의 기록을 현장에서 영구히 후세에 전하는 데 필요했던 것으로 중원고구려비, 북한산 진흥왕순수비 등이 이에 해당한다. 즉, 석비는 원시적인 석각에서 출발해 자연석의 비석을 거쳐 예술적인 비석으로 정착한 것으로 한국에서는 중국의 당나라 문화의 영향으로 예술적인 석비가 조성되기 시작했다.

한국의 석비는 자연 석비에서 출발한다. 광개토대왕릉비, 진흥왕순수비, 남산신성비 등은 모두 자연석을 약간 다듬어 빗돌로 사용했으며 이들 모두 삼국시대 석비들의 조형적 특징을 보여준다. 당시에 새겨진 글씨체는 예서와 해서가 주로 쓰였고, 서각書刻 기술은 고구려가 단연 뛰어났다.

삼국시대 말기에 당나라 문화의 영향으로 거북비가 처음 등장했고 글씨체도 매우 정제되었는데, 이러한 예술적인 석비는 태종무열왕릉비가 효시를 이룬다. 이 비의 조형적 특징은 역동적인 기상이 넘치는 거북의 형상과 함께 머릿돌에는 용무늬가 추상적으로 표현되는 특징을 지니고 있다.

통일신라에 들어 석비의 조형은 매우 높은 수준을 견지한다. 특히 불교의 융성과 함께 고승들의 석비가 두각을 나타낸다. 국립중앙박물관에 있는 월광사원랑선사탑비, 성주사낭혜화상백월보광탑비 등은 대표적인 통일신라 석비다. 이 시기의 석비는 거북돌의 머리 부분이 괴수형으로 바뀌고 머릿돌에는 활기찬 구룡九龍이 표현되고 거북등의 빗돌받침에는 구름무늬가 나타난다.

고려시대에 들어서면 석비가 더욱 당당해지고 규모 또한 매우 커진다. 그러나 머릿돌에 새겨진 용의 조각은 자유분방한 양식에서 틀에 박

석비는 인류가 문자를 발명한 이후 어떤 의미를 특정한 장소에서 널리 알리고 그 내용을 보전하기 위해 돌 표면에 새겨놓은 기념물이다. 쌍계사 진감선사비.

힌 형식으로 바뀌고 거북돌의 등에 왕王자, 만卍자, 꽃무늬 등이 새겨지며 장식도 화려해진다.

고려시대에 특이한 석비도 발견된다. 영일 보경사원진국사탑비는 머릿돌이 자취를 감추고 거북돌 위에 귀를 접은 빗돌이 세워지는 등 생략형도 보이며 충주 억정사대지국사비는 아예 거북돌마저 생략된 귀접이 석비가 등장한다.

한편 고려시대 말기에서 조선시대 초기에 이르는 시기에는 간략한 댓돌 위에 비석을 세우고 빗돌 위에는 가옥형 지붕돌을 얹는 형식이 나타난다. 오늘날까지 가장 보편적인 석비의 형식으로 유행하며 왕실과 고위 계층의 석비는 중국의 영향을 받아 거북돌과 머릿돌의 조형

석등과 석비

이 추상화되는 경향을 띠게 된다. 회암사 선각왕사비, 대원각사비를 포함해 각종 능비와 신도비들은 모두 명나라 석비의 영향을 받은 석비에 포함된다. 석비는 다음과 같은 문화적 요소를 전달해주기 때문에 매우 중요하다.

첫째, 비문 자체가 역사적 사실의 기록이므로 역사 연구에 중요한 자료가 된다. 둘째, 제작연대가 확실하므로 당시의 예술적인 역량을 가늠할 수 있으며 여타 예술 작품의 제작편년을 판정하는 데 좋은 자료를 제공한다. 셋째, 비문에 새겨진 내용은 그 자체가 문학 작품으로도 인식된다. 최치원의 문장력을 알 수 있는 것은 많은 석비가 남아 있기 때문이다. 넷째, 빗돌에 새겨진 글씨는 대부분 명필가의 작품으로 특히 고려시대 이전의 서예를 파악하는 데 결정적인 자료가 된다.

최치원의 친필을 하동 쌍계사 진감선사비문에서 찾을 수 있으며 김생의 글씨를 태자사낭공대사비문에서 볼 수 있는 것도 돌로 된 석비에 새겼기 때문이다. 석비야말로 여러 방면에서 문화·예술사적 중요도를 갖고 있는 증거품으로 간주한다.

조경

조경

　조경造景은 인간과 더불어 존재하는 자연환경을 대상으로 생태적 기반을 마련하고, 그 위에 생태적 수용 능력과 인간의 요구를 만족시킬 수 있는 인공 환경을 엮어나가는 수단이라 볼 수 있다. 그러므로 조경은 인간의 요구에 따라 인간이 주체가 되어 인공 경관을 창조해내고 그것을 가꾸어나가는 예술 행위로도 설명된다. 즉, 인간이 살아가면서 형성하는 삶의 흔적들이 경관이라는 표현 양식을 통해서 나타난다는 것이다.

　한국에 불교가 전래된 것은 삼국시대로 불교는 당시의 토착신앙을 흡수해 우리의 고유한 신앙으로 발전되었으며, 이후 한국의 제반 문화

형성에 영향을 미쳤다. 이것은 장구한 불교의 역사에서 사찰이 건축과 함께 조경했음을 의미한다. 그러므로 사찰 조경은 궁궐 조경 등과 함께 한국의 조경을 대표하는 성격을 지니고 있다. 이 말은 사찰 조경이 한국 조경의 고유한 양식을 형성하는 원형으로 작용했음을 알 수 있다. 불교의 도입이 한국의 경관 문화를 변화시키고 이를 한국적으로 발전시키는 계기가 되었다는 뜻이다.

홍광표는 불교가 도입되면서 조경 문화가 본격적으로 형성되기 시작했다면, 불교의 어떤 것이 조경 문화를 형성하고 성숙시킨 작용 인자가 되었을까 하는 의문을 제시했다. 당시 문화적인 측면에서 우리보다 인도와 중국은 월등히 앞선 수준에 있었던 것은 사실이다. 그러므로 불교의 전래와 함께 이들이 갖고 있던 문화가 우리의 문화에 큰 충격을 주었으므로 한국에서도 고급스러운 조경 문화가 형성될 수 있는 여건이 조성되었다는 것이다.

동서양을 막론하고 인간이 생활공간을 구성하고자 할 때 제일 먼저 중심을 설정하고 이를 토대로 부차적인 설계를 진행한다. 그러므로 한국의 전통적인 공간, 즉 궁궐, 사찰, 서원은 물론 일반 사대부의 집에서도 예외 없이 이 중심의 개념은 나타나고 있다.

한국에서 언제, 어느 곳에서부터 공간을 구성하는 과정에서 중심 설정이 시작되었는지에 대한 구체적인 기록은 없지만 학자들은 초기 조경 공간의 사례로 사찰을 제시한다. 한국 사찰에서는 거의 예외 없이 축을 통해서 공간을 조직화하는 특징적 현상이 나타나는데, 이는 초창기 불교 사찰에서 더욱 확연하다.

평양의 청암리사지, 부여의 군수리사지, 경주의 황룡사지 등에서 남

한국의 전통 조경에서 나타나는 수경관 요소는 계류, 연못, 소폭포, 석수조, 우물 등이며 이러한 수경관 요소는 자연환경적인 조건을 충분히 고려하는 방법으로 도입된다. 선암사 조경.

북을 일직선으로 잇는 축선을 통해 사찰의 전 공간이 구조적으로 체계화되고 있다. 이러한 축의 도입은 공간 구성에서 중심의 설정을 의미한다. 그러나 한국의 지형이 중국이나 인도와는 달리 산이 많으므로 산지 사찰에서 일직선 축만 고집하는 것이 아니라 현지 상황에 맞는 융통성 있는 형식으로 발전한다.

　학자들이 주목하는 것은 사찰에서 나타나는 이러한 축의 도입이 여타의 조경 공간에서도 어김없이 나타난다는 점이다. 이는 불교의 도량인 사찰에서 적용되었던 공간 구성의 설계 원리가 한국 조경 공간에 전반적으로 영향을 미쳤으며, 이것이 계속 변화·발전되어 한국의 조경 문화로 정착되었다는 뜻이다.

한국의 전통 조경에서 나타나는 수경관 요소는 계류, 연못, 소폭포, 석수조, 우물 등이며 이러한 수경관 요소는 자연환경적인 조건을 충분히 고려하는 방법으로 도입된다. 이런 여러 가지 유형의 수경관 요소 가운데에서도 불교의 영향을 받은 것으로 연지와 영지, 석수조 등을 꼽을 수 있다. 이것들은 불교의 교리적 측면을 상징적으로 표현한 것으로 이들 아이디어가 한국의 여타 조경 공간에서 매우 활발하게 도입된다. 특히 연지는 사찰에서 빼놓을 수 없는 경관 구성 요소로 그 규모와 형태에는 차이가 있으나 한국 대부분의 전통 사찰에서 도입했다.

'정토 삼부경(『무량수경』, 『관무량수경』, 『아미타경』)'의 내용을 그림으로 표현한 것이 〈변상도變相圖〉인데, 고려시대에 그려진 그림에 연못은 기본이다. 이들 연못은 대체적으로 극락세계의 연못을 뜻하는데, 방형과 원형이며 그 속에는 연꽃이 가득 피어 있다. 이러한 극락세계의 이상향을 현실세계에 옮기고자 하는 노력이 한국 사찰에서 나타나는 연못이라 볼 수 있다.

백제의 부여 정림사지 남문 앞에 조성된 2개의 방지, 부여 동남리사지의 금당과 강당 앞에 좌우로 조성된 4개의 작은 방형 연지, 통일신라시대에 건축된 불국사의 타원형 구품연지 등이 그것이다. 고려시대와 조선시대에 창건되거나 중창된 사찰에서도 연지가 거의 기본으로 발견되는 이유다.

사찰에서 조영되었던 연지는 궁궐이나 일반 개인 사대부가로도 전이된다. 한국 연못의 양식을 한마디로 '원도방지형圓島方池型'이라고 하는데, 이것은 '정토 삼부경'이나 〈관경변상도觀經變相圖〉(『관무량수경』의 내용을 그린 그림)의 내용에서 그 원형을 찾을 수 있다. 사찰 조경이 한국

석수조는 돌을 파서 만든 것으로 승방의 우물가나 취사장 가까운 곳에 놓이는데, 주로 식수를 담는 데 사용된다. 불국사 석조.

조경 문화 형성에 지대한 영향을 미쳤다는 것을 뜻한다.

사찰에서 볼 수 있는 수경관 요소로 한국 조경 문화에 큰 영향을 준 또 다른 요소는 석수조다. 석수조는 돌을 파서 만든 것으로 대체로 승방의 우물가나 취사장 가까운 곳에 놓이며, 주로 식수를 담는 데 사용된다. 한편, 전남의 선암사 석수조와 같이 중심 공간으로 진입하는 부분에 석수조가 놓여진 경우도 많은데, 이는 식수로 사용되는 물을 담기도 하지만 청결한 몸을 가지고 부처님 앞에 나가기 위해 손을 씻고 입을 헹구라는 뜻을 갖고 있다.

한편 자연지형의 차이를 극복하기 위해 조성된 지형 경관 요소가 있는데 바로 석단이다. 석단은 높이 차이가 많이 발생하는 두 공간을 처리하기 위한 것으로 기능적인 측면에서 볼 때, 두 공간을 구분하는 역할을 하는데 영주 부석사, 경주 불국사의 석단으로 이들이 한국의 조경 문화 형성에 큰 영향을 미친다.

사찰의 조경은 궁극적으로 수미산의 세계와 만다라의 개념을 공간 구성의 기본적인 원리로 적용한 것이고, 경관의 처리에서는 극락정토를 현실세계에서 구현하려는 노력의 일환이라 볼 수 있다.

이렇게 사찰이 한국의 문화 창달에 큰 역할을 하는 것은 삼국시대와 고려시대에는 외래문화를 적극적으로 접할 수 있었던 주체가 곧 스님들이었기 때문이다. 또한 경제적인 측면에서도 사찰 경제는 국가적인 차원에서 지원되어 이루어졌기 때문에 사찰이야말로 다른 조경 공간에 비해 고급화된 조경 문화를 보여줄 수 있는 유리한 위치를 점하고 있었다. 더불어 이러한 고급스러운 조경 문화가 사찰을 제외한 여타의 조경 공간에 전이되어 결과적으로는 독특한 한국의 조경 문화를 이루게 되는 것이다.

사찰을 떠나 한국의 주거 공간인 한옥에서 특별히 두드러지게 보이는 특징 중 하나는 정원을 인공적으로 조성하지 않는다는 점이다. 이는 정원이 한옥의 공간 구성에서 특별한 위치를 점하지 않는 것이 아니라 정원의 효용도보다 마당의 효용도가 더욱 크기 때문이다. 그러므로 한옥에는 집 안에 큰 나무가 들어서는 것을 꺼렸다. 잘 자라는 나무를 마당에 심을 경우 뿌리에 돌을 박아 성장을 억제시켰을 정도다. 그러나 한국인이라 하여 정원이 갖는 의미를 모를 리 없는 일이다. 조정송은 한옥의 정원에 대해 다음과 같이 설명했다.

"빼어난 자연 가운데에서 의미를 부여할 수 있고 가치를 느낄 수 있는 곳을 선택하여 그것을 관조하는 데 불편이 없고 자연과 잘 어울리는 약간의 건축물과 시설을 덧붙이는 정도에서 한국의 정원이 이루어지고 있다. 그러므로 한국 정원의 개념은 산수 형국에 어떤 의미를 부여하고 선택하는 자연 경관의 아름다움을 완상하기 위한 매개 공간으로 이해되어야 한다. 내부 공간을 어떻게 꾸미느냐의 문제보다 어떠한 곳에 자리 잡느냐의 터잡기가 정원의 본질을 이룬다."

한마디로 마을 전체가 정원의 기능을 하므로 굳이 한옥에서 독립적인 정원을 조성하지 않아도 된다는 뜻이다. 그렇다고 해서 한옥에서 전혀 정원을 발견할 수 없는 것은 아니다. 일반적으로 영남이나 충청도 지방의 다른 반가에서는 주택 내 정원을 꾸미지 않았다. 그러나 외암마을에서는 많은 집이 정원을 갖고 있으며 유명한 소쇄원이나 명옥헌, 운림산방 등도 별서別墅를 만들면서 정원을 꾸몄다. 이는 한국인이 어떤 틀에서만 움직이는 것이 아니라 자유로운 선택으로 정원 만들기에 주저하지 않았다는 것을 보여준다.

제2부

한국의 산사

경북 영주 부석사

    한국의 자랑인 유네스코 세계문화유산의 첫 번째 답사로 부석사를 선정한 것은 충분한 이유가 있다. 한국의 수많은 사찰 중에서 가장 돋보이는 역사와 자랑거리를 갖고 있기 때문이다. 한마디로 유네스코 세계문화유산으로 지정될 충분한 필요충분조건이 있다는 뜻인데, 일부 건축학자들은 부석사가 불국사와 함께 한국 사원 건축의 정점이라고 말한다. 불국사가 인공미의 극치라면 부석사는 자연미의 극치를 보여준다는 설명이다.

    불국사의 전면 석축이 목구조 형식을 본떠 쌓은 것이라면, 부석사의 석축은 생긴 대로 아래에서 위로 돌을 차곡차곡 쌓아 만든 것이다. 돌 종류도 다양해 큰 돌, 작은 돌은 물론 둥그스름한 돌, 네모난 돌, 각양각색의 돌이 오밀조밀 모여 있다. 사람이 쌓았지만 불국사처럼 인공의

부석사는 의상대사가 태백산 줄기를 이어받은 봉황산 자락에 화엄세계를 펼치려고 세운 절이다.

흔적을 남기지 않아 두고두고 보아도 질리지 않는다고 말한다.

한국의 간판 사찰로 불러도 과언이 아니라는 부석사가 있는 영주는 태백산에서 뻗어나온 산줄기들로 구성되어 있다. 그 산골짜기에서 발원해 흘러내리는 죽계천과 금계천 물줄기가 동남쪽으로 모이는 곳에 있다. 북쪽은 충북 단양, 동쪽은 경북 봉화에 닿아 있고, 서쪽으로는 경북 문경 · 예천과 나란히 있다. 서북쪽으로는 산이 높은 만큼 골도 깊지만, 동남쪽으로 내려올수록 평야를 이룬다.

이 지역에는 일찍부터 소국이 발달해서 풍기에 진한 12국의 하나인 기저국己低國이 있었다고 한다. 1세기 말에서 2세기 사이에 신라가 이곳을 공략했으며, 죽령이 군사 요충지였으므로 인근의 비봉산과 소백산 등지에 고구려의 세력을 막으려고 쌓은 산성의 흔적들이 있다. 5세기에 들어서 한때는 죽령을 넘어온 고구려 군사의 수중에 넘어가기도

했으나 6세기 말부터는 완전히 신라 땅이 되었다. 그런 탓으로 이 지역의 무덤 2기에는 고구려 벽화고분의 영향이 보이는데, 그중 읍내리 벽화고분은 실물대 모형이 발굴지 인근에 건설된 모형관에서 실물 크기로 전시되어 있다.

영주에는 신라시대부터 사찰이 많이 들어섰지만, 태백산 줄기를 이어받은 봉황산 자락에 화엄세계를 펼치려고 의상대사가 세운 부석사는 역사적으로나 문화예술 면에서 으뜸을 자랑한다. 한국의 간판 사찰로 깊은 산속으로 한껏 답사자들의 발길을 잡아끈다.

신라 통일기의 사상을 주도한 의상은 새롭게 '화엄학'을 펼치면서 많은 제자를 양성했다. 의상과 그 후예들은 신라 각지에 화엄도량을 건립해 화엄교학華嚴敎學을 펼쳤는데, 부석사가 한국 화엄종의 근본도량根本道場이다. 후대 학자들이 많은 화엄도량 가운데 10곳을 추려서 '화엄십찰華嚴十刹'이라고 불렀다. 부석사는 의상이 자신이 깨달은 화엄사상을 펼치기 위해 태백산의 준령 중 봉황산 자락에 세웠다는 화엄십찰 가운데 하나다. 이곳은 태백산맥에서 소백산맥으로 나뉘어 갈라지는 곳으로 『정감록』에서는 '양백兩白'이라 하여 난세의 피난처라 했다. 지리적으로나 풍수적으로 이곳이 사람들의 발길이 닿지 않았던 오지였기 때문이다.

고려시대에는 원융대덕圓融大德(964~1053)이 주석하면서 『대장경』을 찍었는데, 그 경판이 지금까지 전하고 있다. 고려 말에 이르러 공민왕 때에 국사로 봉해진 진각국사 원응圓應(1307~1382)이 무량수전과 조사당을 중건했다. 이승휴가 지은 『제왕운기』에 따르면 고려시대에는 선달사善達寺 또는 흥교사興敎寺라고도 불렀다고 하는데 '선달'이란 '부석'의 뜻을 풀어 한글로 적은 '선돌'을 한자로 표기한 것으로 추측된다.

세월을 거듭하면서 부석사는 규모와 위엄이 더해져 배불숭유의 조선시대에도 상당한 사세를 유지했다. 성종 24년(1493)에는 조사당을 단청했다는 기록이 전해지며, 1555년에 소실된 안양루를 20년 뒤인 1576년에 중건하는가 하면 범종각도 1746년 불탔을 때에 곧바로 다시 건축했다. 그만큼 부석사가 힘과 경제력을 갖추고 있었다는 것을 의미한다. 1916년에 무량수전과 조사당을 해체·수리하고 무량수전 서쪽에 있던 취원루를 동쪽으로 옮기고 취현암이라고 했다. 1977년부터 1980년까지 전체 사역을 정비하면서 일주문, 천왕문, 승당 등을 새로 지었으며, 1996년 초에는 유물각을 개수해 유물전시각으로 꾸몄다.

부석사 가람 배치

부석사가 한국의 사찰 중에서 특이한 점은 소백산맥 봉황사鳳凰寺 자락 능선에 자리하고 있으면서 일반적인 대찰大刹과는 달리 계곡이 없다는 점이다. 대부분 대찰이 계곡을 끼고 한참 걸어올라가 뒷산과 앞산 사이로 물을 싸안고 좌청룡우백호의 전형적인 명당에 자리 잡은 것과 다소 다르다.

부석사의 공간은 크게 아래에서 일주문 공간, 천왕문 공간, 안양루 공간, 무량수전 공간이 차례로 이어지고, 무량수전 뒤쪽으로 조사당과 자인당 공간이 있는데 얼마 전만 해도 한국에서 가장 오래된 건물인 무량수전이 있다 하여 더욱 유명세를 탄 곳이다.

주차장에서 부석사 쪽으로 접어들면 자신도 모르는 새 개울을 건너

일주문을 지나면 높이 4.28미터의 두 당간지주가 1미터 간격으로 마주 보고 있는데, 아무런 꾸밈이 없다.

게 된다. 흔히 잘 의식하지 못하지만, 부석사의 영역은 여기서부터라고 할 수 있다. 매표소를 지나 경사가 완만한 길을 따라 은행나무 사이로 어느 정도 가면 '태백산부석사太白山浮石寺'라는 현판이 걸린 일주문이 나온다. 일주문 뒤쪽에는 '해동화엄종찰海東華嚴宗刹'이란 현판이 붙어 있다. 일주문은 1980년 부석사를 정비할 때 새로 세운 것으로 일주문을 지나면 다른 사찰과는 달리 양쪽에 빽빽한 사과나무밭이 펼쳐진다.

일주문을 지나 곧바로 오르면 보물 제255호인 당간지주가 보인다.

높이 4.28미터의 두 지주가 1미터 간격으로 동서로 상대해 있는데, 마주 대하는 내측면과 바깥면에는 아무런 조식彫飾이 없으며 바깥면의 양쪽 모서리의 모를 약간 죽였다. 양 지주의 꼭대기에는 내면 상단에서 외면으로 내려오면서 호선弧線을 그리며 외부로 깎여졌는데 1단의 굴곡을 두었다. 당간을 고정시키는 간杆은 한 곳에만 간구杆溝를 마련해 장치했던 것인데, 내면 상단에 장방형의 간구를 파서 간을 끼우게 되어 있다. 양 지주 사이에는 간주를 받는 원형으로 된 대석臺石이 있어서 간대杆臺임을 알 수 있는데, 이 간대는 1석으로 되었다. 아래쪽 간(기둥)받침에는 지름 30센티미터가 되게 둥근 구멍을 파 간을 받게 했으며, 그 주변에 깔끔하게 연꽃무늬를 조각해 보이지 않는 곳에서나마 단조로움을 메웠다.

당간지주를 지나면 천왕문이 보이는데 천왕문 양쪽으로 사천왕이 버티고 서 있지만 겁을 내는 사람은 없을 것이다. 무서운 표정을 지으려 하면서도 어딘지 인간적인 느낌을 주기 때문이다. 1980년에 건설된 천왕문과 사천왕은 조선시대 후기의 모습을 본뜬 것이다.

천왕문을 지나면 성벽 같은 석축 계단이 가로막고 있는데, 고려시대에 쌓은 아름다운 자연 석축이다. 그 위로 돌계단이 놓여 있는데 석벽이 가파르고 높아 중간에 석단을 만들어 가파름을 보완했다. 그런데 전문가들의 눈은 예리하다. 이 돌계단에 건축가의 놀라운 심미안이 깃들어 있다는 것이다. 아래쪽 석단 오르는 계단의 길이가 윗 석단의 계단 길이보다 1미터는 적어 아래에서 언뜻 올려다보면 계단의 폭이 같아 보인다는 것이다. 원근법 때문에 멀리 보이는 사물이 소실점을 향해 줄어드는 착시 현상을 의도적으로 차용한 것이다. 물론 위에서 아래로 내

천왕문 양쪽에는 사천왕이 버티고 있는데, 무서운 표정을 짓고 있지만 어딘지 인간적인 느낌을 준다.

려올 때 계단 양끝에서 정신없이 한눈팔면 석축 아래로 곤두박질할 우려가 있으니 주의하기 바란다.

가파른 계단을 조심스레 오르면 단아한 3층 석탑 한 쌍이 길 양쪽에 서 있다. 석가탑을 본받았지만 쌍탑을 이루고 있는 점이나 아담한 크기에 지붕돌이 점점 작아지며 왜소해진 점으로 미루어볼 때 9세기쯤에 조성된 것으로 보인다. 원래 부석사에 세워졌던 것이 아니고 인근 동쪽 골짜기 옛 사찰터에서 1958년에 옮겨온 것이다. 3층 쌍탑의 서탑 뒤편으로 나란히 있는 불상 3개는 1994년에 인근 북지 1리에서 모셔다놓은 것이다. 이런 탑이나 불상은 애초의 부석사 가람 배치에는 어울리지 않지만, 1,300년 역사가 쌓인 사찰이므로 처음의 모습만 고집할 수는 없는 일이다.

마지막 돌계단을 딛고 석축 위로 서면 전면으로 종루와 요사가 눈에 가득 들어오며 우측으로 1996년 초에 준공된 유물전시각이 있다. 계속 나아가면 범종루 아래로 길이 이어진다. 누하진입樓下進入, 즉 누각 밑으로 빠져나오면서 오른쪽으로 안양루를 바라보게 되는데 그보다 먼저 정면으로 마주 보이는 곳에 낮은 돌기둥 두 쌍을 볼 수 있다. 이것은 괘불지주로, 큰 행사가 있을 때 내거는 괘불을 붙들어맬 장대를 양쪽에서 버텨주는 기둥 보조돌이다. 그 서쪽에 있는 단정한 집이 조사당 옆에서 옮겨온 취현암인데, 본래 17세기에 지어진 것으로 여겨지는 건물이다.

정면을 바라보면 다시 엄청난 대석단이 눈앞을 가로막고 있다. 한국의 건물이 비교적 규모가 작다고 투덜대지만 부석사의 석축을 보면 그런 말이 쏙 들어간다. 부석사의 석축은 바위 모양 그대로 커다란 돌을 우람하게 쌓아놓았는데, 이를 보면 선조들이 무조건 자연에 맞추고 노동력을 절감하기 위해 가능하면 작은 것에만 신경 쓴 것은 아님을 알 수 있다. 부석사에서 큰 돌을 사용했다는 것은 사찰을 건립할 때 공을 많이 들인 것은 물론 건물의 중요성을 부각시키기 위한 것으로도 볼 수 있다.

무량수전보다 약 200년 후에 건설된 대석단 위에 있는 안양루의 '안양安養'은 극락의 다른 이름으로 안양루를 지나면 극락이 되는 셈이다. 정면 3칸, 측면 3칸의 평범한 팔작누각이다. 무량수전 마당에서 바라보면 단층이지만 종루에서 올려다보면 석축에 몸을 기대어 다리기둥을 세워 지은 2층집이다. 계단을 두 단 오르면 아름다운 통일신라 석등과 화사석 너머로 '무량수전' 현판이 보이고 비로소 부석사의 진면목인 무량수전 앞마당에 올라선다.

이 안양루 축은 이제까지의 남서향이었던 축과는 살짝 비껴서 정남을 향하고 있다. 이런 방향 전환으로 엄격한 대칭이나 계층이 주는 위압을 누그러뜨리면서도 수직의 권위는 한껏 살리고 있다. 누각 밑으로 빠져나가면서 자태가 매우 단정한 석등을 마주하게 되는데, 무량수전 앞에는 그 외에 아무것도 없다. 무량수전 왼쪽 뒤로 큰 바윗돌이 비스듬히 얹혀 있는 부석이 있고, 오른쪽 뒤편으로는 1칸짜리 작은 집이 있는데 의상대사와 인연이 있는 선묘善妙를 모신 선묘각이다.

부석을 돌아 아래쪽으로는 삼성각이 있고 그 옆의 요사채는 주지 스님의 거처로 쓰이는 삼보전이다. 무량수전 마당에서 오른쪽 둔덕에 3층 석탑이 있고, 그 옆으로 나 있는 오솔길을 따라가면 갈래길이 나온다. 여기서 동쪽인 오른쪽 길로 가면 의상대사를 모신 조사당이 나오며, 서쪽으로 난 오솔길로 가면 응진전과 자인당이 나온다. 서쪽에 자리한 자인당 안에는 석불상 3분이 모셔져 있다. 대좌와 광배가 완전한 양쪽 2분은 보물 제220호로 화엄종의 주존불인 비로자나불인데, 이런 모습은 대체로 신라 하대인 9세기에 조성되었다고 여겨진다.

화엄사상에 충실한 부석사

부석사는 '화엄세계의 건축적 이미지'로 『관무량수경』에 나오는 '3배9품三拜九品 왕생往生의 교리'에 따른 것으로 알려진다. 부처는 중생들을 그 수행력과 품행에 따라 크게 상품上品 · 중품中品 · 하품下品의 3품에서 다시 각각 상생上生·중생中生·하생下生으로 3분, 모두 9품으로 구분해 자신들의 공력에 맞게 선善을 쌓고 아미타불의 명호를 외우며 수행하면 극락세계에 이른다고 말했다. 깨달음을 향한 수행의 의미를 담기 위해 부석사는 상上·중中·하품단下品壇의 배치로 구획되어 있다는 것이다. 그러므로 부석사의 전체적인 가람 배치를 보면 아래에서부터 점점 위로 올라갈수록 지세가 넓어져서 큰 새가 날개를 활짝 펼친 듯한 형상이다.

화엄종찰답게 경사지에 여러 개의 대석단을 쌓아 계단식으로 터를 마련해 폭은 좁으나 깊이감이 느껴지도록 가람을 구성했다. 따라서 부석사는 입구부터 가장 뒤쪽 무량수전에 이르는 진입축이 구성축이 되고, 진입축 선상에 천왕문과 범종각, 안양루를 두어 가람의 영역을 3단계로 나누고 있다.

학자들이 연구한 기록에 따르면, 천왕문과 범종각 사이 대석단 위에는 회전문이 있었고, 범종각을 지나 안양루 아래에는 또 하나의 법당이 있었다고 한다. 대석단들은 천왕문부터 무량수전까지는 10단, 회전문부터는 9단이 된다. 이렇듯 특이한 석축의 구성이 『화엄경』에서 말하는 '10지도론'을 표상했다는 주장과 정토신앙에서 말하는 극락의 '3품3생론三品三生論'의 상징이라는 교리적 해석이 엇갈린다.

조선시대까지 부석사는 화엄사상이나 정토사상을 교리적 바탕에 깔고 자연 지형에 잘 맞춰 건설한 매우 입체적인 가람으로 평가한다. 현재 많은 전각이 사라졌지만 남겨진 석단의 구성만으로도 뛰어난 공간감을 느낄 수 있으며, 커다란 자연석들을 생김새에 맞춰 가공해 견고하게 쌓은 대석단의 조형은 그 자체로도 큰 감동을 준다.

양 날개깃이 되는 서쪽에는 서부도밭이 있고, 동쪽에는 원융국사비가 있는 비각이 있다. 그보다 좀 높은 곳에 동부도밭이 있다. 19세기 중엽의 기록인 『순흥읍지』에는 일주문에서 4킬로미터쯤 아래로 영지影池가 있어 "절의 누각이 모두 그 연못 위에 거꾸로 비친다"고 했는데 지금 못의 흔적은 없고, 개울 위쪽의 논을 그 자리로 추정한다. 부석사는 무량수전을 포함 5개의 국보와 3개의 보물 등을 소장하고 있다.

석축

부석사를 처음 방문하는 사람 중 상당수가 한숨이 터지는 긴장된 답사여행이라고 하는데, 그런 말이 나오게 하는 것은 일반 사찰에서는 볼 수 없는 대석축에도 기인한다. 즉, 부석사의 긴장은 경사지에서 비롯된다. 경사를 최대한 활용하기 위해 여러 겹의 높은 석축을 쌓았고, 그 높이도 지형에 따라 형태를 달리해 조절했다. 자연히 긴장도 적절하게 배분되어 있는 모습으로 한마디로 토목공사가 유난히 돋보이는 가람이라는 뜻이다. 또한 그처럼 정성을 많이 쏟은 치밀한 기초공사이기에 사람들의 시선이 오랫동안 머무르고 있다는 말이 된다. 부석사 석축의 엄청난 역할을 강조하고 있는 것이다.

대석단은 부석사를 크게 세 등분으로 구획시켜놓고 있다. 일주문에서 당간지주를 바라보며 대석단에 이르는 트레킹 코스, 범종루를 시야에 두면서 안양루를 아름다운 시선으로 바라볼 수 있도록 배려한 인도의 길, 무량수전 앞 극락세계를 올라서서 사바세계를 알뜰히 살필 수 있도록 배치된 소요 공간이다. 그러므로 부석사는 올라가는 여정과 내려보는 전망이 조화롭다. 공간을 구획하는 석축과 계단의 배치가 적절

부석사의 대석축은 경사를 최대한 활용하기 위해 여러 겹의 높은 석축을 쌓았고, 그 높이도 지형에 따라 형태를 달리해 조절했다.

하기 때문이다.

일주문에서 천왕문에 오르는 길은 다소 길어 숨을 헐떡여야 하지만 여유롭게 걸을 수 있는데, 이는 아직 부석사를 부석사답게 만들어주는 석축이 나오지 않기 때문이다. 천왕문을 지나고 나면 부석사에서 가장 높고 길다는 거대한 석축이 불쑥 앞을 막아선다. 세월에 허물어지고 덧붙여진 것들은 있지만, 3층 석탑 주변과 범종루 석축을 비롯해 안양루와 무량수전이 충분히 높이를 갖춘 석축으로 유도한다.

부석사는 연속적인 공간 체계와 위계성을 갖추고 있다. 하나의 방향성뿐인 일직선 축에도 연속적인 공간의 변화로 가람의 신비성을 높였는데, 이는 위계성을 갖춘 석축과 계단이 적절한 변화를 주도록 만들었기 때문이다. 그러므로 있는 듯 없는 듯, 인위적이면서도 자연스러운 조화다. 부석사의 석축은 자연이 극대화될 때 얼마나 장엄할 수 있는지를 보여주는 또 다른 공간 연출로 불리고 있다.

이러한 극찬을 받는 석축은 크고 작은 돌들이 결합되어 자연미가 뛰어나며 정교하다는 평을 듣는다. 모양이 다른 돌들을 아래에서 위로 맞춰 쌓고 그 사이에 작은 돌들을 정교하게 끼워 만들었다. 그 모습이 모두 달라 같은 것이 없고 아무리 보아도 질리지 않는다. 건축을 만드는 데 얼마만한 공력이 들었는지 짐작할 수 있다. 산지형 사찰에서 석축 쌓기는 최초로 행해지는 건축 행위로 건축물을 만드는 것만큼 공력이 들어간다는 것을 모르는 사람은 없을 것이다.

범종각

당간지주, 천왕문 등을 지나면 범종각이 보인다. 범종각은 앞에서 보면 합각이 있는 팔작지붕이나 뒤에서 보면 맞배지붕인 특이한 건물이다. 범종각에는 법고와 목어, 운판만 있고 정작 범종은 서쪽에 있는 진짜 종각 안에 따로 있다.

출입은 누각 밑으로 하는데 「부석사 종각 중수기」에 의하면 안양루 아래에 승방·만월당·서별실·만세루·범종각이 있었는데, 1746년에 불타 이듬해에 다시 지었다고 하므로 만세루가 있던 자리에 누각을 짓고 이름을 그렇게 붙인 듯하다. 범종루의 나무기둥들은 생긴 그대로 사용했기 때문에 뒤틀린 모습이 확연히 드러난다. 그러므로 기둥마다 각기 다른 표정을 갖고 있으므로 기둥만 일일이 비교한다면 하루로는 모자란다는 말도 있다.

경북 영주 부석사

범종각은 앞에서 보면 팔작지붕이나 뒤에서 보면 맞배지붕이다. 범종루의 나무기둥들은 생긴 그대로 사용했기 때문에 뒤틀린 모습이 확연히 드러난다.

안양루

범종각을 지나면 안양루가 전면에 보인다. 안양루는 무량수전보다 200년 뒤인 1576년에 지어진 정면 3칸, 측면 3칸의 평범한 팔작누각이지만 무량수전과 함께 부석사 영역의 중심을 이룬다. 무량수전보다 200년 후대에 지어졌다고 하지만 그래도 450여 년 전이다. 안양루와 범종각은 경사가 급한 자리에 누각과 문의 기능을 겸해 지은 건축물로 무량수전 마당에서 보면 1층처럼 보이지만 2층 누각으로, 경사가 급한 자리에 누각과 문의 기능을 겸해 지은 건축물이다. 그러므로 자연히 아랫단의 앞쪽 기둥은 아래 석축에 놓이고 뒤쪽의 기둥은 윗단에 짧게 놓이게 된다.

안양루는 정면 3칸, 측면 3칸의 평범한 팔작누각이며, 무량수전 마당에서 보면 1층처럼 보이지만 2층 누각이다.

이 건물에는 위쪽과 아래쪽에 달린 편액이 서로 다르다. 난간 아랫부분에 걸린 편액은 '안양문'이라 되어 있고 위층 마당 쪽에는 '안양루'라고 쓰여 있다. 하나의 건물에 누각과 문이라는 이중의 기능을 부여한 것이다. '안양'은 극락을 의미하므로 안양문은 극락세계에 이르는 입구를 상징한다. 따라서 극락세계로 들어가는 문을 지나면 바로 극락인 무량수전이 있는 구조로 되어 있다.

범종각을 통과해 위를 올려다보면 45도 사선 방향으로 안양루와 무량수전이 비껴 앉아 있기 때문에 두 건물이 한눈에 같이 들어온다. 특히 두 건물의 색깔이 달라 두 건물은 극명한 명암 차이를 드러내면서 대비적인 모습을 하고 있다. 임석재는 부석사 무량수전에서는 방위와 색을 이용해 빛이라는 자연 경치를 차용함으로써 부처의 존재를 은유적으로 암시하고 있다고 설명한다. 한마디로 안양루의 진면목은 누각 아래에서 어간御間을 향해 걸어 올라가며 돌계단에서 바라보는 난간과 팔작지붕의 위용보다는 무량수전 안에서 문 사이로 내다보는 것이다.

석등

부석사 석등(국보 제17호)은 무량수전 중심 앞 중정 중앙에 세워져 있다. 따라서 무량수전을 진입하기 위해 안양루 계단을 오르면 제일 먼저 무량수전 중정의 석등이 보인다. 또한 석등 앞에는 석등의 부속물인 방형의 배례석拜禮石이 있다. 통일신라시대의 석등을 대표한다고 해도 지나치지 않은데, 석등은 높이가 2.97미터나 될 정도로 키가 커 절로 우러러볼 수밖에 없다.

배례석은 연꽃 한 송이가 피어난 모양을 조각해놓았는데, 『삼국유사』에는 "오진悟眞이 하가산 골암사에 살면서 매일 팔을 뻗쳐 부석사 석실의 등에 불을 켰다"는 말이 전해진다. 여기에서 말하는 석실의 등을 이 석등으로 추정하기도 한다. 물론 하가산은 지금의 안동 학가산鶴駕山으로 부석사에서 서남쪽 약 12킬로미터 거리에 있는 산이므로 의상 제자의 정성과 신이함을 드러내려 한 이야기로도 인식할 수 있다.

석등의 각 부재는 상륜부만이 일부 파손되었을 뿐 거의 완전하게 남아 있으며, 지표면에 하단부가 묻혀 대석의 하단부는 확인되지 않았다. 지대석址臺石은 3매의 판석이 조립된 방형으로 상면에는 하대하석을 받치기 위해 호형弧形의 받침대가 2단 각출되었고, 네 귀는 들림현상이 거의 없이 평이하다. 하대석은 방형의 하대하석 위에 하대상석인 팔각

무량수전 중심 앞 중정 중앙에 세워져 있는 석등은 통일신라시대의 석등을 대표한다고 해도 지나치지 않은데, 그 높이가 2.97미터나 된다.

원구형의 연화대석이 얹혀진 구조로 이들은 각각의 돌로 되어 있다. 하대하석 상면에는 각형과 호형의 2단 받침대가 마련되고 경사면의 상하에는 각대角帶가 돌출되었다. 각대 내부에는 음각면의 안상이 2조씩 모두 8개가 새겨져 있다.

연화대석은 팔각 중심에 복엽 연판문이 모아지고, 그 끝 꼭지에는 귀꽃을 돌려 장식했다. 이들 팔엽의 연화판 사이의 간엽은 상하가 겹친 중변重瓣이다. 연화대석 상·하면에는 받침대가 있는데, 하면은 1단의 높이 30밀리미터의 각형 받침이, 상면에는 4단의 높이 65밀리미터의 받침이 각형과 호형으로 있다. 내부에는 간주공이 뚫렸다. 팔각형의 간주석은 한 변이 145밀리미터로 상하의 두께 차이가 거의 없으며 안허

경북 영주 부석사

리곡도 없는 편이고, 상하 끝은 상·하대석에 꽂을 수 있는 촉이 마련된 구조다. 상대석 역시 팔각 꼭지에 팔엽 단판 연화문 중심이 모아지게 구성되었고, 화판 내부는 보상화무늬가 들어 있다.

화사석의 4개 화창이 개설된 4개 벽면에 사천왕상 대신 보살입상이 장식된 것은 매우 특징적이며, 옥개석은 옥개마루 쪽이 갑자기 들려 안허리곡이 심해 날카로운 감도 없지 않다. 이와 같이 연꽃무늬의 간엽이 중판인 점, 기단부에 귀꽃과 간주석 받침대의 발생, 상대 연꽃무늬 내의 보상화무늬가 화사석의 보살상 장식 등과 같은 세부 양식으로 보아 9세기에 제작된 것으로 추정된다.

무량수전

봉정사의 극락전이 한국에서 가장 오래된 건축으로 확인되기 전까지 국내 최고의 목조건물로 인식된 것이 무량수전(국보 제18호)이다. 1916년에 해체·수리할 때에 발견된 서북쪽 귀공포의 묵서墨書에 따르면 고려 공민왕 7년(1358)에 왜구의 침입으로 건물이 불타자 1376년에 중창주인 원응국사가 고쳐 지었다고 한다. 학자들은 무량수전은 다시 건설한 '중창'이 아니라 '중수', 즉 고쳐 지었다고 설명한다.

부석사에 무량수전이라는 이름을 가진 건물이 있는 것은 부석사가 정토종 계열로 주불이 석가여래가 아닌 아미타여래이기 때문이다. 아미타불은 서방정토 극락세계에 머물면서 중생들에게 자비를 베푸는 부처로, 무량한 지혜와 무량한 덕, 무량한 수명을 갖고 있기 때문에 '무량수불'이라고도 부른다. 그러므로 아미타불을 주불로 안치하고 있는 법당을 아미타전 또는 무량수전이라고도 한다. 아미타여래는 서방정토

무량수전은 한국 주심포계의 전형적인데다 완성된 구조라는 데 중요성을 인정받고 있다. 즉, 우리 민족이 보존해온 목조건축 중에서 가장 아름답고 오래된 건물이다.

의 수호불로 항상 동쪽을 향하므로 무량수전은 남향인데 반해 여래불은 동쪽을 향하고 있으므로 불상 앞에서 기원하는 사람은 극락이 있는 서쪽을 향하게 된다.

봉정사의 극락전에 국내에서 가장 오래된 건물이라는 명예는 빼앗겼지만, 무량수전은 규모도 크고 한국 주심포계의 전형적인데다 완성된 구조라는 데 중요성을 인정받고 있다. 한마디로 우리 민족이 보존해온 목조건축 중에서 가장 아름답고 오래된 건물이라는 뜻이다. 최순우는 무량수전을 석굴암, 불국사 돌계단과 함께 우리 건축이 지니는 참멋, 즉 조상들의 안목과 미덕이 어떠하다는 실증을 보여주는 본보기라고 극찬했다.

정면 5칸, 측면 3칸으로 겉보기에는 단순한 건물처럼 보인다. 기둥 앞쪽으로 외목도리를 내 11량으로 된 팔작지붕으로 정면 5칸 건물로 가운데 3칸이 넓고 양 끝 2칸이 좁으며 전체 비례는 황금비에 기준한다.

무량수전에는 눈여겨볼 수법이 많다. 기둥의 배흘림과 안쏠림, 귀솟음과 평면의 안허리곡 같은 것들이 우리가 미처 모르는 새에 무량수전의 아름다움을 빚어내고 있는 수법들이다. 배흘림이란 기둥의 아래쪽 1/3쯤이 가장 불룩하게 배가 불러 보이게 한 것을 말하고, 귀솟음은 건물 모서리기둥을 중앙보다 좀더 높인 것을 말한다. 이는 모두 사람의 착시를 교정하고 시각적인 안정감을 주려는 보정 작용이다. 안허리곡은 가운데보다 귀부분의 처마 끝을 튀어나오게 해서 위나 옆에서 무량수전을 보았을 때 처마선이 직선이 아니라 곡선을 그리도록 했다.

안쏠림은 그것이 가능하도록 기둥 위쪽을 건물 안쪽으로 경사지게 세우는 것인데, 이것은 단순히 기둥과 처마선만으로 되는 것이 아니라 공포와 벽면도 함께 이루어질 수밖에 없으니 벽면의 가운데가 은근히 휘어져 있다. 나무와 흙만으로 지은 집의 이런 교묘한 배려로 인해 우리는 육중하면서도 넓은 무량수전의 지붕이 활짝 펼친 새의 날개처럼 열려 있다고 느끼게 된다. 이처럼 눈에 드러나지 않게 한 옛사람들의 배려가 궁극적으로 무량수전의 아름다움으로 조화롭게 피어난 것이다.

무량수전은 옆으로 들어가도록 되어 있다. 앞면의 3칸에는 분합문과 광창, 좀 좁은 맨 가장자리 칸은 2짝 창으로만 되어 있다. 창들은 모두 위쪽으로도 올려 고정시킬 수 있는 들어열개 형식으로 되어 있어 큰 재를 올릴 때에는 활짝 열어 개방할 수 있다. 그러나 원래는 뒷벽처럼 문틀에 널판문을 달고 옆쪽에는 조사당에서처럼 살창을 두었을 것으

배흘림 기둥은 아래쪽 1/3쯤이 가장 불룩하게 배가 불러 보이게 한 것을 말한다. 이 기둥은 사람의 착시를 교정하고 시각적인 안정감을 주려는 보정 작용이다.

로 생각되며, 고려 말 중수할 때 이러한 형식으로 바뀐 듯하다.

5칸 모두 띠살창을 달았는데 수덕사 대웅전과 마찬가지로 후대에 보수한 것이다. 대들보 위에는 포대공을 놓아 마룻보 위에는 중앙에 사다리꼴의 대공과 그 좌우에 직선적인 솟을합장을 장치해 종도리를 받쳤다. 무량수전 전면의 창호는 조선 후기에 빛과 환기를 위해 들어열개 창호로 모두 바꾸었지만, 후면의 판문板門과 광창은 고려 건축 그대로다.

내부 공간은 후대의 다른 법당의 공간감과는 상이하다. 천장은 연등이고 가구는 11량인데 동쪽으로 면한 불상 때문에 공간의 방향이 장변 방향으로 이루어진다. 양옆에 고주를 세워 내부를 중앙 내진內陣과 앞뒤 외진外陣으로 구획한다. 한국 건축에서는 보기 드문 바실리카형의 내부 공간이다. 내진은 주례불主禮佛 공간으로 이용되며 양측의 외진은 부예불副禮佛 공간으로 이용된다.

천장을 보면 기둥과 보가 엮이고 서까래가 그대로 드러난 연등천장이다. 모든 것이 각각 하나의 '디자인'이라고 해도 지나치지 않을 만큼 아름답다. 그런데 무엇보다도 이러한 결구 방식은 '아름답게 보이려고' 치장한 것이 아니라 지붕 무게를 고루 분산시키는 노력의 과정에서 나온 것이므로 당대 건축가의 심미안을 엿볼 수 있다.

바닥에는 본래 녹유綠釉를 두껍게 입힌 전돌이 깔려 있었다고 한다. 『아미타경』에서 극락세계의 바닥이 유리로 되어 있다는 것을 상징적으로 구현한 것이다. '극락세계는 바닥이 빛나는 유리로 만들어졌다'는 경전의 내용에 상응한다(일부가 부석사 유물관에 진열되어 있다). 고려 때의 것으로 수습된 몇 점이 유물전시각에 진열되어 있는데, 이처럼 두꺼운 유리질막의 전돌이 무량수전 바닥을 구성하고 있었다면 그 자체만으로도 매우 절묘한 구성을 연출했다고 볼 수 있다. 녹유전綠釉塼(녹색 유약을 바른 벽돌)을 걷어내고 마루를 깔게 된 것은 엎드려 절을 하는 풍조가 일반화된 조선시대의 예배 방식에서 비롯된 것으로 보이는데 현재는 그 위에 다시 카펫을 덮었다.

부석사 무량수전은 한국 전통 건축에서 빛을 이용한 차경 기법(효율적인 공간 배치를 통해 자연의 풍경을 그대로 끌어들이는 기법) 개념을 잘 보여주는 예다. 특히 기둥 위에만 포작이 있는 주심포집으로, 이 무량수전의 포작은 간결하면서도 공들여 가구를 짜나간 고려시대의 장인 정신을 맛볼 수 있는 주심포 방식의 교과서로 손꼽힌다. 한마디로 한국 주심포 양식의 시원으로 중요성을 부여받고 있다. 한편 '무량수전' 현판은 고려 공민왕의 글씨다.

무량수전을 든든히 받치고 있는 기단도 예사롭지 않다. 면석과 기둥석, 갑석이 갖춰진 모양이 석탑의 기단부 구조와도 같다. 이는 석탑이 목조건물에서 비롯된 것임을 다시 한번 확인시켜준다. 무량수전 기단은 지대석 위에 원형 초석이 드러나고 계단이 돌출된 방식으로 보아 통일신라 기단을 곧게 이어받은 고려시대의 것이다. 최순우 선생은 다음과 같이 무량수전을 극찬했다.

"무량수전은 고려 중기의 건축이지만 우리 민족이 보존해온 목조건축 중에서는 가장 아름답고 가장 오래된 건물임에 틀림없다. 기둥 높이와 굵기, 사뿐히 고개를 든 지붕 추녀의 곡선과 그 기둥이 주는 조화, 간결하면서도 역학적이며 기능에 충실한 주심포의 아름다움, 이것은 꼭 갖출 것만을 갖춘 필요불가결한 미이며, 문창살 하나 문지방 하나에도 나타나 있는 비례의 상쾌함이 이를 데가 없다. 멀찍이서 바라봐도 가까이서 쓰다듬어봐도 너그러운 자태이며 근시안적인 신경질이나 거드름이 없다."

무량수전 등이 워낙 유명세를 타고 있어 기본 나무의 수종이 무엇이냐고 질문하는 사람들이 있는데, 정답은 한국 동네 어귀에 어김없이 서 있는 정자나무인 느티나무다. 느티나무는 은행나무와 함께 1,000년을 거든히 넘겨 마을의 역사를 다 꿰고 있는 것으로 유명한데, 느티나무는 다른 나무가 감히 따라올 수 없을 정도로 특성을 갖고 있다. 느티나무는 나무가 갖춰야 할 모든 장점을 갖고 있는 나무의 황제라고도 불리며, 한국 전통 가구재인 오동나무·먹감나무와 더불어 3대 우량 목재다. 우리 나무 문화는 흔히 소나무 문화로 알려지지만 그것은 조선 이후의 이야기다.

느티나무 목재는 기둥으로 사용할 수 있고 또 땅 속에 묻히는 관재로 쓰기도 한다. 이외에 모양새를 따지는 가구, 생활도구 등 어떤 용도로 쓰든지 느티나무를 감히 넘볼 나무가 없는데 특히 건축 재료로 느티나무 사용은 발군이다. 무량수전의 배흘림기둥, 해인사의 대장경판 보관 건물인 법보전과 수다라장, 무위사 극락전, 화엄사 대웅전 등의 나무 기둥의 전부 혹은 일부가 느티나무다.

소조아미타여래좌상

무량수전 안에는 또 다른 국보가 있다. 현존하는 소조불로는 가장 크고 아름답다고 평가되는 소조아미타여래좌상(국보 제45호)이다. 그런데 소조아미타여래좌상의 배치가 다소 다르다. 부처의 위치가 다른 사찰처럼 건물의 가운데에서 남쪽을 바라보지 않고 건물의 왼쪽 끝, 즉 서쪽에 치우쳐 동쪽을 바라보고 있다. 이는 원융국사부도비 비문에 아미타불을 조성해 모셨다는 기록과 '무량수전'이란 말 그대로 이곳이 극락이란 뜻이므로 극락을 주재하는 부처인 아미타불이 극락세계에서 동쪽을 바라보고 있다는 교리에 따라 앉힌 모습으로 추정된다. 원융국사부도비 비문에 따르면 의상은 아미타불의 존엄을 높이려고 협시보살도 세우지 않고 불전 앞에 탑도 두지 않았다고 한다.

아미타여래좌상은 흙을 빚어 만든 소조상인데, 고려시대의 소조불로는 가장 큰 2.78미터다. 딱 벌어진 어깨에 건장한 체격으로 오른쪽 어깨를 드러낸 우견편단 방식으로 옷을 입었다. 옷 주름은 굵으나 자연스럽게 흘러내려서 석굴암 본존불과 흡사한 균형미를 갖추고 있으며, 손

142

소조아미타여래좌상은 풍만한 얼굴에 눈꼬리가 길게 치켜 올라가고 입은 꼭 다물어 근엄한 표정을 짓고 있다. 떡 벌어진 어깨와 결과부좌의 자세에는 부처의 위엄이 서려 있다.

모양도 마귀를 물리친다는 뜻의 항마촉지인이다.

　일반적으로 무량수전에는 아미타여래가 주존으로 봉안되어 이 불상이 모셔져 있는 전각이 무량수전이므로 불상도 아미타불로 추정하고 있다. 그러나 이 불상이 석가여래의 성도成道 순간을 상징하는 항마촉지인의 수인을 맺고 있으며, 무량수전의 건립보다 200여 년 이상 이른 시기에 만들어졌기 때문에 건물의 명칭만으로 아미타여래라고 단정짓기에는 다소 무리가 따른다는 지적도 제기되었다. 그러나 역으로 이 불상은 석굴암 본존불이 아미타여래상이냐 석가모니상이냐가 문제될 때에, 서쪽에 앉아 동쪽을 바라보는 아미타여래상도 항마촉지인을 할 수 있다는 보기로 흔히 제시된다.

머리엔 나발이 뚜렷하게 표현되어 있어 매우 울퉁불퉁하다. 머리 위에 상투처럼 올라온 육계도 윤곽이 뚜렷하며, 머리와 육계의 경계 부분 중앙에 원형의 계주髻珠 장식이 있다. 이 계주는 통일신라 후기 불상에서부터 서서히 보이기 시작해 고려시대가 되면 일반화되는 형식으로 제작 연대를 판가름하는 데 매우 중요한 요소다. 풍만한 얼굴에 눈꼬리가 길게 치켜 올라가고 입은 꼭 다물어 근엄한 표정을 짓고 있으며, 두 귀도 활처럼 길게 휘었다. 떡 벌어진 어깨와 당당한 결가부좌의 자세에는 부처의 위엄이 서려 있고, 오른쪽 어깨를 드러내고 왼쪽 어깨에만 걸쳐 있는 대의大衣에는 도드라진 옷 주름을 일률적으로 새겼으나 얇게 몸에 밀착되어 몸의 굴곡이 완연히 드러난다.

불상 뒤로는 불꽃무늬와 당초무늬가 화려하게 맞새김된 목조 광배를 갖추고 있다. 이처럼 부석사 소조불은 석굴암 본존불 이후부터 크게 유행한 우견편단 착의법을 하고 항마촉지인을 한 여래좌상의 전통을 그대로 따르고 있으면서도, 석굴암 본존불보다 훨씬 잘록한 허리 표현으로 인해 상 전체에 긴장감이 감돈다. 또한 높고 뚜렷하게 솟은 육계, 중앙 계주의 표현, 길쭉한 얼굴, 유연성이 뛰어난 소조불임에도 딱딱한 느낌을 주는 옷 주름 등에서 새로운 양식이 도래했음을 보여준다.

부석

부석사를 더욱 유명하게 만드는 것은 좌측에 있는 부석사의 선묘 낭자 전설이 들어 있는 부석이다. 통일신라시대 부석사를 창건한 의상과 관련된 이야기다. 태백산에 있는 대부분의 사찰, 즉 부석사, 봉정사, 불영사 등을 의상대사가 창건한 것으로 전해지는데 부석사 창건은 다소 이례적인 전설을 갖고 있다. 의상과 선묘의 이야기는 한국인과 중국인 간의 러브스토리인데 내용이 다소 극적이다.

"의상이 중국 양주揚州의 주장州將 유지인劉至仁 집에 머무를 때 그의 딸 선묘가 대사에게 연정을 품었지만, 의상이 선묘의 사랑을 받아들이지 않고 법도로만 대했다. 그러자 선묘가 불교에 귀의했는데 의상이 당나라 유학을 마치고 신라로 떠나는 배를 타던 날, 그가 떠났다는 소식을 전해들은 선묘가 부두에 나아갔지만 이미 배는 떠난 뒤였다. 이에 선묘는 의상에게 주려고 마련한 옷가지가 든 상자를 바다에 던지며 '이 상자를 저 배에 닿게 해달라'고 서원誓願하니 상자가 물길을 따라 배에 가 닿았다. 뒤이어 '이 몸 용이 되어 의상대사의 뱃길을 호위하게 하소서' 하며 몸을 바다에 던지니 소원대로 선묘는 용으로 변해 의상이 무사히 신라 땅에 닿을 수 있도록 호위했다."

선묘의 이적異跡은 부석사에 터를 잡을 때에 또 한 번 일어난다. 의상이 태백산 자락인 이곳에 절을 지으려 할 때 '500의 이단의 무리'가 자리를 잡고 있었다. 선묘는 이번에는 사방 40킬로미터나 되는 커다란 바위로 변해 공중에 떠서 그들을 위협하고, 이에 두려움에 떤 무리가 물러나 마침내 의상이 이곳에 절을 세울 수 있게 되었다는 것이다.

그때 선묘용이 변해서 떴던 돌이 지금 무량수전 서쪽 뒤에 있는 돌무더기라고 하는데, 뒷날 누가 새겼는지 '부석浮石'이라는 글자가 새겨져 있다. 『택리지』에서 이곳의 뛰어난 지리를 논한 18세기 학자 이중환이 1723년에 와서 보고는 "실을 넣어 이리저리 돌려보아도 막힌 데가 없으니 정말 신기하다"는 기록을 남기긴 했지만, 그것이 실제로 뜬 돌인지 아닌지 하는 과학적 결과가 그리 중요한 것이랴. 다만 의상과 이미

경북 영주 부석사

선묘용이 변해서 떴던 돌에는 '부석'이라는 글자가 새겨져 있고, 선묘각에는 선묘 낭자의 영정을
모셔놓았다.

이곳에 자리 잡고 있던 토착 집단의 갈등이 퍽 심각했고, 의상이 그 세력을 강력한 힘으로 물리쳤다는 것을 짐작할 따름이다.

한국인과 중국인의 러브스토리에다 전설에 전설이 가미되어 흥미를 높여주는데, 그 사찰이 '뜰 부浮', '돌 석石'를 가진 부석사다. 알려지기로는 선묘 낭자는 석룡이 되었는데, 부석사에는 용의 형상을 한 바위가 약 79센티미터 땅 속에 묻혀 있다. 이 석룡의 머리 부분은 무량수전의 불상 밑에 있고 꼬리 부분은 석등 밑에 있다. 그러므로 약 16미터의 석룡은 선묘 낭자의 화신이라고 한다.

선묘 설화는 중국 북송대인 988년에 고구려계 유민인 찬녕이 신라의 고승 10인을 정리하면서 전해 내려온 전설과 산둥 신라방 등에서 수집한 자료를 바탕으로 쓴 『송고승전』「석의상」조에 전한다. 그런데 정작 선묘에 관한 신앙은 일본에 전해져서 그곳에서 더욱 유명하다. 일본에서는 12세기에 만든 선묘의 목각상이 매우 소중하게 보존되어 오고 있다.

무량수전 뒤에 근래에 세운 선묘각이 있는데 그 안에 선묘 낭자의 영정을 모셔놓았다. 의상에 대한 선묘 낭자의 일방적인 구애이므로 국제 간 사랑이 이루어지지는 않았으나 이들 이야기를 아직까지 부석사에서 기리는 것을 보면 사랑의 힘이 그 어느 것보다 크다는 것을 알 수 있다.

부석사는 선묘 낭자의 러브스토리뿐만 아니라 고려 창건과 관련되는 전설도 깃들어 있다. 『삼국사기』에 궁예가 부석사를 방문했을 때 부석사에는 신라왕의 초상화가 있었다. 벽에 그려져 있는 신라왕의 상을 보고 궁예가 칼로 내려쳤는데 그 칼날 자국이 후대까지 남아 있었다고

경북 영주 부석사

한다. 이 내용이 진실이든 아니든 부석사가 통일신라 말기 후삼국이 일어섰을 때 전략적으로 매우 중요한 위치에 있음을 알려준다. 즉, 왕건이 왕위에 오른 후 부석사 지역을 점거했다는 것을 의미하기 때문이다.

3층 석탑

선묘 낭자의 전설이 깃든 부석을 본 후 무량수전의 동쪽 조사당으로 가는 길로 향하면 약간 높은 지대에 보물 제249호인 신라시대의 3층 석탑이 있다. 2층의 기단 위에 3층의 탑신을 쌓은 전형적인 신라시대 석탑인데, 지대석과 하층 기단의 중석은 하나의 돌로 이루어졌다.

모두 8매석으로 짜였고 중석 각 면에는 2개씩의 우주와 탱주가 새겨져 있다. 상층 기단의 중석은 각 면이 1매의 판석으로 짜였고, 각 면의 위에는 2단의 탑신 받침이 있다. 그 위로 탑신부가 올려져 있고 옥신석과 옥개석은 각각 1매석으로 구성되었다. 각층의 탑신에는 각기 우주만 있을 뿐 조각을 새기지 않았다. 옥개석의 받침은 각층 5단이고 낙수면의 네 모서리는 약간 반전되었다. 3층 옥개석의 일부가 파손되었고 그 위의 상륜부엔 현재 노반과 넓적한 복발만이 남아 있다.

본래 탑은 법당 앞에 세우는 것이 일반적이지만, 부석사 3층 석탑은 무량수전 동쪽에 서 있어 궁금증을 자아낸다. 학자들은 동쪽을 향해 안치된 무량수전의 아미타불 방향과 관련이 있다고 추정한다. 3층 석탑은 부석사 창건 당시 조성된 것으로 높이가 5.26미터, 기단폭이 3.56미터다. 이 탑은 원래 부석사 동쪽 일명사 터에 있던 것을 1960년에 해체·수리할 때에 3층 몸돌 중앙에서 사리공을 발견했지만, 사리구는 없었고 기단부에서 철제 탑, 불상 조각, 구슬 등이 발견되었다고 알

부석사 3층 석탑은 무량수전 동쪽에 서 있어 궁금증을 자아내는데, 학자들은 동쪽을 향해 안치된 아미타불 방향과 관련이 있다고 추정한다.

려지며 1966년경에 지금의 자리로 옮겨왔다.

석탑이 여기에 놓이게 된 까닭은 대체로 두 가지로 본다. 하나는 서쪽에 앉은 무량수전의 아미타불과 마주하는 자리가 동쪽 끝이므로 여기에 자리 잡았다는 것이다. 또 무량수전 마당은 이미 석등이 자리 잡고 있고 탑을 앉힐 만한 너비도 되지 않아 동쪽 언덕에 놓았다는 것이다. 어느 것이 사실인지는 모르지만 어쨌든 석탑이 현재의 자리에 세워져 있으므로 많은 사람에게 즐거움을 준다.

3층 석탑에서 바라보는 풍경은 안양루에서 보는 것 못지않다. 일부 사람들은 무량수전과 안양루를 양쪽으로 해서 펼쳐지는 소백산 연봉의 장엄함을 볼 수 있는, 어느 곳에도 견줄 수 없는 자리라고 평한다.

경북 영주 부석사

조사당

3층 석탑에서 우측으로 올라가면 국보 제19호인 조사당과 보물 제220호인 석조비로자나불 좌상 2구가 있는 자인당이 나온다. 한 구역 안에 국보로 지정된 두 건의 목조건축물이 있는 곳은 경복궁과 부석사 뿐이다.

의상의 진영眞影을 보관하고 있는 조사당은 3칸×1칸의 작은 박공지붕 주심포계 건물로 무량수전보다 150년 후대에 지어졌다. 주심포계의 발전된 형태를 볼 수 있는 고려 말기 건물이다. 조사당은 겹처마로 건물의 크기에 비해 장중한 지붕을 가져 무량수전의 정교한 비례로 건설된 감각과는 대조를 이룬다. 물론 간결한 구조를 갖고 있지만 몇 가지 특징이 보인다.

우선 주심포계의 구조이지만 서까래가 모두 드러나 보이는 연등천장이다. 이 건물의 특징 중 하나가 대들보의 단면을 배의 용골같이 깎아 아랫부분을 장혀(5량五梁 이상으로 지은 집의 맨 끝에 걸리는 서까래)의 폭에 맞춰 고려청자로 만든 마상배馬上坯와 형태가 유사하다. 무량수전 등의 항아리 형 단면과는 다른 점이다. 또 공포의 포작을 둥글게 깎지 않고 몇 개의 직선으로 끊어 깎았는데 현존하는 건물 중 유일한 다듬법을 보여준다.

조사당 건물 전면 중앙에 판문이 있고 좌우칸은 살문의 창이 있는 것은 건립 당시의 원형이며 봉정사 극락전과 동일한 기법이다. 학자들은 무량수전의 전면도 원래는 현재와 같은 격자살문의 4분각이 아니고 중앙간 또는 중앙간과 양협간이 판문이고 다른 간은 조사당과 같은 살문의 창이었을 것으로 추정한다. 내부에는 의상대사상을 모시고 일대기

조사당은 의상의 진영을 보관하고 있는데, 그 앞에는 의상대사가 열반에 들 때 짚고 다니던 지팡이를 꽂아 놓았는데 그 나무에 잎이 피었다고 해서 '선비화'라고 부른다.

를 그린 탱화를 걸었는데, 20세기 들어서 조성된 것들이다. 바닥에는 고려 때처럼 전돌이 깔려 있다.

조사당에서 특이한 것은 철망이 쳐 있는 처마 밑에 자라는 작은 나무인데 이를 '선비화'라고 부른다. 학명으로는 골담초骨擔草라고 하며 이중환은 『택리지』에서 "스님들은 잎이 피거나 지는 일이 없어 비선화수飛仙花樹라고 한다"고 적었다. 전설에는 의상대사가 열반에 들 때 짚고 다니던 지팡이를 가리키며 다음과 같이 말했다고 한다.

"이 지팡이를 꽂으면 여기서 잎이 피고 가지가 날 것이다. 그러면 내가 이 나무와 함께 영원히 이 부석사와 함께할 것이다."

의상의 말을 듣고 제자들이 조사당을 짓고 그 앞에 지팡이를 꽂아 놓았는데 나무에 잎이 피었다는 것이다. 의상이 간 후 스님이 의상의 상을 빚어서 그가 거처하던 곳에 안치했다. 나무는 창 밖에서 곧 가지와 잎이 나왔는데 항상 지붕 밑에 있어 지붕을 뚫지 않고 겨우 한 길 남짓한 것이 1,000년을 지나도 하루와 같다. 선비화에 대해서는 다음과 같은 전설도 있다.

"광해군 때 경상감사 정조가 이곳에 와서 '선인이 짚던 것이니 나도 지팡이를 만들고 싶다' 한 후 나무를 잘라 가지고 갔다. 그런데 그 나무는 곧 두 줄기가 다시 뻗어서 전과 같이 자랐다. 인조 계해년에 정조는 역적으로 몰려 참형을 당했다."

이 나무는 지금도 늘 푸르며 또 잎이 피거나 떨어짐이 없다고 한다. 부석사는 수많은 저명인사, 시인 등 예술인이 찾아 많은 작품을 만든 것으로도 유명하다. 퇴계 이황도 이곳을 들러 「부석사 선비화」라는 시를 지었다. "옥인 양 높이 솟아 절문에 기대어 섰는데 / 옥같이 빼어난 줄기 절간에 사는데 / 스님은 의상대사 지팡이가 화한 것이라고 하네 / 지팡이 끝에 원래 조계수가 있어 / 비와 이슬이 은혜는 조금도 입지 않았네."

조사당 벽화

조사당에는 또 하나의 국보가 있다. 조사당 벽에 그려졌던 205×75센티미터 크기의 벽화 6점으로 국보 제46호다. 일제강점기 때 벽체에서 분리해 무량수전에 보관하다가 현재는 보장각에 보관되어 있다. 이들은 현재 남아 있는 한국의 사원 벽화 가운데 가장 오래된 작품으로 널리 알려져 있다. 범천과 제석천, 사천왕상을 그린 것인데, 이 절의 창사

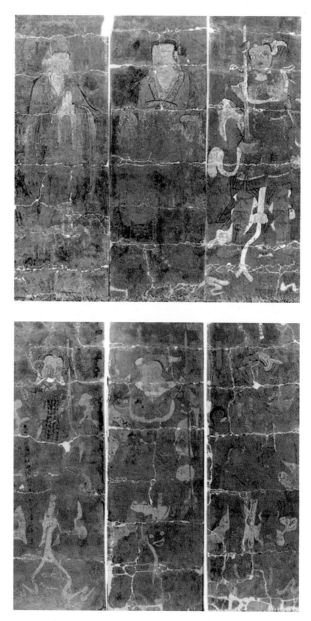

조사당의 벽화 6점은 보장각에 보관되어 있는데, 이들은 현재 남아 있는 한국의 사원 벽화 가운데
가장 오래된 작품으로 알려졌다.

주인 의상대사를 기린 조사당에 그린 점으로 미루어보아 이를 외호外護
하려는 의도로 제작한 것으로 추정된다.

보배로운 유물을 간직한 건물이란 뜻의 보장각은 부석사 고려각판
(보물 제735호)과 조사당에서 떼어낸 고려시대 벽화를 보관하던 곳이
었는데, 1996년 3월에 관람하기 좋도록 내부를 새로 단장해 유물전시
각으로 다시 태어났다. 입구에서 오른쪽부터 범천·다문천왕·증장천
왕·광목천왕·지국천왕·제석천의 차례로 진열되어 있다. 1377년에
그린 것으로 알려졌으며, 1493년에 개채했다는 기록을 보아 600년 세
월에 여러 번 다시 색을 입혔을 것으로 추정된다. 부석사의 고려각판은
1568년에 새긴 보관과 함께 모두 634판이 전한다.

석조비로자나불 좌상 2구

조사당 옆에 있는 자인당에 있는 석조비로자나불 좌상 2구도 보물이
다(제220호). 이들 불상은 처음부터 부석사에 있던 것이 아니라 부석사
동쪽의 폐사지에서 옮겨온 것이다. 가운데 석불좌상을 중심으로 좌우
에 석조비로자나불좌상이 모셔져 있다.

양손이 깨어졌고 얼굴과 대좌 일부가 파손되었으나 광배와 대좌를
모두 갖추고 있다. 자인당의 두 비로자나불 좌상들은 세부 조각만 약간
다를 뿐 형태와 조각 양식이 거의 동일해 같은 조각가의 작품으로 생
각된다. 양감이 없는 경직된 신체와 형식화한 옷 주름을 지닌 불상이나
다양한 무늬로 화려하게 장식된 광배와 대좌는 모두 9세기 후반 불상
의 전형적인 특징들이다.

김병연의 「부석사」

부석사가 워낙 유명세를 타고 있어 수많은 사람이 부석사를 찾아 자신들의 감회를 적었다. 그중 잘 알려진 것이 김삿갓으로 유명한 김병연金炳淵이 지은 「부석사」다.

김병연의 집안은 순조 11년(1811) 홍경래의 난 때 선천부사로 있던 조부 김익순이 홍경래에게 항복해 연좌제에 의해 풍비박산이 되었다. 김병연은 그 후 사면을 받고 과거에 응시해 김익순의 행위를 비판하는 내용으로 답을 적어 급제했다. 그러나 김익순이 자신의 조부라는 사실을 알고 스스로 하늘을 볼 수 없는 죄인이라 생각하고 항상 큰 삿갓을 쓰고 다녀 김삿갓이라 불렸는데, 그의 발걸음이 부석사를 지나칠 수는 없는 일이다.

> 평생에 여가 없어 이름난 곳 못왔더니
> 백발이 다된 오늘에야 안양루에 올랐다.
> 그림같은 강산은 동남으로 벌려 있고
> 천지는 부평같이 밤낮으로 떠 있다.
> 지나간 모든 일이 말 타고 달려오듯
> 우주간에 내 한 몸이 오리마냥 헤엄친다.
> 인간 백세에 몇 번이나 이런 경관을 보겠는가
> 세월이 무정하다. 나는 벌써 늙어 있네.

경북 안동 봉정사

한국에서 가장 오래된 목조건물이 있는 천등산天燈山 남쪽 기슭의 안동 봉정사로 향한다. 한국의 양반 중에서 양반들만 산다는 말이 있을 정도로 고집이 세다는 안동 답사길이 남다른 것은 수많은 관광도로 주변을 가다 보면 식당 등 위락시설이 즐비한데 안동으로 들어가면 정말로 놀랄 정도로 도로가 깨끗하다는 것으로도 알 수 있다. 한마디로 그 어떤 현대 문물이 거의 자리 잡지 못했으므로 다른 곳처럼 아무 곳에서나 식사를 해결하겠다고 생각하다가는 큰 코 다친다. 물론 과거 마을이 있던 곳에는 몇몇 식당이 있음은 물론이다.

봉정사는 대한불교 조계종 제16교구 본사인 고운사孤雲寺의 말사 중하나로 서후면 태장리에 있으며, 신라의 삼국 통일 직후인 문무왕 12년(572)에 의상이 창건했다고 전하는데 창건 설화가 재미있다.

"영주 부석사에 자리 잡은 의상이 종이로 봉황을 만들어 도력으로 날려보내니, 이 종이 봉황이 앉은 곳이 바로 현재의 봉정사가 있는 곳이므로 여기에 절을 지어 봉정사라고 이름하였다고 한다. 또 한편으로는 천등산을 원래 대망산이라 불렀는데 의상의 제자인 능인대사가 젊었을 때 대망산 바위굴에서 도를 닦고 있던 중 스님의 도력에 감복한 천상의 선녀가 하늘에서 등불을 내려 굴 안을 환하게 밝혀주었으므로 '천등산'이라 이름하고 그 굴을 '천등굴'이라 하였다. 그 뒤 더욱 수행을 하던 능인대사가 도력으로 종이 봉황을 접어서 날리니 이곳에 와서 머물러 산문을 개산하고, 봉황이 머물렀다 하여 봉황새 봉鳳 자에 머무를 정停 자를 따서 봉정사라 명명하였다."

이 기록에 의하면 봉황 종이를 날린 사람과 봉선사를 창건한 사람은 의상이 아니라 능인이므로 신이한 이야기에 의상의 명성을 덧붙인 것으로 추정된다. 창건 이후의 뚜렷한 역사는 전하지 않으나 참선도량參禪道場으로 이름을 떨칠 당시 부속 암자가 9개나 있었다고 한다. 그러나 한국전쟁 때는 북한 인민군이 머무르면서 사찰에 있던 경전과 사지寺誌 등을 모두 불태워 전하는 역사가 별로 없다.

사람들에게 잘 알려지지 않고 깊은 산속의 절이었던 봉정사가 세상의 주목을 받은 것은 1972년 극락전(국보 제15호)을 해체·수리하는 과정에서, 공민왕 12년(1363) 지붕을 중수했던 사실을 담은 묵서가 발견되면서부터다. 이를 근거로 학자들은 고려 중기인 12~13세기 또는 최소 1363년, 많게는 고구려 시대까지 그 연원을 보기도 한다. 봉정사의 창건을 12~13세기로 올려 잡는 것은 일반적으로 목조건물은 150~200년 정도 지나면 중수하기 때문이다. 여하튼 이 기록으로 봉정

봉정사는 고려 중기인 12~13세기에 건립되었는데, 한국에서 가장 오래된 목조건물로 알려졌다.

사 극락전은 그전까지 가장 오래된 목조건물로 알려졌던 부석사 무량
수전의 자리를 물려받았다.

또한 조선시대에 건립된 것으로 알려진 대웅전(국보 제311호)도 연대
를 상향시킬 수 있는 자료가 발견되었으며, 화엄강당(보물 제448호), 고
금당(보물 제449호) 등이 있다. 봉정사는 한국에서 한 장소에 국보 건축
물 2곳이나 있는 등 한국 목조건축의 계보를 고스란히 간직해 내려온
건축박물관 같은 특성을 지니고 있다.

이 밖에도 극락전 앞에는 고려시대에 건립한 3층 석탑이 있고 덕휘
루, 요사채 등의 건물이 있으며 영선암, 지조암 등의 부속 암자가 있다.
특히 고려 태조와 공민왕이 다녀간 사찰로도 유명세를 타고 있다.

봉정사의 가람 배치

봉정사는 퇴계 이황과도 큰 연관이 있다. 매표소를 지나 소나무숲을 걸어가다 보면 왼쪽편 나무숲 사이로 작은 정자 하나가 보이는데 명옥대鳴玉臺라고 한다. 이곳에 다음과 같은 퇴계의 시가 있다.

이곳에서 노닌 지 오십 년,
젊었을 적 봄날에는 온갖 꽃 앞에서 취했지.
......
훗날 호사가가 묻는다면 말해주오,
퇴계 늙은이 앉아 시 읊었다고.

퇴계는 16세 때 봉정사에서 3개월가량 머물며 공부했으며, 퇴계가 공부하면서 자주 나가 정자에서 쉬었다. 당시 정자의 이름은 '물이 떨어지는 곳'이란 뜻의 '낙수대落水臺'였는데, 50년 만에 이곳을 다시 찾은 퇴계는 낙수대라는 이름이 너무 평범하다며 그곳에서 듣는 물소리가 옥을 굴리는 듯하다고 하여 명옥대로 고쳐 불렀다고 한다. 한국의 대표적인 유학자인 퇴계가 머물렀다는 것만으로도 유명세가 대단했다.

봉정사 영역은 두 부분으로 나뉘어 배치되었다. 대웅전-화엄강당-요사의 영역과 극락전-고금당-화엄강당의 영역이다. 두 영역은 동서로 나란히 놓인 병열축형竝列軸型을 이룬다. 이런 유형의 배치는 강화도 전등사에서도 보이지만, 봉정사와 같은 배치의 경이로움에 비할 바 아니다. 대웅전 영역은 수평적 건물의 구성들로 인해 수평감이 두드러지

경북 안동 봉정사

는 반면 극락전 영역은 화엄강당의 모퉁이로 진입할 때 정면이 더욱 강조된다.

만세루

어느 사찰이나 마찬가지로 일주문은 사찰로 들어가는 첫 번째 관문이자, 사찰의 경계다. 곧 일주문을 지나는 것은 부처님의 세계로 들어가는 것이므로 남다른 사찰에 들어간다는 생각을 단단히 하기 바란다.

일주문을 지나 계단을 올라가면 봉정사의 강당인 만세루(유형문화재 제325호) 밑으로 난 문을 마주하게 된다. 이처럼 누각 아래로 들어가도록 입구가 만들어져 있는 방식은 경사진 지형에 지어진 사찰에서 흔히 볼 수 있다. 건물의 아래로 들어가려면 저절로 고개가 숙여지면서 자세도 숙연해지게 마련이므로 미처 깨닫지 못하는 사이에 건물은 방문자들을 겸손한 자세로 만들어준다.

만세루는 정면 5칸, 측면 3칸의 맞배지붕으로 측면에 풍판風板을 달아 가구의 노출을 방지하고 비나 바람에서 보호받도록 했다. 건물 구조는 2층 누각식 건물로 1층인 아랫부분은 자연석 기단에 자연석 주춧돌을 놓고 기둥을 세워 사찰의 중정으로 오르는 통로 구실을 한다.

또한 누각의 주춧돌을 자세히 보면 자연석 그대로를 활용하고, 기둥돌 아래쪽과 자연스럽게 접합한 모습을 볼 수 있다. 한국 전통 건축물에서 볼 수 있는 그렝이 공법으로, 자연에 대한 경외심과 아름다움을 동시에 추구했던 선조들의 숨은 코드인 셈이다.

만세루는 우물마루 바닥에 평난간으로 둘러져 있으며, 법고와 목어판이 놓여 있어 예불을 알리는 고루로 기능을 한다. 목어는 나무를 깎

만세루 아래로 들어가려면 저절로 고개가 숙여지면서 방문자들은 겸손한 자세를 취하게 된다. 또한 누각의 주춧돌이 자연석 그대로를 활용한 그랭이 공법으로 지어졌다.

아서 잉어 모양을 만들고 속을 파내어 비게 한 다음 그 속을 막대로 두드려서 소리를 내는 불구佛具다. 염불과 독경이나 예배할 때 쓰이는 것으로 물속에 사는 고기들을 구원하고 수중 중생의 해탈을 위해 두드리는 것이다. 불사에 쓰이는 이 기구를 목어라고 이름하는데 다음과 같은 설화가 전하고 있다.

"옛날 덕이 높은 고승의 제자 하나가 스승의 가르침을 어기고 속된 생활을 하다가 그만 몹쓸 병에 걸려 죽었다. 어느 날 스승이 배를 타고 물을 건너는데 등에 커다란 나무가 있는 물고기가 나타나 전생의 죄를 참회하며 눈물을 흘리고 자신의 등에 달린 나무를 없애주기를 간청하는 것이었다. 그 물고기는 다름 아닌 말썽을 부린 제자가 물고기로 다시 태어나 고통을 받고 있는 모습이었다. 스승은 가엾게 생각하여 수륙재水陸齋를 베풀어 등에 난 나무를 없애주었다. 그날 밤 제자는 스승의 꿈에 나타나 자신의 업보를 벗겨준 것에 고마움을 표하고 자신의 등에 난 나무를 깎아 물고기 형상을 만들고 소리를 내면 그 소리를 듣는 수행자들에게 좋은 교훈을 주게 될 것인 동시에 물에 사는 물고기들을 구원하는 소리가 될 것이라고 말하였다. 스승은 제자의 말대로 목어를 만들고 여러 행사에 두루 쓰이는 법구로 삼았다."

민간신앙에서도 물고기는 다양한 형태로 나타난다. 장석이나 노리개에 잉어 형상이 새겨지고 장롱이나 소품에도 잉어 문양을 많이 사용한다. 이것은 물고기가 밤낮을 가리지 않고 눈을 감지 않으므로 물고기의 속성을 따라서 도난을 방지하는 부적으로 주로 사용한다. 불교에서는 수행자들로 하여금 밤낮을 가리지 않고 수행에 정진하라는 뜻으로 물고기 형상의 목어를 만들어 사용한 것이다.

법고는 네 발 달린 짐승들을 구원하고 해탈하라고 치는 북이다. 북을 받치고 있는 북대는 구름 모양의 형태를 띠고 있다. 운판은 날아다니는 짐승들을 구원하기 위한 것이다. 대개 구름의 형태로 만들어서 걸어두고 친다. 범종은 지옥에 빠진 중생의 고통을 덜어주기 위해 울린다. 이상 4가지 범종, 운판, 법고, 목어를 사물이라 한다. 누에는 '덕휘루德輝樓'라는 현판이 하나 더 걸려 있어 이 누문의 이름이 덕휘루였음을 알 수 있으나 언제 만세루로 바뀌었는지는 알 수 없다.

만세루 밑을 들어서면 대웅전 영역으로 연결되는데, 서쪽 공간은 극락전 영역으로 봉정사의 큰 두 축을 이룬다. 극락전은 고금당과 화엄강당을 양옆에 거느리며 대웅전은 화엄강당과 승방인 무량해회無量海會를 양쪽에 거느리고 있는 등 대웅전과 극락전이 거의 동등한 위치를 보인다. 이러한 평행한 배치, 즉 중심이 둘 있는 배치는 사찰에서 매우 드문 경우다. 무량해회 건물을 돌면 암자인 영산암으로 갈 수 있다.

극락전

봉정사의 간판스타는 아무래도 극락전이다. 대웅전 영역의 가운데에 있는 화엄강당을 돌아가면 정면에 극락전이 마주하고 있다. 정면 3칸, 측면 4칸의 단정한 맞배지붕으로 주심포계 구조이자 9량으로 되어 있다. 대웅전의 사례를 제외하고 현존하는 가장 오래된 목조건물이다. 1972년에 봉정사를 해체해 복원했는데, 그때 발견된 상량문의 다음 글은 학자들을 놀라게 했다.

"신라 문무왕 때 능인대덕이 창건하고 고려 이후 원감·안충·보조·신경·밀암 등 여섯 스님이 무려 여섯 차례나 중수를 하였으나, 지붕이 새고 초석이 허물어져 지정 23년에 용수사의 축담 스님이 와서 중수한 것을, 지금에 와서 다시 지붕이 허술하여 수리한다.”

이 글에서 말한 '지금에 와서'란 조선 인조 13년(1625)이다. 그리고 축담 스님이 극락전 지붕을 중수했다는 '지정 23년'은 그로부터 약 262년 전인 고려 공민왕 12년(1363)이다. 이때 공민왕은 홍건적의 난을 피해 안동을 임시 도읍으로 이용한 적이 있었다. 그 후 개경으로 환도한 1363년은 공교롭게도 봉정사가 일대 중창을 마친 해이기도 하다. 그러므로 공민왕이 안동의 진산鎭山인 천등산과 봉정사에 자주 행차했을 개연성이 높으며 봉정사의 중창불사重創佛寺에 공민왕이 관여했을 것으로 추정된다.

목조건물이 세월이 지나서 중창하는 일은 대개 150~200년을 지낸 뒤에 하므로 이 건물의 나이는 1363년에서 적어도 150년을 뺀 13세기 초 또는 200년을 뺀 12세기 중엽까지도 거슬러볼 수 있다. 따라서 이 극락전을 한국에서 가장 오래된 목조건물로 인정하는 것이다.

극락전이 더 큰 중요성을 갖고 있는 것은 부석사 무량수전보다 앞선 건물은 물론 부석사 무량수전과는 상이한 형태를 지니고 있기 때문이다. 학자들이 이와 같이 높은 점수를 주는 것은 고구려 고분벽화에서 선대의 모델을 찾을 수 있기 때문이다. 봉정사 극락전은 고구려 무용총의 두공만으로 된 공포를 갖고 있는 예와 유사하다. 더구나 첨차의 형태나 가구의 간결한 구성과 소박하면서도 강건한 외관 등은 고구려 건축의 풍모를 십분 발휘하고 있다. 학자들은 고려 초에 삼국시대 복고풍이 일어나 건물이나 석탑을 과거로 회귀하는 경향이 있었으므로 이 건물을 고구려계 건물로 건축했다고 추정한다.

극락전은 고구려 무용총의 두공만으로 된 공포를 갖고 있는 예와 유사한데. 소박하면서도 강건한 외관 등은 고구려 건축의 풍모를 십분 발휘했다. 그 앞에는 3층 석탑이 있다.

특히 극락전은 주심포 건축으로 현존하는 주심포 건축 중 가장 오래된 증인이다. 정면 3칸 중 중앙에 두 짝 판문과 양끝 칸에 붙박이 광창을 달았지만, 나머지 3면은 토벽으로 밀폐되어 감실과 같은 건물이 되었다. 측면은 4칸이지만 주심포 구조에 대한 완전한 구조적 해결이 되지 못해 7미터 정도 길이에 기둥을 5개나 세워 기둥 간격이 1.75미터에 불과해 기둥이 막힌 듯이 보이는 것이 이채롭다.

기둥 위 두공의 초제공初提栱 위에서 도리 방향(건물면의 평행 방향)으로 장혀를 걸고 그 위에 대첨을 놓고 외목도리 밑에 행공 첨차 없이 직접 단장혀가 도리를 받게 했는데, 이는 다른 목조건물에서는 볼 수 없는 고식古式 수법이다. 그렇지만 두공 첨차 끝 모습만 주심포 양식의 특징을 뚜렷이 나타낸 것으로 보아 한국의 주심포 양식은 일본과는 달리 완성된 건물이 도입된 것이 아니라 부분적으로 견문에 의해 도입된 후 점차 한국식의 주심포 양식 건물로 발전된 것으로 추정한다. 뼈대가 노출되어 있어 수덕사 대웅전과 마찬가지로 한 폭의 그림을 보는 것과 같다.

1972년 극락전을 복원하기 위해 해체했는데, 문짝이 원형과 다르다는 점도 발견했다. 그러므로 과거에 앞면 3칸에 4분합문을 달았던 것을 현재와 같은 모습으로 만들었다. 즉, 어간御間에 널판 문짝을 단 문얼굴을 만들고 좌우 협칸에는 살창으로 된 광창을 설치했다. 원형으로 다시 태어난 것이다.

한국에서 가장 오래된 건물이므로 후대의 건물과는 여러 가지 차이점이 보인다. 기둥 위에 놓인 기둥머리 굽면이 곡면이며 굽받침이 없는 점, 그 위에 놓인 첨차가 끝이 수직으로 강하게 끊어지고 밑면이 2번 굽은 S자 모양으로 파인데다가 첨차 위에 놓인 소로도 모두 굽면이 곡면인 점 등이 다른 건물에서는 볼 수 없는 매우 오래된 방식이다.

또 건물 안쪽에서 보았을 때, 대들보 위에 복화반覆花盤(엎어놓은 꽃 모양)을 놓고 그 위에 소로를 놓아 중도리를 받치고, 중도리 위에 같은 방법을 반복해 마룻도리를 받게 했으며, 이 연결이 자연스럽도록 부드러운 곡선으로 된 솟을합장으로 처리했다. 이런 공포와 결구 처리 방식도 고구려 고분벽화에 나오는 것과 유사한 점이 많다. 전체적인 구조는 중국 건축의 천두식穿斗式 구조를 연상케 한다. 또한 잘게 잘려진 직선의 합장재들, 산山 자 모양, 혹은 낙타 혹 모양의 화반들도 유일한 사례다.

극락전은 다른 건물과는 구별되는 구조법으로 건축되었기에 신라 때부터 전승된 오래된 주심포 형식이라는 의미에서 '나대羅代 주심포'라고 부르기도 한다. 그러므로 부석사 무량수전이나 수덕사 대웅전 등을

극락전은 신라 때부터 전승된 오래된 주심포 형식이라는 의미에서 '나대 주심포'라고 부르기도 한다.

'여대麗代 주심포'라고 한다면, 봉정사 극락전은 나대 주심포의 유일한 유구遺構로서 역사적 가치를 갖는다.

바닥과 주위에 검은 전돌이 깔려 있었는데, 현재는 일부를 제외하고 마루를 깔았다. 주존 건물에 전돌을 사용하는 방식은 고려시대에 보편적으로 통용되는 구조다. 극락전 안에는 후불벽後佛壁을 치고 극락전의 주불인 아미타불을 모셔놓았다. 불상의 위쪽으로 닫집이 설치되어 있을 뿐 내부 치장도 간소한 편이다. 보통 전각들의 닫집은 건물 구조에 부가되어 있지만, 봉정사 극락전의 닫집은 좌대 위에 기둥을 세우고 지붕을 얹어 완전히 독립된 구조를 이룬다. 특히 지붕 밑의 다포 구조가 극락전 창건 때에 만들어졌다고 가정한다면, 원나라 간섭기 이전에 이미 다포 구조가 토착화했다는 유력한 증거, 즉 고려 말의 다포계로서는 가장 오래된 것이다.

경상북도 의성 탑리의 5층 석탑, 경주 불국사 청운교 돌난간의 기둥, 전라남도 화순 쌍봉사의 철감선사탑澈鑑禪師塔 기둥 등은 봉정사 극락 전의 가구 형식을 연구하는 데 중요한 비교 자료가 된다. 한편 극락전 이 한국에서 가장 오래된 건물인데도 그리 오래되어 보이지 않는 것은 1972년에 해체·수리하면서 단청을 완전히 새로 칠했기 때문이다.

3층 석탑

극락전 마당에는 검은색 3층 석탑(경상북도 유형문화재 제182호)이 서 있는데, 높이는 3.35미터로 자그마한 마당에 어울리는 규모로 고려시 대의 작품으로 추정된다. 2층 기단을 쌓아 탑의 토대를 마련하고 그 위 로 3층 탑신과 머리 장식을 얹은 일반적인 모습이다. 아래층과 위층 기 단의 각 면에는 모서리와 가운데에 기둥 모양을 새겼다. 기단에 비해 폭이 좁아진 탑신부는 각 층의 몸돌 크기가 위로 갈수록 적당하게 줄 어들면서도, 폭의 변화는 적다. 지붕돌도 높이에 비해 폭이 좁고 두툼 하며 상륜부가 비교적 충실하게 보존되어 있다.

대웅전

일반 사찰은 기록이 없을 경우 건물의 건축 연대를 알 수 있는 방법 이 거의 없지만, 일반적으로 목조건물은 150~200년 정도마다 중창을 하므로 건물의 일부를 해체해 수리할 때 건물에 수장된 묵서 등으로 건축 연대를 추정할 수 있다.

그런데 학자들을 놀라게 한 것은 2000년 2월 봉정사 대웅전의 지붕을 보수하던 중 대웅전의 창건 연대를 고려 말로 거슬러 올라갈 수 있는 묵서를 상량문과 대웅전 내 목조 불단에서 발견했다는 점이다. 대웅전 지붕의 종도리를 받치고 있는 서북쪽 마룻보 보아지에서 발견된 「대웅전 중창기」에는 '선덕10년을유8월초일일서宣德十年乙卯八月初一日書'라고 적혀 있다. 선덕은 중국 연호로 조선 세종 17년(1435)이다. 이 상량문은 경상도 관찰출척사가 직접 썼고 중요한 것은 "신라대 창건 이후 500여 년에 이르러 법당을 중창하다"라는 글로 대웅전 창건 연대가 1435년보다 500여 년이 앞서 10세기에 건설되었다는 것을 알려준다.

이 기록이 사실이라면 한국에서 가장 오래된 목조건물은 현재 공식적으로 알려진 봉정사 극락전이 아니라 대웅전이 된다. 앞으로 학자들의 연구에 의해 대웅전의 창건 연대가 확정될 것으로 추정하지만, 현재로는 극락전이 최고의 건물이다. 대웅전은 원래 보물 제55호로 지정되었는데 이들 제반 자료의 발견에 따라 2009년 보물급에서 국보 제311호로 상향 조정되었다.

대웅전은 조선시대 초기의 건축 양식을 잘 보여주는 다포계 건물로 최고로 오래된 목조건물이다. 기둥 높이와 간격의 비가 1:1.43으로, 한국의 목조건물로는 옆으로 매우 긴 수평적 비례를 갖는다. 자연석의 막돌허튼층 쌓기의 기단 위에 정면 3칸, 측면 3칸의 단층건물이다. 겹처마 팔작지붕에 다포 양식이므로 기둥 위와 기둥 사이에도 공포가 있다. 따라서 4면 모두 공포가 있다. 이런 공포는 지붕의 무게를 분산시켜 기둥에 전달해 하중을 견디게 하기도 하지만, 나무들이 얽힌 모습 자체만으로도 아름다운 조화를 보여준다. 주간이 넓고 오포작五包作으로 포벽包壁이 넓게 보이는 반면 기둥은 짧게 보여 안정감을 준다. 안정된 비례

대웅전은 조선시대 초기의 건축 양식을 잘 보여주는 다포계 건물로 최고로 오래된 목조건물이다.

와 웅건한 구조인 대웅전은 건물의 짜임새만으로 보자면 극락전보다
도 건축적 완성도가 높다.

특히 봉정사의 주불전인 이 건물은 산사에 세워진 건물이면서도 평
야를 끼고 있는 지역의 특징이 잘 나타나 있다. 대웅전의 특이점은 전
면이 탁 트인 일반적인 법당 건물들과는 달리, 건물 앞쪽에 조선시대
사대부집의 사랑채에서 보이는 난간이 둘러 있다는 것이다. 그 난간은
건물 앞쪽에 설치된 툇마루의 난간이다. 이러한 예는 툇간이 있을 때를
제외하고는 거의 찾아볼 수 없다. 그러므로 마당에서 바로 건물로 드는
것이 아니라 일단 툇마루로 올랐다가 건물 안으로 들어가게 된다. 그러
나 마당에서 대웅전 기단을 오를 때에는 정면이 아니라 측면으로 돌아
서 가도록 계단이 설치되어 있다.

전면 3칸은 전부 개방하고 문짝을 설치했는데, 궁판을 받친 띠살무
늬의 사분합 구조다. 이 문짝은 앞의 쪽마루와 함께 후대에 만들어진
구조물로 추정된다. 가구는 일고주구량가—高柱九樑架인데, 천장이 우물

천장으로 되어 있어서 지붕 구조틀을 가려 상부 가구가 보이지 않는다. 이는 수직적인 높이감보다 수평감이 강한 공간으로 만들기 위함이다.

지붕은 겹처마 팔작으로 비교적 처마 깊이가 깊고 네 귀의 추녀 끝에는 활주를 받쳐 추녀마루를 지탱하고 있다. 내부의 바닥은 널마루를 전면에 깔고 내부 고주를 이용해 후불벽을 만들었고 고주 앞에는 불단을 짜서 불상을 모셨다.

불상을 받치고 있는 수미단에는 모란꽃이 화려하게 조각되어 있는데, 모란꽃이 불교 장식 문양으로 등장한 것은 고려 말로 추정한다. 천장은 판자를 대어 우물 정# 자를 이룬 우물천장으로 우물 정자 하나하나마다 그 안에 화려한 꽃문양이 그려져 있다. 그런데 대웅전 천장은 여기에 한 가지를 더해 부처님 자리 위쪽 부분을 깊이 파고 작은 공포들로 굽을 돌려 파 올렸다. 이는 궁궐의 정전인 경복궁의 근정전이나 창덕궁의 인정전 천장의 한가운데를 파 올린 것과 같은 방법으로, 보개천장 또는 닫집이라고 한다. 닫집은 부처나 왕과 같은 귀한 이의 자리를 상징하는 상징물이다.

닫집의 천장 판에는 구름이 둥실 떠 있는 하늘을 황룡과 백룡이 날아가는 모습을 그려 하늘의 신비함과 권능을 표현했는데 용의 발톱이 5개다. 원래 중국의 황제만 5개 발톱이 있는 용을 그리는데, 이 면만 보면 조선 건축가의 자부심을 엿볼 수 있다.

불단 위에 연화좌를 놓고 삼존불을 봉안했는데 주불인 석가모니불은 높이 1.5미터 정도이고, 좌우 협시불인 관세음보살과 지장보살은 높이가 1.3미터 정도 크기다. 보개 아래의 본존상 뒷벽에는 불벽佛壁을 조성했다. 대량大樑에 세운 간주間柱를 의지해 벽체를 구성하는데 간주에는

대웅전 천장은 부처님 자리 위쪽 부분을 깊이 파고 작은 공포들로 굽을 돌려 파 올렸다. 이는 부처나 왕과 같은 귀한 이의 자리를 상징하는 상징물이다.

아래와 위로 주의柱衣를 입히고 그 사이에 기둥을 감싸안으며 용을 그렸다. 불벽의 앞쪽에는 후불탱화인 〈영산회상도靈山會相圖〉를 걸었다.

〈안동봉정사영산회상벽화〉

〈안동봉정사영산회상벽화安東鳳停寺靈山會上壁畵〉(보물 제1614호)는 대웅전 후불벽에 그려졌던 벽화로 1997년 그 위에 걸어놓았던 탱화를 떼어내자 전모가 드러나 사람들을 놀라게 한 작품이다. 높이 361센티미터, 길이 401.5센티미터 규모의 가로가 약간 긴 화면인데 테두리는 화려한 꽃무늬로 구획되었고 그 안에 석가모니불의 영취산 법회인 영산회상 장면이 그려졌다.

화면에는 매우 많은 존상이 표현되었는데 화면 상부의 천상계와 하

〈안동봉정사영산회상벽화〉는 대웅전 후불벽에 그려졌던 벽화로 테두리는 화려한 꽃무늬로 구획되었고 그 안에 석가모니불의 영취산 법회인 영산회상 장면이 그려졌다.

부의 구름층을 제외한 주제는 크게 3단으로 구성되었다. 화면의 중심에는 석가모니불, 문수보살, 보현보살의 삼존좌상이 크게 자리하고 이들을 중심으로 보살, 제자, 범천, 제석천, 사천왕 팔부중·천부중 등의 권속이 가득히 늘어서 있다. 본존 왼쪽 상의의 금구 장식과 왼쪽 팔꿈치의 'Ω' 모양의 옷 주름, 대의에 세필로 그린 그림의 세련된 둥근 꽃무늬와 옷깃의 보상당초무늬 등 고려시대 불화의 대표적인 특징이 선명하게 간직된 벽화로 평가된다.

본존불은 원형의 두광頭光과 신광身光 안에서 설법인說法印을 취하고 있다. 좌우 협시보살 역시 원형의 두광과 신광을 지니고 있으며 본존처럼 설법인을 취한 모습이다. 본존의 대좌 앞에는 구름 위로 보탑이 솟아나는 장면이 표현되어 있다. 이는 『묘법연화경妙法蓮華經』「견보탑품

見寶塔品」의 내용을 묘사한 것으로 이 그림이 영산회상도임을 확실하게 알려주는 요소다. 화면의 오른쪽 아래에 무릎을 꿇고 합장한 인물은 역시『법화경』「서품」에서 언급한 아사세태자다.

비록 현재는 벽체의 균열과 인위적인 훼손 등으로 손상이 심한 상태지만, 이 벽화는 조선시대 영산회상도의 도상이『묘법연화경』「변상도」를 기본으로 형성되었다는 사실을 알려주고 있으며, 이러한 도상이 간략화되고 변화되어 조선 후기의 도상으로 이어졌다고 할 수 있다. 양식적으로도 조선 초기 불화와 공통되어 이 벽화는 대웅전이 중창된 1435년 무렵에 제작되었을 것으로 판단된다. 이전까지는 성종 7년(1476)에 조성된 전남 강진의 무위사 극락전(국보 제13호)의 후불벽화가 유일하면서도 가장 오래된 것으로 추정했는데, 이것은 최소한 40~50년 정도 앞서 제작된 것이다.

화엄강당

화엄강당은 스님들이 교학을 공부하는 강학 공간으로 극락전과 대웅전이 17세기에 중수되었는데, 화엄강당도 함께 중수되었을 것으로 추정된다. 정면 3칸, 측면 2칸이며 건물 내부는 남쪽 2칸이 부엌, 북쪽 4칸이 온돌방으로 되어 있다. 원래는 정면 4칸, 측면 4칸으로 현재의 온돌방 뒤쪽으로 4칸의 마루가 깔려 있으며 부엌이 지금보다 넓게 자리 잡았다. 평면 구성이 언제 오늘날처럼 바뀌었는지는 정확하게 알기 어렵지만, 일제강점기인 1930년대 이후로 추정하며 지금은 스님들이 기거하는 요사채로 쓰이고 있다.

장대석 댓돌 위에 두꺼운 널판을 쪽마루와 같이 깔았는데, 사분합의

화엄강당은 스님들이 교학을 공부하는 강학 공간으로 정면 3칸, 측면 2칸이며 내부는 남쪽 2칸이 부엌, 북쪽 4칸이 온돌방으로 되어 있다.

띠살문을 열고 안으로 들어서면 중앙 칸과 북쪽 칸은 하나로 통한 넓은 온돌방이다. 나머지 남쪽 칸은 부엌으로 만들었으나 그 박공 쪽 벽을 헐어서 내부를 확장했으므로 건물 원래의 모습이 약간 변경되었다. 강당으로 사용된 건물이므로 대웅전 등의 불당에 비해 매우 낮은 기둥을 사용했지만, 그 대신 공포의 치수를 보통 이상으로 크게 만들어 균형이 맞지 않는 단점이 생겼다. 이는 화엄강당 지붕이 대웅전 지붕 아래에 맞물려 들어가야 했기 때문인 듯하다. 대웅전은 기단 위에, 화엄강당은 그 기단 아래에 있어 자연 화엄강당의 지붕이 낮아졌던 것이다. 대웅전에서 극락전으로 가는 길에 이 화엄강당 옆면을 보면 그 지붕의 낮음을 실감할 수 있다.

측면에는 중앙에 네모기둥 1개를 세워서 대들보를 받치도록 했으며, 이 대량과 그 위의 동량과의 사이에는 살창을 하나 만들었다. 이는 빛을 들게 하는 채광창인데, 강당으로 쓰였을 때의 용도로 추정된다. 박공머리에 나와 있는 도리 밑을 받친 첨차들은 그 전부가 다포집 계통의 첨차들이다.

고금당

고금당은 극락전 앞 서쪽에 세워져 있다. 이 건물은 동쪽에 있는 화엄강당과 같은 시기에 같은 목수에 의해 건축되어 조선시대 중기 건축양식을 잘 보여주고 있다. 1616년에 중수했다는 기록을 기준으로 본다면, 16세기 초에 건립되었다고 볼 수 있다.

금당이란 이름이 특별한 이력을 갖고 있다. 삼국시대에 '금당'은 사찰의 가장 중요한 중심 건물로, 불상을 봉안한 건물을 일컫는다. 그러므로 고금당이 금당이란 명칭을 갖는다는 것은 이 금당 자리에 본래 극락전이나 대웅전이 들어서기 전인 봉정사 초창기에 수도하던 암자가 있었을 것으로 추정된다. 암자가 있던 그 자리에 금당이 지어졌는데 사찰의 구조와 중심이 대웅전으로 옮겨지면서 '고금당'이란 이름으로 남았을 것이라는 추측이다. 고금당은 스님들의 요사채로 쓰이고 있다.

고금당은 화엄강당과는 달리 기둥과 기둥의 간격이 좁고 기둥의 키가 높은 구조를 하고 있어 대조를 이룬다. 자연적으로 쌓은 축대 위에 장대석으로 낮은 기단을 만들고 주춧돌을 놓았다. 평면은 정면 3칸, 측면 2칸의 맞배지붕으로 앞면이 3칸이지만 내부는 하나의 방으로 이루어진 작은 승방으로, 극락전에 딸린 노전爐殿 역할을 한다. 공포는 익공에 가까운 주심포계이며 가구는 고주가 없는 7량가다. 정면 3칸에는 칸마다 2짝으로 된 띠살문을 달았다. 어간 문의 크기는 중앙으로 출입

고금당이 '금당'이란 명칭을 갖는다는 것은 이 자리에 극락전이나 대웅전이 들어서기 전인 봉정사 초창기에 수도하던 암자가 있었기 때문이다.

하게 되어 있어 좌우의 띠살문보다 높이가 조금 더 크다. 측면과 뒷면은 모두 벽으로 막았고 뒷면의 좌우 협칸에 외문의 띠살문을 달았다.

공포의 구성은 기둥 위에만 포작을 짜올린 주심포계 구조를 택하고 있으며, 주두 밑에 헛첨차를 끼우고 그 위에 주두 위에서 나온 살미첨차를 포개놓았다. 이 위에 도리 방향으로 1출목의 행공첨차를 얹어 외목도리를 받치고 있는 관계로 익공계로 이해되기도 한다. 측면의 가구는 벽 중앙에 귀기둥보다 약간 긴 원형의 고주를 놓아 대들보를 받치고, 대들보 위에 짧은 동자기둥을 세워 마룻보를 받쳤으며, 이 위에 다시 짧은 기둥을 세워서 마룻도리를 떠받치고 있다. 도리와 장혀를 길게 밖으로 빼내어서 측면 지붕에 깊이감을 주고 있는 것이 특징이다.

화엄강당에는 대들보와 마룻보 사이에 조그만 살창을 두고 있지만 고금당에는 이것이 없다. 화엄강당이 판고版庫 등으로 쓰이던 건물이어서 측벽에 살대를 꽂은 통풍창이 있는데 비해 고금당은 선원으로 사용되었기 때문에 살창이 필요하지 않았다고 추정된다. 좌측면에는 아궁이를 내어 난방을 할 수 있도록 꾸미면서 내부는 3칸 통으로 공간 활용을 넓게 했다.

영산암

봉정사의 요사채인 무량해회에서 동쪽으로 100미터 정도 떨어진 곳에 산내암자 영산암靈山庵이 있는데, 19세기에 지은 이 암자는 조선 후기 사대부 집안의 전형적인 건축 양식을 보여준다. 영화 〈달마가 동쪽으로 간 까닭은〉 등 불교 영화 촬영지로 유명한 곳이다.

영산암에는 응진전, 영화실, 송암당, 삼성각, 우화루·관심당 등 5동으로 이루어져 있는데, 영산암의 문루에는 초서로 '우화루雨花樓'라고 쓰인 현판이 걸려 있다. 우화루는 '꽃비가 내리는 누각'이란 뜻을 갖고 있는데, 우화루의 아래를 통해 영산암에 들어서면 지형의 고저차를 이용해 마당을 3단으로 구획했다. 상단에는 주불전인 응진전과 서쪽으로 삼성각, 영화실이 배치되어 있고, 그 앞에 동산을 만들었다. 응진전은 정면 3칸, 측면 2칸의 5량가로 지었으며, 맞배집이면서도 총량을 대들보에 걸쳐 놓아 팔작지붕의 가구 수법을 보인다. 송암당은 정면 4칸, 측면 2칸 반으로 마루 1칸, 방 3칸, 방의 전면에 툇마루로 구성된다.

'마음을 바라보는 집'을 뜻하는 관심당觀心堂은 우화루와 연결된 정면 6칸, 측면 2칸으로 이루어진 건물로 송암당과 함께 요사로 쓰이는 건

영산암은 조선 후기 사대부 집안의 전형적인 건축 양식을 보여주는데, 응진전, 영화실, 송암당, 삼성각, 우화루·관심당 등 5동으로 이루어져 있다. 우화루.

물이다. 이 건물들은 전체적으로 ㅁ 자를 이루어 폐쇄적인 형태로 보이지만, 우화루의 벽체를 없애고 송암당을 누마루로 처리해 개방적인 요소를 많이 채택했다. 내부 정원은 봉숭화와 옥잠화처럼 수수한 꽃들이 주를 이루며 화려하기보다는 푸근한 매력을 선사하는 한국 정원의 미학을 대표하는 곳이기도 하다. 1999년 4월 방한한 영국 엘리자베스 2세 여왕이 이곳을 찾기도 했는데, 당시 영국 여왕이 이곳을 찾은 이유를 명법 스님은 다음과 같이 말했다.

"조선의 선비와 한국 전통 불교는 소탈하며 끊임없이 도를 추구하는 공통점이 있는데 이 매력을 가장 잘 발견할 수 있는 곳이 바로 봉정사이다."

경남 양산 통도사

　한반도는 백두대간에서 갈라져 나와 동해를 곁에 끼고 계속 남하해 낙동정맥에 이른다. 낙동정맥은 통고산, 백암산, 주왕산 등을 솟아올리며 남으로 뻗어나가 부산에 이르러 남해와 맞닿는다. 경상남북도를 동서로 가르며 남해에 흘러드는 낙동강 동편의 모든 산줄기는 이 낙동정맥에서 갈라져 나온 것이다.

　낙동정맥은 경상북도와 경상남도의 경계 지점에서 가장 크게 기세를 떨치지만, 운문산 · 고헌산 · 천황산 · 신불산 등 1,000미터가 넘는 산들을 빽빽하게 솟아올렸다. 영취산(영축산, 1,050미터)도 그중 하나다. 영취산의 본래 이름은 취서산鷲棲山이다. 그런데 현재 이름으로 바뀐 것은 영취산이 인도의 영취산을 닮았기 때문에 바뀌어진 것으로 본래 영취산은 인도의 옛 마가다국에 있는 산으로 석가모니가 『법화경』을 설법한 곳으로 유명하다. 영취산은 영남 지방에서 가야산과 쌍벽을 이루는 수도장이다.

통도사는 법보사찰 해인사, 승보사찰 송광사와 함께 한국 3대 사찰 중 하나로 금강계단에 부처의 진신사리를 봉안한 불보사찰佛寶寺刹이다. 통도사가 통도사라는 이름을 갖게 된 데는 3가지 설이 있다. 첫째는 산의 모양이 석가모니가 직접 불법을 설법한 인도 영취산과 통한다고 해서 명명했다는 것이다. 둘째는 승려가 되려는 사람은 모두 석가모니의 진신사리를 모신 금강계단을 통해서 계를 받아야 한다는 뜻이다. 이는 통도사의 근본정신을 말한다. 인간과 하늘의 스승이 되고자 출가하려는 자들은 부처가 행하고 실천한 언행을 통도사 금강계단에서 익히고 배워야만 승려가 된다는 의미다. 곧, 한국 불교 계율의 중심지로서 모든 승려는 이곳에서 계戒를 받아서 산문山門에 들어서라 했다.

마지막은 모든 진리를 통달해 일체 중생을 계도한다는 뜻으로 통도通度는 모든 방편을 동원해 중생들을 행복하게 하고자 했던 부처의 자비사상을 잘 표현한 이름이다. 보살과 수행자들의 존재 이유는 자기만의 깨달음을 구하는 데 있지 않다. 깨달음을 향해 진리의 세계로 나가는 동시에 고통 받는 중생들과 함께하는 대비大悲의 마음이 있어야 함을 표현했다는 것이다. 어느 설이 맞든 통도사라는 이름은 사찰의 이름으로 남다름이 틀림없다.

명명 이유는 어떠하든 통도사는 자장이 직접 중국 오대산에서 부처의 진신사리를 갖고 와 사리를 금강계단에 안치했다는 것과 크게 연관된다. 통도사의 진신사리는 한국에만 유명한 것은 아니다. 고려시대엔 원나라 사신들까지 사리 친견을 위해 통도사를 방문하고 인도인으로

통도사는 금강계단에 부처의 진신사리를 봉안한 불보사찰이며, '달마대사의 화신'이라 추앙받은
지공대사도 진신사리를 친견하고자 이곳을 찾기도 했다.

도가 높아 '달마대사의 화신'이라 추앙받은 지공대사도 중국을 거쳐
한국에 왔을 때 불사리를 친견하고자 제일 먼저 통도사를 찾았다고 한다.

통도사 전설

통도사는 한국의 불보사찰답게 창건에 관한 정확한 기록이 남아 있
다. 또한 일주문의 주련柱聯에는 '佛之宗家(불지종가)'라는 글자가 쓰여
있는데, 통도사를 불보사찰이라 하는 것과 일맥상통하는 이야기다. 통
도사에는 '이 세상의 모든 것은 변해간다. 게으르지 말고 정진하라'는
말을 마지막으로 남기고 보리수 아래에서 입멸한 석가모니의 시신을
화장해 거둔 진신사리 여덟 가마 네 말 중의 일부가 모셔져 있다.

이 석가모니의 진신사리, 곧 불보佛寶가 통도사에 모셔진 역사는 매우 깊다. 이는 통도사 창건의 단초가 되기도 하는데,『삼국유사』「자장 정율慈藏定律」조와「전후소장사리前後所將舍利」조 등에 기록이 있다.『삼국유사』의 이 부분 글들은 워낙 길어 이를 간략하게 정리하면 다음과 같다.

"대덕大德 자장慈藏은 김씨金氏이며 본래 진한辰韓의 진골眞骨 소판蘇判(3급의 벼슬 이름) 무림茂林의 아들이다. 그는 석존과 같은 날에 태어났으며 이름을 선종랑善宗郎이라 했다. 그는 정신과 뜻이 맑고 슬기로웠으며 문사文思가 날로 풍부하고 속세의 취미에 물들지 않았다.……때마침 조정에 재상 자리가 비어 있어서 자장이 물망物望에 올라 여러 번 불렀지만 나가지 않으니 왕이 칙명을 내렸다. '만일 나오지 않으면 목을 베겠다.' 자장이 듣고 말했다. '내가 차라리 하루 동안 계율을 지키다가 죽을지언정, 100년 동안 계율을 어기고 사는 것을 원하지 않는다.' 이 말을 들은 왕은 그가 중이 되는 것을 허락했다.……자장은 변방 나라에 태어난 것을 스스로 탄식하고 중국으로 가서 대화大化를 구했다.……계유癸酉(643)에 신라 선덕왕이 자장을 돌려보내주기를 청하니 당태종은 이를 허락하고 그를 궁중으로 불러들여 비단 1령領과 잡채雜綵 500필을 하사했으며, 또 동궁東宮도 비단 200필을 내려주고 그 밖에 예물로 준 물건도 많았다. 자장은 본국에 아직 불경과 불상이 구비되지 못했으므로 대장경 1부와 여러 가지 번당幡幢·화개花蓋 등 복리福利가 될 만한 것을 청해서 모두 싣고 돌아왔다. 왕이 자장을 대국통大國統으로 삼아 중들의 모든 규범을 승통에게 위임하여 주장하도록 했다.……자장이 이와 같은 좋은 기회를 만나 용감히 나가서 불교를 널리 퍼뜨렸다.……대체로 자장이 세운 절과 탑이 10여 곳인데, 세울 때마다 반드시 이상스러운 상서祥瑞가 있었기 때문에 그를 받드는 포색浦塞들이 거리를 메울 만큼 많아서 며칠이 안 되어 완성했다. 자장이 쓰던 도구·옷감·버선과 태화지太和池의 용이 바친 목압침木鴨枕과 석존의 유의由衣들은 모두 통도사에 있다."

통도사에 관한 내용은 「전후소장사리」조에 다음과 같이 기록되어 있다.

"진흥왕(549) 때에 양梁나라에서 심호沈湖를 시켜 사리 몇 알을 보내왔다. 선덕왕 때인 정관貞觀 12년 계묘년癸卯(643)에 자장율사가 당에서 갖고 온 부처의 두골佛頭骨, 부처님의 치아 등 불사리佛舍利 100립과 부처가 입던 비라금점가사緋羅金點袈裟 한 벌이 있었는데 그 사리를 3분하여 일부분은 황룡사탑에 두고 일부분은 태화사탑太和寺塔에, 일부분은 가사와 함께 통도사 계단에 두었다. 계단은 2층으로 상층 가운데에 범종 모양을 하고 있는 석개石蓋를 안치하였다."

이 내용은 곧 통도사의 불사리 금강계단과 함께 부처님의 친착가사親着袈裟 봉안 사실을 전해준다. 자장이 당나라 종남산終南山 운제사雲除寺 문수보살상 앞에서 기도를 드리고 있을 때의 일이다. 문수보살은 승려로 화해 가사 한 벌과 진신사리 100알, 불두골佛頭骨, 손가락뼈指節, 염주, 경전 등을 주면서 다음과 같이 말했다.

"이것들은 내 스승 석가여래께서 친히 입으셨던 가사이고 또 이 사리들은 부처님의 진신사리이며, 이 뼈는 부처님의 머리와 손가락뼈이다. 그대는 말세에 계율을 지키는 사문沙門이므로 내가 이것을 그대에게 주노라. 그대의 나라 남쪽 축서산鷲栖山(영축산의 옛이름) 기슭에 독룡毒龍이 거처하는 신지神池가 있는데, 거기에 사는 용들이 독해毒害를 품어서 비바람을 일으켜 곡식을 상하게 하고 백성들을 괴롭히고 있다. 그러니 그대가 그 용이 사는 연못에 금강계단을 설치하고 이 불사리와 가사를 봉안하면 삼재三災(물, 바람, 불의 재앙)를 면하게 되어 만대에 이르도록 멸하지 않고 불법이 오랫동안 머물러 천룡天龍이 그곳을 옹호하게 되리라."

자장이 귀국해 통도사를 현재의 위치에 정하게 된 전설은 여러 가지다. 자장이 신라의 어느 곳에 석가의 진신사리를 안치할 곳을 정해야 하는지 몰라 나무로 오리를 만들어 동쪽으로 날려 보냈더니 얼마 후 오리는 한 송이 칡꽃을 물고 돌아왔다. 자장은 칡꽃이 피어 있는 곳에 절을 세우라는 것이 부처의 뜻임을 깨닫고 흰 눈이 쌓여 있는 한 겨울에 칡꽃을 찾아나섰다. 며칠을 찾아다니던 어느 날 양산에서 좀더 들어가는 영축산에 이르러 보니 큰못이 있었다. 그 못 주변에 신기하게도 두 송이의 칡꽃이 피어 있었다. 자장이 이곳에 절을 세우니 바로 통도사다.

또 다른 전설은 용과 관련된다. 자장이 선덕여왕과 함께 축서산을 찾아서 독룡들이 산다는 못에 이르러 용들을 위해 설법했다. 그런 뒤 자장은 못을 메우고 그 위에 계단을 설치했다는 것이다. 이 기록을 보면 통도사가 창건되기 이전의 그 땅은 매우 큰 연못이었음을 알 수 있다. 이는 경내 상로전 구룡지九龍池와 하로전 못의 수면을 보면 고인 물이 아니라 흐르는 물이라는 것으로도 알 수 있다.

다시 정리하면 자장은 진골 귀족 출신으로 태어나 부모를 여읜 뒤 출가해 지독한 고행으로 유명해지자, 왕이 재상으로 취임하지 않으면 목을 베겠다 하고 강권했음에도 단연코 이를 거절하며 구도의 길을 걸었다. 선덕여왕 5년(636)에는 멀리 당나라에 유학해 환대를 받았고 선덕

자장은 구도의 길을 걷기로 결심하고 귀국하는데, 통도사 계단에 당나라에서 가져온 석가모니의
진신사리와 금란가사를 봉안했다. 통도사 경내.

여왕 12년(643)에 석가모니의 머리뼈와 어금니와 사리 100알과 부처
가 입던 붉은 깁에 금점이 있는 가사 한 벌을 가지고 귀국했다. 귀국 후
에는 신라의 가장 높은 승직인 대국통에 올라 수행자의 규범을 바로잡
았다. 자장이 지은 절과 탑은 모두 10여 곳에 이르는데, 특히 황룡사탑,
태화사탑, 통도사 계단에는 당나라에서 가져온 석가모니의 진신사리와
금란가사金欄袈裟를 봉안했다고 한다. 또한 통도사는 한국 최초로 『대장
경』을 봉안한 사찰이라는 역사적 의의를 갖는다.

　통도사의 창건에 대한 내력이 이처럼 소상하지만, 통도사의 창건 연
도는 불분명하다. 일반적으로 통도사는 선덕여왕 때 만들어진 것이라
고 인식한다. 자장의 귀국이 선덕여왕 12년이며, 선덕여왕이 재위한 기
간이 이후로 3년 뒤인 646년까지인 것을 감안하면, 통도사의 창건은

선덕여왕이 마지막으로 재위한 3년 내에 창건되었을 것으로 추정한다.

통도사의 사격寺格은 한국 사찰의 근본이나 마찬가지다. 신라시대에는 계율 근본 도장으로 수사찰首寺刹의 위치에 있었으며, 고려를 지나 조선 초기 각 사찰을 시도示導 장소로 지정할 때 수위首位 사찰이 되었다. 조선 말기 소위 대한제국 당시 정부에서 관리서管理署를 두어 전국 16개 수사찰을 정할 당시 경상남도의 수사찰이 되었고, 전국에 31본산本山을 정할 때에도 선교양종禪敎兩宗 대본산이 되었다. 이 역시 자장의 진신사리 봉안에 따른 불보사찰에 연유한다고 볼 수 있다.

자장이 통도사를 창건한 이후 수차에 걸쳐 중건 중수를 거듭했다. 특히 임진왜란 당시 왜군은 양산 일대에 방어선을 구축하고 7년간이나 머물렀으므로 이 지역 핵심 사찰인 통도사는 큰 피해를 입었다. 그러므로 현존 목조건물들은 인조 19년(1641)에 우운대사에 의해 중건된 것으로 본격적인 중건과 확장은 1725년부터 1757년 사이에 이루어졌다.

신라시대 가람 배치의 정형은 남북 일직선상에 일당一堂·일탑一塔을 놓는 것인데, 통도사는 서에서 동으로 흐르는 큰 계류를 따라 크게 3개의 건물군이 배치되었다. 대웅전을 중심으로 한 상로전上爐殿, 통도사 건물 중 가장 오래된 대광명전을 중심으로 한 중로전中爐殿, 영산전을 중심으로 한 하로전下爐殿으로 구분되어 있다. 현존하는 건물들은 임진왜란 당시 대부분 전각이 소실된 후, 여러 차례 중건과 중수를 거쳐 오늘에 이르고 있다. 경내에는 13개의 큰 법당이 있으며 영축산 산내에는 20여 개의 암자가 들어서 있고 전각의 수는 80여 동에 이르는 한국 최대의 불보사찰이다.

통도사의 기본 계획

원시불교인 사리신앙에서부터 계율학, 법화신앙, 미륵신앙, 관음신앙, 화엄신앙, 정토신앙, 약사신앙 등 불교 신앙의 종합 백화점인 양 불교의 다양한 신앙 형태가 통도사 내에 각각의 전각으로 표현되어 있다. 얼핏 수십 동의 건물이 이리저리 흩어져 다소 산만한 듯 보이기도 하지만, 건물 집합의 규칙을 새겨가며 경내를 돌아보면 건물 하나하나와 건물과 건물을 잇는 동선의 흐름이 예사롭지 않아 보인다. 전체의 건물 영역이 각기 독립적인 동선을 가지면서도 서로 유기적으로 맞물려 있기 때문이다.

그리고 경내를 살펴볼 때에는 건물 수십 동으로 이루어진 통도사가 창건 당시에도 지금의 모습을 하고 있었던 것이 아니라는 점에 유의해야 한다. 상로전 영역만 보더라도 대웅전은 남아 있는 기단의 수법으로 보아 사찰 창건 당시인 신라시대부터 어떤 형태로든 건물이 조성되었을 것으로 여겨지지만, 명부전은 고려 공민왕 18년(1369), 응진전은 조선 숙종 3년(1677), 산령각은 영조 37년(1761), 삼성각은 고종 7년(1870)에 창건되었으므로 현재의 통도사는 창건 이래 계속 변모를 거듭해왔기 때문이다.

현재 경내에 있는 주요 법당 13개를 건축된 시대별로 구분해보면, 창건 당시인 신라시대부터 있었으리라 생각되는 건물은 대웅전과 대광명전, 영산전뿐이다. 명부전·용화전·극락전·약사전·가람각은 고려시대, 나한전·삼성각·산령각·관음전·해장보각 등은 조선시대 건물이다. 특히 통도사의 상로전·중로전·하로전이라는 독특한 영역

통도사는 대웅전을 중심으로 한 상로전, 가장 오래된 대광명전을 중심으로 한 중로전, 영산전을 중심으로 한 하로전으로 구분된다. 통도사 대웅전.

배치는 창건 당시부터 고려된 것이 아니라 고려시대와 조선시대를 거치면서 여러 차례 중창되는 과정에서 생겨났다는 이야기인 셈이다.

통도사 자체가 부처의 진신사리를 통해 창건되었으므로 가람 배치는 금강계단을 중심으로 이루어진다. 그 때문에 통도사는 금강계단의 위치를 비롯한 전체 가람 배치가 무척 독특하다. 통도사는 동서로 흐르는 내를 따라 같은 방향으로 길게 누운 모양으로, 평지에 가까운 경사면에 들어서 있다. 동서로 늘어서 있는 일주문·천왕문·불이문에 이르는 축이 주축이 되고, 이 주축상에 직교하며 각기 독립된 것처럼 보이는 영역이 존재한다.

그런데 일주문·천왕문·불이문을 잇는 중심축, 곧 상로전·중로전

· 하로전을 잇는 중심축이 활처럼 휘어져 있다. 이와 같은 배치는 통도 사를 더 깊은 공간감을 갖게 된다. 일주문에서 천왕문에 이르는 50미 터의 진입로가 미세하게 휘어져 있지 않고 직선이었다면 현재와 같이 멀고 깊게 느껴지는 거리감은 생겨나지 않았을 것이다. 천왕문에서 대 웅전에 이르는 약 150미터의 거리 가운데에 세운 불이문 역시 같은 효 과를 노린 배치다. 이러한 곡선은 중로전의 관음전 · 용화전 · 대광명 전을 잇는 축에서도 나타난다. 이와 같은 가람 배치는 한국의 사찰에서 자주 발견되는 사려 깊은 건축 감각이다.

하로전 가람 배치

산문을 들어서서 계곡을 따라 겹겹이 우거진 소나무숲을 지나, 숲길 이 끝나는 지점에서 조금 걷다 보면 두 갈래 길이 나온다. 직진을 하면 주차장과 산내 암자로 들어가는 길이고, 산모퉁이를 따라 오른쪽으로 돌면 경내로 들어가는 길이다. 산모퉁이를 돌아서면 오른쪽에 부도전 이 자리하고 있다. 부도전에는 역대 통도사에 머물렀던 스님들의 부도 와 탑비가 봉안되어 있다. 이곳에서는 매년 개산 대제일(음력 9월 9일) 에 이곳 부도전에 모셔진 스님들께 부도헌다를 올리고 있다.

일주문

통도사 가람 배치의 특징을 이루는 첫 번째 공간인 하로전은 천왕문 (경상남도 유형문화재 제194호)을 들어서서 불이문에 이르기까지 펼쳐 지는 공간으로 제일 먼저 마주치는 곳이 일주문이다. 부도전을 지나면

통도사 일주문에는 '영취산통도사'라고 적혀 있는데, 이 현판은 흥선대원군이 직접 쓴 것이다.

만나는 정면 3칸 규모의 일주문 현판에는 '영취총림靈鷲叢林'이라고 적혀 있다. 보통 총림문이라 불린다. 이 총림문을 지나 조금 더 가면 오른쪽으로 웅장한 청기와 건물이 위용을 드러내는데, 이곳은 통도사에 전래되는 유물들을 전시하고 연구하는 성보박물관이다. 곧이어 '영취산통도사靈鷲山通度寺'라는 편액이 걸려 있는 일주문을 만나게 되는데, 여기서부터 본격적인 통도사 경내가 시작된다.

통도사를 들어가려면 사찰을 의미하는 일주문을 지나가야 하는 것은 기본이지만, 통도사는 일주문부터 여타 사찰과 다름을 곧바로 알 수 있다. 통도사 일주문에는 '영취산통도사'라고 적혀 있는데, 이 현판은 흥선대원군이 직접 쓴 것이다. 그런데 이 일주문 현판 아래 좌우 기둥의 주련에 '국지대찰불지종가國之大刹佛之宗家'라는 글씨가 적혀 있다. '나라에서 가장 큰 절이며 불가의 종가집'이라는 뜻으로 그만큼 통도사의 위상이 높다는 것을 의미한다.

기둥 4개가 한 줄로 나란히 서서 정면 3칸을 이루는 일주문은 맞배지붕이면서도 공포의 포작이 9개나 있을 정도로 화려하다. 지붕의 무게를 떠받치는 활주가 건물 네 귀에 세워진 이 일주문이 처음 세워진 것은 고려 충렬왕 31년(1305)으로 전해오며, 현재의 건물은 조선 영조 46년(1770)에 중건되었다고 한다. 통도사 일주문은 부산 범어사, 합천 해인사의 일주문과 함께 일주문 하면 반드시 언급되는 모범 학생인데 친필과 기둥 좌우에 해강 김규진金圭鎭의 글씨가 있다.

천왕문

일주문부터 일반인은 사찰에 출입할 마음의 옷깃을 여미게 되는데, 일주문이 사찰의 물리적 경계를 표시한 것이라면, 곧바로 나타나는 천왕문은 실질적인 신앙의 경계가 된다. 정면 3칸, 측면 2칸짜리 맞배지붕인 천왕문에는 여느 사찰이나 마찬가지로 사천왕상이 두 눈을 부라리며 서 있는데, 이 문부터 통도사의 하로전 구역이 시작된다. 건물은 고려 충숙왕 복위 6년(1337)에 초창되었으며, 현재는 조선 후기에 건축된 것으로 추정된다.

영산전

하로전의 사상적 중심은 남향으로 있는 영산전(보물 제1826호)이다. 초창 연대는 분명치 않으나, 형태나 구조가 고격의 품위를 갖고 있으며 척도 분석에 의해 신라 때 창건된 건물로 추정된다. 조선 숙종 30년

천왕문에는 사천왕상이 두 눈을 부라리며 서 있는데. 이 문부터 통도사의 하로전 구역이 시작된다.

(1704)에 중건된 뒤로 여러 차례 보수된 건물로 하로전 영역에서 가장 오래된 건물이다. 장방형으로 반듯하게 다듬은 기단 위에 막돌초석을 놓고 약한 배흘림이 있는 기둥을 세운 정면 3칸, 측면 3칸의 주심포 구조의 맞배지붕이다.

정면이 3칸이지만 5칸으로 구성해도 될 만한 길이를 3칸으로 구성했기 때문에, 정면의 기둥과 기둥 사이가 넓어서 건물이 안정되어 보인다. 기둥 윗부분은 평방으로 깔끔하게 마무리한 뒤 공포를 올려 수직적인 상승감도 살려내고 있다. 정면 3칸 모두 격자무늬의 사분합문을 달았는데, 어칸만은 안쪽 두 문짝을 빗살무늬로 장식해 다른 칸과 차별을 두었다.

풍화된 건물 외관만 보고 다소 실망하는 사람들도 있겠지만, 영산전

영산전 내부에는 가로 2.2미터, 세로 5.4미터에 달하는 벽화가 있는데, 벽화 가운데 단연 돋보이는 것은 서쪽 벽에 그려진 다보탑 그림이다.

내부는 매우 화려하고 웅장하다. 우물천장으로 마감되었는데 대들보에는 황룡과 청룡이 자유롭게 노닐고 있다. 공포와 공포 사이의 자투리 공간인 공포벽에 그려진 나한상, 산수화풍의 갖가지 그림이 대웅전에 비해 결코 떨어지지 않는다. 영산전 내부 벽화 가운데 단연 돋보이는 것은 서쪽 벽에 그려진 다보탑 그림이다. 서쪽 고주 사이의 벽을 온통 다 차지하는 이 다보탑 그림은 크기가 가로 2.2미터, 세로는 무려 5.4미터에 달한다.

　그림은 풍경과 구슬장식을 줄줄이 매단 9층탑이 화면 중심에 우뚝 서 있고, 탑 3층 내부에는 석가여래와 다보여래 두 부처가 나란히 앉아 있는 이불병좌상이, 탑 좌우에는 보살상과 제자상이 각기 네 분씩 그려져 있다. 탑의 지붕이 금빛 찬란하며, 검은색, 노란색, 흰색, 붉은색, 푸른색이 적절히 조화를 이루어 그림의 전체 분위기가 매우 밝고 화사하다. 그림 위쪽에 그려진 구름들도 매우 장엄한데 다른 사찰에서는 보지 못하는 매우 독특한 그림이며, 보존 상태가 좋아 감상하기도 무척 편안하다.

〈통도사영산전팔상도〉

석가모니 불상 옆에는 영조 51년(1775)에 제작된, 석가의 일생을 여덟 장면으로 나누어 그린 〈통도사영산전팔상도通度寺靈山殿八相圖〉(보물 제1041호)가 걸려 있다. 그림의 크기는 각각 가로 1.51미터 세로 2.33미터이며, 각 그림마다 5~7개의 장면이 치밀하게 구성되어 있고, 등장하는 인물의 모습이 매우 생동감 있다. 팔상도란 부처가 태어나 도를 닦고 열반에 이르기까지의 일생을 8부분으로 압축해 도설圖說한 그림을 일컫는다.

석가여래의 팔상은 경론經論에 따라 다소 차이가 있다. 하지만 대체로 강도솔降兜率·탁태託胎·강탄降誕·출가出家·항마降魔·성도成道·설법說法·열반涅槃의 내용을 지닌다고 할 수 있다. 이 팔상에 의하면 석가여래의 일생은 천天·인人·불佛의 삼상에 의해 성립되고 있음을 알 수 있다.

이 팔상도는 석가모니가 도솔천에서 코끼리를 타고 사바세계로 내려오는 장면인 도솔래의상, 석가모니가 룸비니공원에서 마야 부인의 옆구리를 통해 출생하는 모습을 그린 비람강생상, 태자가 성문 밖의 중생들의 고통을 관찰하고 인생무상을 느끼는 사문유관상, 부모의 반대를 무릅쓰고 출가하는 장면을 묘사한 유성출가상, 설산雪山에서 신선들과 수행하는 모습을 그린 설산수도상, 태자가 수행 중 온갖 유혹과 위협을 물리치는 수하항마상, 부처가 녹야원에서 최초로 설법하는 모습을 나타낸 녹원전법상, 부처가 쌍림수 아래에서 죽음에 이르는 모습을 표현한 쌍림열반상으로 구성되어 있다. 각 폭은 거의 빈 공간을 남기지 않고 건물과 나무, 구름 등의 배경으로 적절하게 구도를 나누어 해당되는 장면을 잘 표현했다.

또한 각 묘사된 장면의 내용을 구체적으로 설명하는 글을 써놓아 이해를 돕고 있다. 산악이나 바위는 뛰어난 필치로 처리되었고 인물의 묘사도 생동감이 넘친다. 이 그림은 보존 상태가 양호하고 제작 연대도 확실해 조선시대 불교 회화 연구에 귀중한 자료로 평가된다.

〈양산통도사영산전벽화〉

〈양산통도사영산전벽화梁山通度寺靈山殿壁畫〉(보물 제1711호)는 한국 사찰 벽화로는 유일한 〈법화경 견보탑품〉 벽화를 비롯해 팔상도의 도상에 기본이 된 『석가여래응화사적』의 내용을 그린 것으로, 불교 회화 사상 중요한 의의를 갖고 있다. 이 벽화는 벽체와 포벽은 물론 내목도리 윗벽과 대량·창방 등 내·외부 전체에 고루 그려져 있으며, 그 내용 또한 매우 다양하게 구성되어 조선 후기 사찰 벽화의 백미로 평가된다. 또한 이 벽화는 화풍에서도 밝고 부드러운 중간 색조를 사용한 점이나 단아하고 세밀한 인물 묘사, 끊김 없이 처리한 유려한 필선, 안정된 구도 등에서 17세기 초반의 불화들과 비교된다.

외벽에는 총 17점의 벽화가 남아 있으나 현재 훼손이 심해 윤곽이 뚜렷하게 드러나지는 않는다. 그러나 내부는 총 52면의 벽면에 벽화가 조성된 것을 알 수 있다. 하지만 서벽에 묘사된 『묘법연화경』「견보탑품」의 내용은 3면으로 분할되어 있으나 하나의 내용을 표현한 것이므로 한 장면으로 볼 경우 총 50장면의 벽화가 도상화되어 있다.

이 가운데 『묘법연화경』「견보탑품」의 내용과 불상 뒷벽의 상단에 그려진 운룡도를 제외하면 가장 많은 내용을 차지하는 것은 48면에 그려진 『석씨원류응화사적』의 내용을 표현한 벽화들이다. 이 내부 벽화들은 『영산전천왕문양중창겸단확기문靈山殿天王門兩重創兼丹雘記文』의 현판을 토대로 살펴보면, 1715년에 총안聰眼 외 화사畵師 14명이 그린 것으로 보인다. 1792년에 영산전의 단청을 중수한 기록이 남아 있으나 내부 벽화들에서는 개채나 보수 흔적을 살필 수 없고, 훼손 시 떨어져 나온 벽화 층을 살펴봐도 동일한 1개의 안료층을 보이기 때문에 1714년부터 1716년까지 3년간 새로 영산전 건물을 중창할 당시에 조성한 것으로 판단된다.

내벽에서 가장 많은 내용을 담고 있는 것은 총 48면으로 이루어진 〈석씨원류응화사적〉 벽화다. 이들 48점은 내부 운룡도를 제외한 동벽과 남북 벽의 포벽, 내목도리 윗벽, 〈견보탑품도〉와 〈협시청중도脇侍聽衆圖〉 2점을 제외한 서벽의 일부에 묘사되었다. 동벽의 경우 불상과 후불도, 운룡도가 있는 중심 벽면을 제외한 좌우 4면의 공간에 묘사되었다. 남벽과 북벽에는 포작의 수에 따라 만들어진 포벽의 상·하단에 그려져 있는데 남벽에는 상 12점, 하 12점, 북벽에는 상 9점, 하 9점으로 남북 벽면 모두 총 42점의 벽화가 있다. 서벽에는 『묘법연화경』「견보탑품」의 내용이 담긴 중심 벽면과 권속들을 그린 좌우 하단의 벽면을 제외한 상단의 장방형 벽면 2면에 『석씨원류응화사적』의 이야기가 그려져 있다.

〈견보탑품도〉는 석가여래가 영취산에서 설법할 때 다보여래의 탑이 땅에서 솟아나 설법을 찬탄하
니 그 탑 안으로 석가여래가 들어가 다보여래와 같이 앉았다는 내용을 담아냈다.

주제별로는 내목도리 윗벽의 대부분이 『석씨원류응화사적』의 1·2권
에 나오는 석가모니의 행적들이 그려졌으며, 동·서측의 하단면을 제
외한 남·북측의 하단에는 3권에 나오는 고승들의 사적들을 묘사했
다. 우선 〈법화경 견보탑품〉 벽화는 석가여래가 영취산에서 설법할 때
다보여래의 탑이 땅에서 솟아나 설법을 찬탄하니 그 탑 안으로 석가여
래가 들어가 다보여래와 같이 앉았다는 『묘법연화경』 제11품 「견보탑

품」의 내용을 장엄하게 묘사한 국내 유일의 〈견보탑품도〉다. 특히 세밀한 인물 표현, 유려한 필선, 안정된 구도, 부드럽고 장엄한 색조 등에서도 뛰어난 화법을 보여준다.

〈석씨원류응화사적〉 벽화는 영산전 내부 동서남북의 상벽과 포벽에 그려졌다. 상벽의 직사각형 화면에 그려진 25장면의 벽화는 모두 석가모니불과 관련된 것들이고, 이에 대응되게 그려진 하단의 凸자형 포벽에 그려진 벽화는 주로 고승들의 행적과 관련된 것들이다. 이러한 수직적인 배치는 붓다와 제자 간의 위계를 고려한 배치로 여겨진다. 필선, 인물 묘사, 채색 등 화풍에서 〈견보탑품도〉와 동일 시기에 그려진 것으로 생각된다.

극락전

영산전의 오른쪽, 즉 동쪽에 자리한 극락전은 일반 사찰이라면 주불전으로 대접을 받을 수 있지만, 통도사는 석가의 진신사리를 봉안한 불보사찰이므로 영산회상이 재현된 영산전이 창건 목적에 더욱 부합하므로 극락전이 주불전이 아닌 부속불전이 된다. 극락전의 창건 연대는 고려 공민왕 18년(1369)이라고 전해지는데, 현재의 건물은 대략 18세기 초에 건립된 것으로 추정된다.

이 건물은 통도사에 있는 3개의 영역 중에서 하로전에서 중간 위치에 해당하므로 외관의 평면 구조 역시 이에 맞춰져 있다. 그러나 일반적으로 극락전은 극락세계를 상징하므로 건물 자체도 화려하고 대웅전에 버금갈 정도로 내부 장식이 많은데 이 극락전 역시 그렇다.

정면 3칸, 측면 3칸 규모의 팔작지붕이며, 지붕을 활주로 받치고 있

통도사에서 극락전은 주불전이 아닌 부속불전인데, 건물은 화려하고 대웅전에 버금갈 정도로 내부 장식이 많다. 극락전과 그 앞의 3층 석탑.

다. 영산전과는 같은 정면 3칸, 측면 3칸으로 규모는 약간 작지만 각 면마다 문과 벽화로 야무지게 모양을 낸 짜임새가 돋보인다. 특히 정면 3칸에 모두 문을 달아 개방하도록 한 것은 여느 법당과 마찬가지지만, 측면에서는 대체로 앞쪽 퇴칸에만 문을 내는 데 반해 어칸에도 문을 달았고 좌우 측면 모두 뒤쪽 퇴칸에는 각각 인왕상을 벽화로 그렸다.

　건물의 뒤쪽도 여느 건물과는 달리 어칸 벽은 험한 바다를 건너 극락 세계로 향하는 반야용선般若龍船 그림으로 장식하고 양쪽 퇴칸에 문을 설치했다. 극락전 내부에는 아미타불이 주존불로 모셔져 있으며, 좌우 에 관세음보살과 대세지보살이 협시하고 있다.

약사전

극락전을 마주 보고 있는 약사전은 정면은 3칸이나 측면은 단 1칸뿐인 조촐한 맞배지붕이다. 약사전은 극락전과 마찬가지로 고려 공민왕 18년(1369)에 초창되었으나 현재의 건물은 조선시대 중기에 건립된 것으로 추정된다. 정면과 뒷면 모두 기둥 위를 평방으로 마무리하고 공포를 다포식으로 올렸는데, 한 칸인 측면에는 평방도 공포도 없는 것이 매우 독특하다. 안에는 주존불로 약사여래불을 모시고 있으며, 후불탱화로 약사여래불과 함께 일광보살과 월광보살을 비롯해 여러 보살을 그린 그림이 있다. 후불탱화는 영산전 안의 팔상도와 마찬가지로 영조 51년(1775)의 작품이다.

3층 석탑

통도사 3층 석탑은 보물 제1471호인데도 워낙 통도사가 거찰이므로 크게 눈길을 끌지는 못하지만, 통일신라 말기나 고려 초기에 세워진 걸작품이다. 통일신라시대의 전형적인 석탑 양식인 이중받침돌로 기단부를 구성했다. 상층 받침돌의 가장자리에는 각각 모서리 기둥隅柱를 새기고 그 사이에 받침기둥을 두어 목조건물 양식을 모방했다. 하층 받침돌의 각 면에는 코끼리의 눈을 형상화한 안상을 조각했다. 이러한 형식은 석탑의 장식 기능을 강조하던 통일신라 말기의 특징이다. 3층의 탑신은 모서리 기둥만 새겨두었고 4단의 받침돌 위에 올린 옥개석 역시 당대의 양식을 반영하고 있다. 상륜부에는 받침露盤을 설치하고 그 위에 여러 장식을 올렸는데 현재는 사라지고 없다.

이 석탑은 1987년 해체·복원할 때 상층 받침대 안에서 조선시대

만세루는 범종루에 비해 그 높이가 결코 낮지 않을 만큼 상당히 높다. 범종루는 정면 3칸, 측면 2칸의 팔작지붕으로 2층 구조다.

백자가 발견되었다. 또 하층 받침돌 아래의 다진 흙 속에서 금동의 소형불상 2구와 청동 숟가락 등이 발견되었으며 현재 성보박물관에 소장되어 있다.

만세루와 법종루

이름처럼 누각은 아니지만 만세루는 만세루 옆의 이층 누각인 범종루에 비해서도 그 높이가 결코 낮지 않을 만큼 상당히 높다. 정면 5칸, 측면 3칸의 팔작지붕이다. 만세루는 조선 영조 22년(1746)에 중건된 것으로 전해지나 이후 여러 차례의 보수가 있었다.

범종루는 정면 3칸, 측면 2칸의 팔작지붕으로 2층 구조이며, 팔작지붕을 활주로 받쳤는데, 독특하게도 활주가 2층에 있다. 2층에는 범종,

목어, 운판, 법고 등이 있다. 조선 숙종 12년(1686)에 초창되었다고 하며, 현재의 건물은 근래에 새로 지어진 것이다.

범종루 뒤쪽으로는 눈에 잘 띄지 않는 사방 한 칸의 작은 법당이 있는데, 가람을 수호하는 가람신을 모신 가람각이다. 본래 불교의 신이 아니라 민간신앙을 받아들여 모신 신이기에 경내에 모시기는 했지만 위치상으로는 천왕문 아래로 그 위상을 낮춰서 배치했다. 근래에 새롭게 지었지만, 초창은 조선 숙종 32년(1706)으로 거슬러 올라간다.

중로전 가람 배치

중로전은 불이문을 넘어서 세존비각에 이르는 공간이다. 하로전 구역을 지나 불이문을 들어서면 석탑을 지나 멀리 대웅전 건물과 중로전 구역의 일부인 관음전이 눈에 들어온다. 불이문에서 시작되는 중로전은 동에서 서로 흐르는 주축선에 직교해 남쪽에서 북쪽으로 점점 확장되는 추세로 동선이 짜여져 있어 경내 공간을 넓어 보이게 만든다. 또한 일주문과 하로전 영역에 이르기까지는 기울기를 거의 느낄 수 없는 평지였으나 불이문에 이르면 사정이 달라진다.

불이문은 일주문과 천왕문에 이어 경내로 이끄는 세 번째 문이면서 마지막 문이기도 하다. 그런 까닭으로 불이문에 들어서면서 곧장 영취산을 뒤로 이고 있는 대웅전을 마주 보게 된다. 불이문과 대웅전 사이를 가로막는 건물이 따로 없기 때문이다. 그런데 불이문을 통과해 중로전에 들어섰다고 하더라도 곧장 대웅전으로 향하지 못하게 되는데, 이것은 중로전만의 독특한 건물 배치법 때문이다.

일단 중로전의 중심축은 남북 방향으로 통도사의 주축인 동서축에 직교한다. 관음전과 용화전과 대광명전이 남북을 축으로 하여 차례로 들어서 있는데, 중로전의 중심 건물인 대광명전 쪽으로 갈수록 건물 크기도 점차로 커지지만 축선도 동쪽으로 약간 휘어져 중로전 영역이 확장된 듯 보인다. 불이문과 함께 중로전의 경계가 되는 세존비각과의 사이에 관음전 · 용화전 · 대광명전처럼 일렬로 늘어선 개산조당 · 해장보각 · 장경각 역시 관음전 · 용화전 · 대광명전과는 반대, 즉 서쪽으로 약간 휘어져 있어서 확장되는 느낌이 더 강하다.

불이문

불이문은 약 1.5미터 되는 석축 위에 올라선 정면 3칸, 측면 2칸의 팔작지붕이다. 정면 3칸에는 모두 판문을 달아 출입하게 했으며, 측면은 벽체로 마감하고, 뒷면에는 벽체나 문도 달지 않았다. 얼핏 단조롭게만 보이는데, 일단 내부에 들어서서 천장을 보면 대들보가 놓이지 않은 중앙에 호랑이와 코끼리가 서로 마주 보며 이마로 대들보를 떠받들고 있다. 호랑이든 코끼리든 양쪽 대들보 위에 'ㅅ' 자 모양의 솟을합장재를 짜넣었다. 이 솟을합장형 대공은 주심포 건물에서는 흔하지만 다포계 건물에서는 찾기 어려운 특이한 구조다. 불이문이 처음 창건된 것은 고려 충렬왕 31년(1305)이나 지금의 건물은 조선 중기 이후에 세워진 것으로 추정된다.

관음전

중로전의 중심에 놓인 관음전 · 용화전 · 대광명전 축에서 가장 앞쪽

불이문은 정면 3칸, 측면 2칸의 팔작지붕으로 천장에는 호랑이와 코끼리가 서로 마주 보며 이마로 대들보를 떠받들고 있다.

에 자리 잡고 있는 관음전(경상남도 유형문화재 제251호)은 정면 3칸, 측면 3칸의 정방형 팔작지붕이다. 주존불로 관세음보살을 모시고 있으며, 법당 안에는 관음상 벽화가 여럿 있다. 영조 원년(1725)에 창건된 뒤 여러 번 중수되어 오늘에 이르고 있다. 세 건물 가운데 가장 나중에 건립되었다.

관음전 앞의 석등은 높이가 2.4미터다. 방형 지대석 위에 안상을 새긴 팔각 하대석이 놓였는데, 윗부분은 연꽃으로 장식되어 간주를 받치고 있다. 간주는 사각이면서도 옆 모서리를 깎아내고 중앙에 가락지를 끼운 듯 또는 대나무의 마디인 듯 돋을새김 장식을 하여 단조롭지 않게 모양에 변화를 주었다. 간주 위에는 사각의 창을 사방으로 큼지막하

관음전은 정면 3칸, 측면 3칸의 정방형 팔작지붕으로 주존불로 관세음보살상을 모시고 있으며, 법당 안에는 관음상 벽화가 있다.

게 낸 화사석을 놓았는데, 간주와 화사석 사이에 사각에 가까운 연화받침을 끼웠다. 팔각의 지붕돌 아랫면 화사석이 놓이는 부분에는 낮은 단을 조각해 지붕돌을 받치는 것 같은 효과를 냈으며 고려시대에 만들어진 것으로 추정된다.

관세음보살이 민간신앙에서는 매우 선호되지만 보살의 불전이라는 위계에 맞춰 화려한 장식은 하지 않았다. 불전 내부에는 중앙에 등불을 들고 중생들을 부처의 세계로 안내하는 관세음보살을 비롯해 남쪽으로 선재동자가 반복적으로 그려져 있다.

용화전

관음전 뒤쪽의 용화전(경상남도 유형문화재 제204호)은 석가 다음, 곧 석가의 출현에서 56억 7,000만 년이란 세월이 흐른 미래세계에 출현할 미륵불을 모시고 있는 법당이다. 미륵불은 현재 도솔천에서 미륵보살의 신분으로 명상에 잠겨 있는데, 성도 후에는 지상에 내려와 3번의 설법을 통해 중생들을 모두 구제하도록 예정된 분이다. 이 설법을 '용화삼회龍華三會'라 부르고 미륵불이 출현할 곳도 '용화수'라는 나무 밑이므로 법당의 이름을 용화전이라고 한다.

용화전은 정면 3칸, 측면 3칸의 맞배지붕이며 안에 모신 미륵불 좌상은 크기가 2미터에 이른다. 건물 측면 어칸에도 문짝을 달았다. 내부에는 대형 벽화 7폭을 비롯해 공포와 공포 사이 포벽에도 여러 가지 그림이 그려져 있는데, 특히 배경으로 그려진 식물들의 표현이 매우 사실적이다. 용화전이 처음 세워진 것은 고려 공민왕 18년(1369)이라고 하나, 현재의 건물은 영조 원년(1725)에 중건되었다.

봉발탑

용화전 앞에는 형태가 매우 독특한 석조물이 있다. 이른바 봉발탑奉鉢塔이라 부르는 것이다. 네모난 지대석 위에 둥근 복련대를 놓고 그 위에 네 귀퉁이의 모를 죽인 사각기둥을 세우고, 다시 그 위에 둥근 앙련대를 놓아 받침대를 만든 뒤 뚜껑 덮인 밥그릇(바리때) 같은 것을 올린 모습인데, 이는 불교 교리상 매우 상징적인 석조물이다. 부처님의 제자인 가섭존자가 석가여래의 발우鉢盂(공양을 받는 그릇)와 가사를 가지고 인도의 계족산에서 미륵불을 기다린다고 하는 것에서 유래하는데, 이

봉발탑은 석가모니가 입멸한 뒤 56억 7,000만 년 후에 부처가 되라는 석가모니의 뜻을 받들어 미
륵불의 출현을 간절히 기다리는 마음이 담긴 석조물이다.

봉발탑이 바로 그때에 전해질 발우다.

봉발탑은 석가모니가 입멸한 뒤 56억 7,000만 년 후에 부처가 되라는 석가모니의 뜻을 받들어 도솔천에서 성도를 위해 명상에 잠겨 있는 미륵불의 출현을 간절히 기다리는 마음이 담긴 석조물이다. 용화전에 모셔진 분이 미륵불이므로 용화전 앞에 봉발탑을 놓은 것이다. 다만 봉발탑이라는 현재의 공식 명칭에 대해서는 사리를 모신 것이 아닌 이상 탑이라는 명칭이 불합리하며, '봉발대' 또는 '석조봉발'이라는 명칭이 적당하다는 이견도 있다.

봉발탑 높이는 2.6미터에 달하며 하대석이 원형인 것을 제외하고는 대좌에 조각된 연꽃이라든지 간주석의 모습은 관음전 앞의 석등과 많이 닮아 있다. 관음전 앞의 석등과 함께 고려시대의 작품으로 여겨진다. 봉발탑으로서 완전한 모습을 갖추고 있는 것으로는 국내에서 유일하며 보물 제471호로 지정되어 있다.

대광명전

관음전, 용화전 등의 축을 거치면서 바닥 면이 조금씩 높아지고 건물도 조금씩 커지는 분위기의 중로전에서 중심이 되는 건물이 바로 대광명전(보물 제1827호)이다. 창건 연대가 확실치는 않으나, 기단과 초석 등을 감안할 때 신라 때 창건된 것으로 추정된다. 정면 5칸, 측면 3칸의 팔작지붕으로 관음전과 용화전보다 이른 시기, 즉 통도사 창건 당시 초창된 건물로 알려져 있다. 현재의 건물은 영조 원년(1725)에 중수되었다.

내부에는 비로자나불상을 모시고 있는데, 비로자나불은 불가에서 진리요 우주의 본체인 법신불法身佛이다. 후불탱화로는 영조 35년(1759)에 조성된 법신 후불탱화가 있다. 본래는 보신報身 노사나불과 화신化身 석가여래를 각각 한 폭씩 그린 '비로자나삼신불화'가 걸려 있었으나 이들은 성보박물관으로 옮겨졌다. 법신 후불탱화는 가로 3.15미터 세로 4.6미터 크기이며, 보신·화신 후불탱화는 모두 가로 1.76미터 세로 3.8미터 크기다. 이 '비로자나삼신불화'는 현재 보물 제1042호로 지정되어 있다.

세존비각

중로전의 맨 끝 서쪽 편에는 사방 1칸의 작은 팔작지붕인 비각이 금강계단 옆에 바짝 붙어 있다. 여기까지가 중로전이다. 이 작은 비각은 숙종 32년(1706) 계파桂坡 스님이 금강계단을 중수하면서 석가모니의 진신사리를 소장하게 된 내력을 자세히 밝힌 비를 세우고 지은 세존비각世尊碑閣이다. 안에 있는 비석의 높이는 약 2.5미터이며 폭은 1미터 정도인데, 밀양의 표충비처럼 간혹 눈물을 흘린다고도 한다.

가운데에 도깨비상을 조각하고 양쪽에 단순하고 귀염성 있는 꽃무늬를 조각한 비석받침이 우선 호감이 가고, 천장에서 비석을 내려다보는 용의 모습도 눈길을 끈다. '사바교주석가여래영골부도비裟婆敎主釋迦如來靈骨浮圖碑'라는 비명을 가지고 있으며, 비문은 채팽윤蔡彭胤이 썼는데, 자장이 중국에서 석가모니 사리를 모셔온 일과 임진왜란 시기에 사명대사가 석가모니 사리를 보호하기 위해 둘로 나누어 금강산에 있는 서산대사에게 보냈더니 서산대사가 하나는 묘향산에, 하나는 현재의 계단에 모시도록 했다는 내용을 담고 있다.

개산조당과 해장보각

세존비각 뒤쪽으로 비좁은 공간을 비집고 들어와 중로전 영역에 또 하나의 축을 만드는 일련의 건물이 있다. 개산조당開山祖堂과 해장보각 海藏寶閣이다. 개산조당은 해장보각에 딸린 출입문인 셈으로, 이 두 건물 은 영조 3년(1727)에 창건되어 여러 차례 중수되었으며, 현재는 고종 4년(1867)에 크게 수리된 뒤의 모습이다. 개산조당은 솟을삼문 형식인 출입문이 확실한데, 법당의 이름인 '개산조당'이라는 현판이 붙은 것은 현재 해장보각이 통도사의 개산조인 자장율사의 영정을 모시고 있는 것과 관련이 있다.

또한 자장율사의 영정이 모셔진 건물에 해장보각이라는 현판이 붙게 된 데에는 『삼국유사』에 이미 기록된 바와 같이 "자장율사가 중국에서 가져온 『대장경』을 통도사에 봉안"했던 것과 관련되어 있을 것으로 추 정된다. 자장율사의 영정 주위에는 『고려대장경』도 함께 모셔져 있었는 데 도서관으로 이관·봉안되어 있다. 해장보각은 정면 3칸, 측면 2칸의 맞배지붕이며, 외벽에 그려진 민화풍의 까치와 호랑이 그림이 친숙하게 느껴진다. 내부에 모셔진 자장율사의 영정은 가로 1미터, 세로 1.7미터 에 이르며 순조 4년(1804)에 그려졌다.

장경각

남동향의 개산조당과 해장보각 뒤쪽에는 정면 3칸, 측면 1칸의 맞배 지붕인 장경각이 있다. 장경각에는 통도사 인근의 운흥사雲興寺가 구한 말 폐사되면서 그곳에 있던 주요한 목판 장경들이 옮겨와 있다. 개산조 당 앞쪽에 놓인 5층 석탑은 1920년에 건립되었으며 전체 높이 6미터,

1층 몸돌에 인왕상이 하나씩 조각되어 있다.

황화각

그밖에 중로전 영역에서 보자면 감로당 · 원통방 · 황화각 · 전향각
등이 눈에 띄지만, 사찰에서 생활하고 공부하는 스님들을 위한 공간이
라 아무래도 걸음이 조심스럽게 된다. 그렇더라도 그냥 지나칠 수 없는
것이 불이문에 들어서면서 대웅전 쪽을 바라본 상태에서 오른쪽에 자
리 잡은 첫 건물인 황화각이다. 본래 이 건물이 세워진 것은 고려 충숙
왕 4년(1317), 원나라 왕실과 고려 왕실 사람들이 자주 왕래하므로 이
들의 숙소로 지어졌다고 한다. ㄴ자형의 건물이며, 인조 27년(1649)에
중건하고 1988년에 중수했다.

상로전 가람 배치

통도사의 근원이 자장율사가 당나라에서 가져온 석가모니의 진신사
리였던 만큼 뭐니뭐니해도 통도사를 가장 통도사답게 하는 공간은 석
가모니의 진신사리를 모신 금강계단과 금강계단에 참배할 공간으로
마련한 대웅전이 들어선 상로전 영역이다.

개산조당 앞쪽의 1920년에 세워진 석탑을 지나 낮은 석축 기단을
오르면 상로전 구역이다. 상로전 구역의 중심인 대웅전은 평면은 정방
형이지만 지붕은 정丁자형을 하고 있다. 진입로인 동쪽에서 보거나 주
방향인 남쪽에서 보더라도 모두 정면처럼 보이도록 한 것이다. 뒤로는
통도사의 상징인 석가모니의 진신사리를 봉안한 금강계단이 자리하고

있다. 대웅전의 정면에는 대중법회와 행사를 하는 건물인 설법전이 웅장한 자태를 드러내고 있으며, 좌우로는 명부전과 응진전을 배치했다.

응진전의 남쪽에는 노전인 일로향각一爐香閣(지금은 중로전에 현판만 남겨져 있다)이 있고, 서쪽으로는 삼성각과 산신각이 배치된 작은 공간이 나오며, 그 가운데 구룡지가 있다. 상로전의 가장 서쪽은 일반인들이 들어갈 수 없는 선원 구역이다. 이곳에는 주지스님의 처소인 탑광실, 그 옆에 보광전과 부속건물, 그 뒤에 방장스님의 거처인 정변전이 자리하고 있다.

대웅전

중로전을 지나 상로전 영역에 들어서면 처음으로 마주하게 되는 것이 대웅전(국보 제290호)인데, 이 대웅전은 생긴 모습이 참으로 독특하다. 전통 사찰의 법당 대부분이 정면이라고 하면 대개 한 면이게 마련인데, 대웅전은 사방이 모두 정면이 된다. 남향으로 있는 금강계단 앞쪽에 대웅전이 지어진 까닭에 대웅전의 정면 역시 남쪽이 되어야 마땅하지만, 동서로 뻗은 통도사의 주축선을 따라서 일주문, 천왕문, 불이문을 지나 상로전 영역에서 첫 대면하게 되는 대웅전은 남쪽 면이 아닌 동쪽 면이 되는 까닭에 대웅전의 동쪽 면 역시 정면이 되지 않을 수 없었던 것이다. 이런 입지 조건에 맞추다보니 지금과 같이 사방이 정면이 되는 독특한 형태의 건물이 된 것이다.

현재의 건물이 세워진 것은 인조 19년(1641)부터 인조 22년(1644)이다. 자장율사에 의해 통도사가 창건될 때 초창되었으나 여러 차례 다시 지어지거나 손보아지며 내려오다가 임진왜란 때 완전히 불에 타 다시 지어졌다. 그러나 대웅전을 화사한 꽃밭으로 만드는 기단만은 창건 당시의 것으로 여겨진다. 기단은 지대석을 놓고 귀기둥과 버팀기둥을 세운 뒤 그 사이에 연꽃이 조각된 면석을 끼우고 윗면에 갑석을 놓아 마무리했다.

기단 위에 놓인 대웅전은 매우 크고 높으며, 남쪽 면이 3칸, 동쪽 면이 5칸인 다포식 팔작지붕이다. 그러나 여느 팔작지붕과는 달리 지붕의 북쪽을 제외한 삼면에 합각이 생기는 정자 모양으로 만든 특수한 모습이다. 금강계단에 참배하기 위한 공간이라는 본분을 염두에 두었기에 나온 지붕 구조라 생각된다. 조선시대에 능이나 묘소 앞에 제를 지내기 위해 마련하는 정자각의 모습을 떠올리면 대웅전이 정자형이 된 까닭도 그리 부자연스럽지는 않다. 정자형 지붕의 중앙에는 큰 절집임을 상징하는 찰간대刹竿臺를 세웠으며, 활주가 건물의 네 귀퉁이에서 지붕을 떠받치고 있다. 지붕 처마 끝에 기와를 고정하기 위한 용도의 백자를 설치한 것까지 감안하면 대웅전은 건축적인 배려가 매우 많은 건물이다.

대웅전은 건물의 외형도 독특하지만, 여느 법당과 달리 내부에 불상을 모시지 않고 있다. 금강계단에 석가모니의 진신사리를 모시고 있기 때문이다. 석가모니의 신체를 모셔놓고서 석가모니를 모방한 불상을 따로 마련할 이유는 없는 것이다. 이런 건물을 '적멸보궁'이라 한다.

이처럼 대웅전은 통도사 가람 배치의 특수성과 석가모니의 진신사리를 모신 적멸보궁이라는 용도 때문에 동서남북 각 면이 모두 다른 표정을 갖게 되며, 결국은 그 때문에 건물도 더욱 웅장해 보인다. 건물의 동서남북 표정을 각각 살펴보면, 우선은 각 면의 현판 내용이 다르다.

대웅전의 북쪽에는 '적멸보궁', 남쪽에는 '금강계단', 동쪽에는 '대웅전', 서쪽에는 '대방광전'이라는 현판이 걸려 있다. 그런 만큼 동서남북 각 면이 모두 다른 표정을 갖는다.

금강계단을 직접 대하는 북쪽에는 '적멸보궁寂滅寶宮', 남쪽 면에는 '금강계단金剛戒壇', 동쪽은 '대웅전大雄殿', 서쪽에는 '대방광전大方廣殿'이라는 현판이 걸려 있다.

적멸보궁이라 함은 석가모니의 진신사리를 봉안했다는 뜻, 금강계단이라 함은 영원히 절대로 깨어지지 않는 금강과도 같이 계율을 지킨다는 뜻, 대웅전이라 함은 대웅, 곧 석가모니불을 모신 전각이라는 뜻, 진리요 우주의 본체인 법신불이 상주하는 도량이라는 뜻으로 대방광전이란 말을 쓴 것이다. 또한 '금강계단'이란 글씨는 일주문과 마찬가지로 흥선대원군이 쓴 것이다.

대웅전이란 현판이 걸린 동쪽 면은 5칸이며 칸과 칸 사이의 간격은 모두 같다. 칸마다 분합문을 달았는데, 퇴칸의 문이 모두 단정한 빗살 창인 데 비해 어칸의 문은 격자빗살창에다가 갖가지 꽃무늬 장식을 붙여 매우 화려하게 해놓았다. 그래서 한동안 창살에서 눈을 뗄 수가 없다. 건물의 중앙이 되는 어칸의 위치에 계단이 놓이지 않은 것이 이상하지만, 계단 양옆을 막은 소맷돌의 장식만은 매우 독특하다. 줄기를 도르르 말아 그 안에 한 송이 꽃을 놓은 것도 매우 낭만적이다. 이런 소박한 마음씨야말로 우리가 진정 소중히 지키고 자랑스러워해야 할 전통이 아닐까?

지붕의 합각면이 금강계단 쪽으로 치우쳐 있는 것도 우리에겐 눈에 익숙지 않은 풍경이다. 그런가 하면 금강계단이란 현판이 걸린 남쪽 면은 지극히 정상적인 팔작지붕의 합각면이 나타난다. 3칸으로 이루어져 있고, 칸마다 문을 달았는데, 퇴칸에 비해 넓은 어칸은 4분합문이다. 창문은 모두 빗살무늬이며, 어칸의 위치에 자리한 계단 소맷돌의 장식은 동쪽 면에 비해 좀 소홀해진 느낌이 들지만 전체적으로는 균형 잡힌 시원스러운 표정을 짓고 있다. 현판의 글씨는 일주문과 마찬가지로 흥선대원군의 작품이다.

대웅전 건물을 한 바퀴 도는 기분으로 걸음을 옮겨 모퉁이를 돌면 대방광전이란 현판이 달린 서쪽 면이다. 바닥이 높아진 까닭에 동쪽 면이나 남쪽 면에서 보았던 기단부 자체가 낮아져 장식이나 계단은 없어졌으며, 5칸이지만 금강계단 쪽의 퇴칸인 2칸은 문을 달지 않고 벽체로 마감했다. 어칸과 남쪽 퇴칸 모두 2분합문을 달았다. 퇴칸은 격자무늬로 장식했으며 어칸은 격자와 빗살문을 혼합했다. 동쪽과 남쪽 면에 비해 화려하고 웅장한 맛은 뒤지지만 수수하고 차분한 분위기를 자아낸다. 게다가 앞쪽에 작은 연못까지 마련되어 있어 더욱 친근하게 느껴진다. 이 작은 연못이 구룡지다.

이런 대웅전의 복잡한, 또는 복잡해진 모습은 모두 금강계단을 돋보이게 하기 위한 그 수단과 다름없다. 대웅전은 금강계단에 모셔진 석가모니의 진신사리를 참배하기 위한 공간이라는 역할에 충실하고, 또 그런 참배 행위를 매우 신성하고 경건한 것으로 받아들이도록 건축하고 장엄된 것이다.

금강계단에 잇닿아 있는 북쪽 면은 접근할 수 없는 공간이기 때문에 통도사는 대웅전을 더욱 특색 있게 만들었다. 대웅전 안에 불상이 모셔져 있지 않고 불상 대신 거대하고 화려한 불단만 놓여 있다. 또한 건물 안에 유리창을 만들어 금강계단이 바라다 보이도록 했다. 불상을 모신 다른 대웅전과 달리 통도사 대웅전은 금강계단에 모신 석가모니의 진신사리를 받들고 있어 불상을 모실 필요가 없기 때문이다.

내부 공간도 두 개의 건물을 복합시킨 구조여서 특별한 기둥 배열을 볼 수 있다. 연꽃이 새겨진 가구식 기단은 늦어도 고려 중기 이전의 작품으로 보이며, 북쪽으로 기단을 2칸 늘린 흔적으로 미루어 현재의 모습과는 달리 원래 대웅전의 규모는 3×3칸으로 추정된다.

내부 구조는 얼핏 복잡해 보이지만 중앙 1칸의 고주를 중심으로 내외진內外陳을 형성한 합리적인 구조다. 더욱이 고주의 일부를 생략해 예불 공간의 공간감을 살리고 북측면은 1분합문을 달아 개방할 경우 금강계단을 바라보며 예배할 수 있도록 종교적 기능도 만족시키도록 했다. 즉, 금강계단 쪽에 공양드릴 때 소용되는 불탁자만이 설치되어 탁자 앞에서 절하면 금강계단을 예배하게 된다. 또한 천장은 우물반자 중앙 1칸에만 국화와 모란꽃 무늬로 마감했는데, 고승의 고좌가 있던 자리를 위해 마련된 것으로 추정된다. 좋고 아름다운 것으로 국토를 꾸미고 훌륭한 공덕을 쌓아 몸을 장식하며 향과 꽃을 부처에 올려 장식하는 것을 장엄이라 한다. 통도사의 대웅전의 천장은 온갖 정성으로 장엄해 불국토의 이상을 실현하려 한 것으로 볼 수 있다.

국내에 자장율사가 사리를 봉안한 곳이 5곳인데, 이곳 모두 불상을 봉안하지 않는다. 이를 5대 적멸보궁寂滅寶宮이라고 하는데 나머지 4곳은 태백산 정암사, 설악산 봉정암, 사자산 법흥사, 오대산 상원사다. 우여곡절을 거쳐 통도사에 봉안되었던 사리 일부가 강원도 고성의 건봉사에 봉안되어 있어 건봉사도 적멸보궁 대열에 포함시키기도 한다.

금강계단

금강계단은 대웅전 북쪽에 확보된 널찍한 마당에 장방형의 울타리를 두르고 그 안에 지대석을 깔아 만든 방형의 이중기단 중앙에 앙련과 복련으로 만든 대좌를 놓고 그 위에 석종형 부도를 모신 모습이다.

금강계단의 금강이란 말은 '금강반야바라밀경'에 의한 것으로 금金 가운데 최강最強이므로 금강金剛이라 이름했다고 한다. 또 『열반경』에는 어느 것이든 금강을 능히 깨뜨릴 물건은 없지만, 금강은 일체一切의 것을 모두 깨뜨릴 수 있다는 것이다. 즉, 금강과 같은 반야般若의 지혜로 모든 번뇌망상을 부수는데, 이러한 지혜는 계戒 · 정定 · 혜慧 등 삼학三學으로 성취될 수 있다는 것이다.

울타리는 한 변의 길이가 13.7미터이며, 하층기단은 한 변의 길이가 약 9.8미터 높이가 0.82미터, 상층기단은 한 변의 길이가 약 7미터 높이가 0.4미터 크기다. 대좌의 지름은 1.5미터 정도, 부도는 높이가 1.5미터 정도다. 울타리 안의 하층기단 네 모서리에 사천왕상이 각기 하나씩, 울타리 바깥 정면 양쪽에 신장상이 조각된 석물이, 중앙에는 석등과 간주가 놓여 있다. 폭 0.96미터 길이 12.9미터의 길쭉한 장방형 석조물에 돋을새김된 신장상은 움직임이 동적이긴 하지만 세부 묘사가 간소화되었다는 느낌이 들며, 하층기단 모서리에 서 있는 사천왕상도 표정이 굳어 있고 비례가 조화롭지 못하다. 사천왕상의 크기는 높이 1.12미터 정도이며 폭은 0.43미터다.

그밖에도 금강계단 정면에 놓인 석문의 신장상, 하층기단 면석의 여래좌상과 천부좌상, 상층기단 면석에 새겨진 비천상, 부도를 받치고 있는 대좌의 연꽃 조각, 석종형 부도의 몸통에 새겨진 비천상 역시 예술적 가치로 높이 평가하기에는 부적절한 상태다. 아무리 보아도 통도사를 창건할 당시의 금강계단으로는 믿기 어렵다.

금강계단은 창건 이후로 그 신비로움 때문에 수난을 많이 당했는데, 특히 고려 말기 왜구에, 임진왜란을 겪으면서 왜적에 사리를 탈취당하는 일까지 생겼다고 한다. 이런 수난을 겪는 와중에 금강계단은 중수되는 일이 빈번했다. 자장율사에 의해 초창된 후 금강계단이 중수된 시기로 기록되어 있는 해는 고려 우왕 3년(1377), 조선 선조 36년(1603), 효종 3년(1652), 숙종 31년(1705), 영조 19년(1743), 순조 23년(1823), 1911년 등이다. 1911년 일제강점기에 일본 기술로 축대를 쌓고 석조 울타리를 두르고 석문을 세운 것을 제외하면 지금 우리가 보고 있

금강계단의 '금강'은 '금강반야바라밀경'에 의한 것으로 금 가운데 최강이므로 금강이라 이름을 지었다. 금강은 모든 것을 깨뜨릴 수 있다는 것이다.

는 금강계단은 숙종 31년에 중수된 18세기 이전의 모습으로 추정된다. 18세기 이전의 금강계단이 어떤 모습이었는지는 알 수 없다. 어찌 되었거나 금강계단에서는 금강계단의 예술적 형태보다는 그것이 담고 있는 종교적인 뜻을 더 많이 새겨야 할 것 같다. 통도사 대웅전과 금강계단은 일괄적으로 국보 제290호다.

통도사의 진신사리는 신이한 이적을 많이 보여주었다고 알려진다. 사리에서 향기가 나와 산내山內에 가득 감돌기도 했고, 금강계단 위에 모래알처럼 작은 사리들이 무수히 나타나 반짝이기도 했다고 한다. 또 새들도 금강계단 위로는 잘 날아다니지 않는다고 한다. 어떤 때는 광명이 비쳐 영취산 골짜기를 밤중에도 대낮같이 환하게 밝혀졌다고 한다. 1956년의 일로 금강계단 바로 앞에 있는 대웅전에서 화엄법회를 여는데 한밤중에 사리탑에서 밝은 빛이 솟아올라 도량이 대낮처럼 훤해졌다. 그때 통도사에 머물던 스님들 대부분이 그 모습을 보았다고 한다.

금강계단 바로 밑에는 석가여래 부도비가 있다. 이 부도비에서는 맑은 날에 물이 줄줄 흘러내리는 이적이 가끔 일어난다고 한다. 나라에 큰 사건이 있을 때 그러한데 1960년 5·16 군사쿠테타가 일어나기 직전에도 물이 흘렀다고 한다. 통도사의 사리가 워낙 유명하므로 이적과 함께 수난이 없을 리 없다. 『삼국유사』에 의하면 다음과 같은 글이 있다.

"자장법사가 당나라에서 부처의 머리뼈와 어금니와 부처의 사리 100알과 부처가 입던 붉은 비단에 금색 점이 있는 가사 한 벌을 가지고 왔는데, 그 사리를 셋으로 나누어 하나는 황룡사탑, 하나는 대화사탑, 하나는 가사와 함께 통도사 계단에 두었으나, 그 나머지는 어디에 있는지 자세히 알 수 없다. 통도사 계단에는 두 층이 있는데 위층 가운데에는 돌 뚜껑을 덮어서 마치 가마솥을 엎어놓은 것과 같았다. 고려시대에 두 명의 염사廉使가 계단에 절을 하고 돌 뚜껑을 열어보았더니 처음에는 긴 구렁이가 돌 함函 속에 있는 것이 보였고 다음번에는 큰 두꺼비가 돌 밑에 쪼그리고 있는 것을 보았다. 이후 감히 이 돌을 들어 보지 못했는데 고려 고종 때 상장군 김이생金利生이 열었을 때는 작은 돌 함 속에 유리통이 있었는데 통 속에는 겨우 네 낱의 사리가 있었다."

그 뒤 고려 우왕 3년(1377)과 5년(1379) 왜구가 침략해 통도사의 사리를 노략하려고 했다. 그때 주지 월송은 부처의 사리와 가사 등을 가지고 개경으로 피신해 이득분을 만나 의논했다는 기록이 전한다. 임진왜란 때 사명대사가 통도사 사리를 대소 2함에 나누어 금강산에 있던 서산대사에게 보내자 서산대사는 다음과 같이 말했다.

"계를 지키지 않는 자라면 그에게는 오직 금과 보배만 관심의 대상

석가모니의 진신사리에서는 향기가 나와 산내에 감돌기도 했고, 광명이 비쳐 영취산 골짜기를 밤 중에도 대낮같이 환하게 밝혔다고 한다.

이며 신보信寶가 목적이 아닐 것이니 옛날 계단을 수리하여 안치하라."

서산대사는 2함 중 하나를 되돌려보내고 나머지 1함을 태백산 갈반지葛磻地에 안치했다고 한다. 이런 수난을 겪은 금강계단은 그 뒤 수차례 중수를 거쳐 오늘에 이르고 있다.

임진왜란 때 통도사의 사리에 대해 다음과 같은 이야기도 전한다. 왜군이 통도사의 금강계단에 모셔진 사리를 탈취해가자 선조 38년 (1605) 사명대사가 강화사로 일본에서 이를 되찾아와 당대 4대 사찰 중에 하나인 금강산 건봉사에 봉안했다. 또한 경종 4년(1724)에 9층 사리탑을 세워 다시 봉안하고 영조 2년(1726)에 석가여래치상탑비를 세웠다.

그동안 금강산 건봉사는 민통선 안에 있었기 때문에 전문 도굴꾼이 일반인들의 출입이 어렵고 관리가 소홀한 틈을 타 절취해갔다. 알려진

이야기로는 사리를 훔쳐간 일당들이 절취 후 꿈에서 절에 사리를 돌려 보내라는 부처님의 소리를 며칠간이나 계속 들어 사리를 돌려보냈다고 한다. 그러나 총 12과 중 8과만 회수되고 4과는 아직 행방이 알려지지 않고 있다.

명부전

대웅전과 금강계단 외에 상로전 영역을 이루는 건물로는 명부전(경상남도 유형문화재 제195호)과 일로향각·응진전·삼성각·산령각이 있다. 명부전은 대웅전의 남쪽 마당 왼쪽에 서향으로 있는 건물로 정면 5칸, 측면 2칸의 팔작지붕인데, 특이하게도 측면 2칸을 판벽으로 마감하고 정면의 양쪽 끝칸 하나씩에 창호문이 아닌 판장문을 달아 창고로 이용하고 있다.

건물이 처음 지어진 것은 고려 공민왕 18년(1369)이나 현재 건물은 조선 고종 25년(1888)에 다시 지어졌다. 현재의 건물이 다시 지어진 것은 고종 24년에 일어난 화재 때문인데, 이때 불탄 건물은 영조 36년(1760)에 지어진 것이었다고 한다. 내부에는 지장보살상과 시왕상을 모시고 있다. 세상에서 온갖 나쁜 짓을 하면 사후에 저승의 시왕十王에게서 심판을 받게 되는데, 지장보살은 지옥 문전에서 중생을 교화하는 보살이다.

응진전

대웅전의 서쪽 아랫단에 동향으로 서 있는 응진전(경상남도 유형문화재 제196호)은 정면 3칸, 측면 3칸의 맞배지붕으로, 숙종 3년(1677)에 창건되었다고 하나 그 당시의 모습은 아니며 이후 조금씩 중수되어 오늘에 이르고 있다. 내부에는 석가여래와 좌우에 미륵보살과 제화갈라보살상을 봉안하고, 그 주변에 16나한상과 범천과 제석천을 모시고 있다. 측면 외벽 중앙에 그려진 신장상이 매우 압도적이다.

구룡지

구룡지는 자장율사가 구룡소九龍沼에 사는 용들을 승천시키고 못을 메워 절을 창건했다고 하는 유적이다. 자장이 귀국한 후 이곳을 메워 대가람을 창건하려고 했으나 못 안에는 9마리의 용이 있었다. 자장은 불력을 일으켜 못의 물을 펄펄 끓게 했다. 그 가운데서 5마리는 오룡동五龍洞으로, 3마리는 삼동곡三洞谷으로 갔으나 오직 1마리의 눈먼 용만은 굳이 그곳에 남아 터를 지키겠다고 굳게 맹세했으므로 자장이 그 용의 청을 들어 연못 한 귀퉁이를 메우지 않고 남겨 머물도록 했다고 한다. 그곳이 지금의 구룡지인데 4~5평의 작은 넓이지만, 아무리 심한 가뭄이 와도 전혀 수량이 줄어들지 않는다고 한다.

자장매화

통도사가 불교 유산으로만 사람들의 시선을 끄는 것은 아니다. 통도사에는 통도사를 방문한 사람들의 주목을 끄는 유명한 나무들이 있다. 우선 370년이 된 자장매화는 영취산과 한반도에 가장 먼저 봄소식을 알려주는 전령사로 이름나 있다. 임진왜란 후 통도사를 중창 발원한 우운대사는 대웅전과 금강계단을 축조한 후 이어서 역대 조사의 진영을 모시는 영각影閣을 건립했다. 상량보를 올리고 낙성을 마치니 홀연히

통도사에는 한반도에 가장 먼저 봄소식을 알려주는 전령사인 370년 된 자장매화가 있다.

매화 싹이 자라나 해마다 음력 섣달에 연분홍꽃이 피어 이를 우운대사
의 이심전심이라고 설명한다.

매화는 매서운 추위가 뼛속까지 사무칠 때 향이 더욱 짙어진다고 한
다. 그 특성이 수행자의 구도행과 닮았고, 자장의 지계持戒 정신을 표현
한다 해서 이를 자장매화라 부른다고 한다. 안내문에는 다음과 같이 적
혀 있다.

"정초에 자장매화 아래서 소원을 빌면 한 해 동안 좋은 일들이 꽃길
처럼 열리고 선남선녀가 사랑을 약속하면 백년해로한다는 말이 전해
진다."

자장매화 옆에 오향매五香梅도 있다. 지리산 산골자기에서 자생한 이
매화나무의 수령은 300년 정도인데 설명문에 다음과 같은 글이 있다.

"추위를 이겨낸 매화 향이 부처님께 향을 사르며 예배하는 수행자의 지계의 향, 선정禪定의 향, 지혜의 향, 해탈의 향, 해탈지견解脫智見의 향과 닮았다 해서 오향매라 한다. 또 다섯 가지로 힘차게 뻗어 오른 형상이 오분법신五分法身과 닮았다 해서 오향매라 부른다."

매화가 통도사에 자리 잡아 도량을 장엄하고 부처와 사부대중에게 아름다운 꽃과 향기를 공양하며 영취총림의 일원으로 도량의 주인이 되었다고 적혀 있다.

성보박물관

성보박물관은 명실공히 국내 최대의 사찰박물관이다. 사찰박물관답게 보유하고 있는 유물은 불교 문화재 중심이며, 이 가운데 특히 불교 회화에서는 세계 최고라 할 만큼 풍부한 유물을 소장·전시하고 있다.

1954년에 경내의 관음전에서 통도사에 전해오던 문화재를 모아 진열해 일반에 공개한 것이 성보박물관의 시작이다. 1999년에 개관된 현재의 통도사 성보박물관은 관람객을 여러모로 놀라게 한다. 일주문을 들어서기 전 오른편 계곡에 우뚝 들어서 있기 때문이다.

박물관은 지하 1층과 지상 3층으로 지어졌다. 일반인이 출입할 수 있는 전시실은 1층과 2층이며 중앙 홀만은 1층과 2층이 따로 없는 통층이다. 층을 없앤 중앙 홀의 높은 벽면에는 큰 그림 하나가 걸려 있는데, 1792년에 제작된 통도사 괘불탱으로 높이가 11.7미터, 폭이 5.58미터에 이른다. 괘불은 큰 법회나 의식이 있는 때가 아니면 외출이 되지 않으므로 일반인이 쉽게 볼 수 없는 법인데, 이렇게 커다란 괘불을 언

1792년에 제작된 괘불탱은 높이가 11.7미터 폭이 5.58미터인데, 괘불은 큰 법회나 의식이 있는 때가 아니면 일반인들에게 공개되지 않는다.

제나 전시한다는 것은 방문객들을 기쁘게 하기 마련이다. 1층 통도사 역사실과 2층 불교 회화실, 기획전시실을 거쳐 다시 1층 기증 유물실 등으로 구분되어 있다.

가장 많은 사람이 관심을 갖는 곳은 불교 회화실이다. 불화의 밑그림인 초본을 비롯해 소형 변상도(불경에 그리거나 나무나 금속판에 새긴 판화형 불화), 팔상도(석가의 생애를 묘사한 불화), 각종 후불탱화와 신중탱화와 감로탱화까지 다양한 불화가 자세한 설명과 함께 곁들여져 있는데 통도사가 소장하고 있는 불교 회화는 총 600여 점에 달한다.

통도사 동종은 사인비구라는 주조장이 만든 8개 동종 중 하나인데, 통일신라와 고려 동종을 계승한 전통 양식 계열의 동종이다.

성보박물관에 많은 유물이 있지만 이 중에서 보물 제11-6호(사인비구제작동종-통도사동종思印比丘製作銅鍾-通度寺銅鍾)은 국내 동종에 관한 한 간판급이다. 우선 이 종은 '사인비구思印比丘'라는 주조장이 만든 8개 동종 중 하나다. 사인비구는 18세기 뛰어난 승려이자 장인으로 전통적인 신라 종의 제조 기법에 독창성을 가미한 종을 만들었다.

원래는 1711년작 강화동종만 1963년 보물 제11호로 지정되었으나, 이후 사인비구의 활동과 작품 양식에 대한 역사적 · 학술적 · 예술적 가치를 인정받아 나머지 7구를 함께 묶어 2000년 보물 제11-1~8호로 일괄 지정되었다.

이 종은 맨 위의 용뉴龍紐, 종 몸통의 상대와 하대, 유곽乳廓 등을 모두 갖춘 전통적인 범종의 모습이다. 상대에는 위아래 두 줄로 범자梵字가 배치되었고 유곽 안에는 9개의 유두가 있는데 중앙의 하나가 특별히 돌출되었다. 종 몸통 가득이 명문이 새겨져 있으므로 유곽 사이의 보살상은 작게 표현되었으며 종으로는 유일하게 팔괘가 돌려 새겨져 있다는 점이 특징적이다. 전체적으로 통일신라와 고려의 동종을 계승한 전통 양식 계열의 동종이다. 사실적인 종뉴의 표현, 볼륨감과 균형미가 있는 종신, 종신을 장식한 아름다운 문양 등에서 예술적으로도 높은 평가를 받고 있다. 원본은 성보박물관에 있지만 통도사 경내에 모사품이 전시되어 많은 사람을 맞이하고 있다.

보물 제1373호인 〈양산통도사금동천문도梁山通度寺金銅天文圖〉도 다소 이례적이다. 사찰에 천문도가 있기 때문이다. 사실 천문을 일반인들이 보는 것이 간단한 것은 아니지만 스님들 중 천문지리에 해박한 사람이 많으므로 천문도 등을 스님들이 공부한다는 것은 충분히 이해가 되는 일이다. 특히 이 천문도는 효종 3년(1652) 한양 삼각산 문수암에 있던 비구니 선화자가 만들었다는 명문도 있어 원작자가 누구인지를 확인할 수 있는 많지 않은 자료 중 하나다.

학자들은 이 천문도로 실제적으로 천문을 관측할 때 사용했다고 추정한다. 성좌에 진주가 남아 있는데, 본래 보석이 있어 야간에 그 빛으로 별자리를 관찰했던 것으로 본다. 크기는 지름 41.2센티미터, 두께 4센티미터로 전면에 성좌를 배치하고 후면 중앙에 〈송악도松嶽圖〉를 점각點刻으로 표현했다. 송악도에는 불교의 수미산을 상징하는 듯한 봉우리 5개의 오악五嶽과 소나무 2그루가 그려져 있고, 그 아래에는 바다가 표현되어 있다. 전면에는 천구天球의 북극을 중심으로 둥글게 북극에서 적도 부근에 이르는 영역의 별자리들이 표시되어 있다. 항현권恒顯圈(주극성週極星 영역)이 직경 19센티미터가 되는 둥근 원으로 그려져 있다.

별자리의 형태나 위치는 조선 초기의 〈천상열차분야지도天象列次分野之圖〉와 비교해보아도 대체로 일치한다. 각 별자리는 별과 별 사이가 선으로 연결되어 있으며, 별 하나하나마다 구멍을 뚫어 진주를 박아 넣어 아름답게 조립했던 것으로 보이는데 현재는 24개의 진주만이 남아 있다.

성보박물관에는 이외에 보물 제334호(〈통도사청동은입사향완通度寺靑銅銀入絲香垸〉), 보물 제1747호(은제도금아미타여래삼존상및복장유물梁山通度寺銀製鍍金阿彌陀如來三尊像및腹藏遺物), 보물 제1735호(양산통도사청동은입사향완梁山通度寺靑銅銀入絲香垸), 보물 제757호(감지금니대방광불화엄경주본권46紺紙金泥大方廣佛華嚴經周本卷四十六), 보물 제1472호(〈통도사아미타여래설법도通度寺阿彌陀如來說法圖〉), 보물 제11-6호(사인비구제작동종-통도사동종思印比丘製作銅鍾-通度寺銅鍾), 보물 제1373호(양산통도사금동천문도梁山 通度寺 金銅天文圖), 보물 제1734호(양산내원사청동북梁山內院寺靑銅金鼓) 등이 보관되어 있다.

전남 해남 대흥사

선조 37년(1604) 1월의 어느 날, 묘향산 원적암에서 입적을 앞두고 마지막 설법을 한 서산대사는 제자인 사명대사와 뇌묵당 처영 스님에게 자신의 가사와 발우를 해남 두륜산에 두라고 부탁했다. 불가에서 가사와 발우를 전한다는 것은 자신의 법을 전하는 것을 뜻한다. 한국 승병의 총통이었던 서산대사가 대흥사에 머물면서 승병을 양성했다는 인연은 있지만, 왜 해남 두륜산과 같이 외진 곳을 택하는지를 궁금해하는 제자들에게 서산대사는 다음과 같이 설명했다. "두륜산은 삼재가 들어오지 않고 만세토록 파괴됨이 없는 곳이며, 종통宗通이 돌아가는 천혜의 장소"라는 것이다.

서산대사가 입적하자 제자들은 시신을 다비한 후 묘향산 보현사와 안심사 등에 부도를 세워 사리를 봉안하고 영골靈骨은 금강산 유점사

북쪽 바위에 봉안했으며 금란가사와 발우는 유언대로 대흥사에 모셨다. 서산대사의 법맥은 대흥사에서 이어지며 바로 이 사건으로 인해 남쪽 바닷가 구석에 있는 평범한 사찰이었던 대흥사는 일약 서산종西山宗의 종찰로 떠올라 오늘날과 같이 큰 사찰로 발전하고 유네스코 세계문화유산에 선정되는 기염을 토했다.

대흥사가 있는 두륜산의 옛 이름이 '한듬'이었으므로 대흥사는 오랫동안 한듬절로 불렸다. 옛말에서 '한'이란 '크다'라는 뜻이고 '듬'이나 '둠' 등은 '둥글다'라거나 '덩어리'라는 뜻을 가진다. 바닷가에 갑자기 큰 산이 솟아 있어 그렇게 불렸는데, 세월이 지나면서 한듬은 한자와 섞여 대듬이 되었다가 다시 대둔大芚으로 바뀌었고 그에 따라 절도 대듬절, 대흥사로 바뀌었다.

대둔산은 중국 곤륜산崑崙山 줄기가 한반도로 흘러 백두산을 이루고 다시 방향을 틀어 남쪽으로 내려와 해남 땅에서 긴 여정을 마친다는 설명도 있다. 그래서 백두산의 '두頭', 곤륜의 '륜崙'을 따서 두륜산頭崙山이 되었다고 한다. 그런데 륜崙이 '바퀴 륜輪'으로 바뀐 것은 두륜산 연봉들이 바퀴처럼 둥글게 휘돌았기 때문이라는 설이 있다.

한반도의 주맥主脈인 백두대간에서 갈라진 지맥支脈들은 각기 그 끝에서 크게 용틀임한다. 이 용틀임으로 빼어난 명산들을 만드는데 해서정맥은 구월산, 임진북예성남정맥은 송악산, 한북정맥은 북한산, 금북정맥은 가야산, 금남정맥은 계룡산, 호남정맥은 두륜산, 낙동정맥은 금정산을 만들었다.

두륜산과 금정산은 한반도 남단의 동서에 기둥처럼 솟아 있다. 이들은 수행자의 산이다. 이런 목적에 딱 맞는 곳이 있는데 금정산의 범어

두륜산은 높이가 해발 703미터에 불과하지만 그 기세가 매우 웅장하다. 바로 그 자리에 자리 잡은 천혜의 명당이 바로 대흥사 터다.

사, 두륜산의 대흥사가 바로 그곳이다. 두륜산은 높이가 해발 703미터에 불과하나 바다 가까이 자리 잡아 그 기세가 매우 웅장하다. 바로 그 자리에 자리 잡은 천혜의 명당이 바로 대흥사 터다.

대흥사의 역사를 적은 것으로는 순조 23년(1823)에 초의선사草衣禪師와 수룡선사袖龍禪師가 편집한 『대흥사지』가 있다. 이 책은 『죽미기竹迷記』, 『만일암고기挽日菴古記』, 『북암기北菴記』 등 그전부터 내려오던 대흥사에 관한 책들의 내용을 기본으로 거기에 포함된 오류들을 지적한 종합적인 사지寺誌다. 우선 『죽미기』에서는 신라 법흥왕 1년(514)에 아도화상이 절을 창건했다고 했다. 또 『만일암고기』에는 신라 헌강왕 원년(875)에 도선국사가 당나라에서 귀국한 후 나라 안에 절 500개를 짓는 것이 좋다고 상소할 때 대흥사도 거기에 포함되었다고 했다.

그러나 학자들은 아도화상이 절을 지었다는 시기가 그가 활약한 때 (신라 미추왕 2년[265])보다 300년 가까이 앞선다는 것을 발견했다. 또한 도선국사가 당나라에 갔다는 기록이 없으며, 헌강왕 원년은 도선이 태어난 해이므로 두 설 모두 가능성이 없다고 주장했다. 그러므로 대흥사 창건 연대를 신라 말로 보았다. 지금 대흥사 안에 있는 유물 가운데 가장 오래된 응진전 앞 3층 석탑(보물 제320호)과 북미륵암 마애불(보물 제48호), 북미륵암 3층 석탑(보물 301호)이 모두 나말여초의 것임을 감안하면 대흥사는 나말여초에 창건된 것이 타당하다는 것이다.

어쨌든 임진왜란 이후 서산대사가 의발衣鉢을 전하고부터 대흥사의 사세는 크게 일어났다. 서산대사라면 흔히 임진왜란 때 승병장으로 활약한 것이 잘 알려져 있지만, 그는 선禪과 교敎, 더 나아가서는 좌선, 진언, 염불, 간경 등 여러 경향으로 나뉘어 저마다 자기들의 수행만을 최고로 치던 당시 불교계에서 '선은 부처의 마음이며 교는 부처의 말씀이다'라고 갈파했다. 즉, 선과 교가 서로 다른 둘이 아님을 주장하며 선교 양종을 통합하는 데 큰 역할을 했다. 대흥사는 그의 법을 받아, 근대에 이르기까지 13명의 대종사와 13명의 대강사를 배출하며 선교 양종의 대도량大道場으로 자리 잡았다.

대흥사의 상징, 서산대사

대흥사 자체가 서산대사를 의미할 정도로 깊은 내력을 갖고 있으므로 서산대사를 먼저 설명한다. 서산대사는 임진왜란과 의승군義僧軍과는 떼어낼 수 없는 깊은 관련이 있다. 의병과 의승군은 임진왜란 중 왜적을 격퇴하는 데 관군 못지않게 활약한 군사집단이다. 양자 공히 난국을 타개하기 위해 스스로 자원한 조직된 의용집단으로 개전 초기 관군의 무능으로 상실되었던 전의가 이들의 봉기로 인해 재기할 수 있었고 결국 임진왜란이 종식되는 전기를 마련한다.

물론 의승군은 의병에 비해 그 수가 적었다. 그러나 의승군의 중요성은 의병과 마찬가지로 전 지역에 걸쳐 있었다는 점이다. 그런데 의병과 의승군의 결과는 상당히 달랐다. 의병은 관군의 기능이 회복되자 조정에서 해체를 강요해 타의로 분산 또는 관군에 흡수되었고 잔존한 의병들이 폭도화하는 경우도 있었다. 그러나 이러한 일은 의승군에서는 벌어지지 않았다. 정부는 의승군이 계속 전투에 참가하든가 아니면 특수분야에 종사하게 했지만 고의로 해체를 강요하지는 않았다.

이는 의승군과 의병이 성격상 상당한 차이를 보인 것으로 의승군은 의병과는 달리 특수한 신분에 속했기 때문이다. 유교 이념이 사회 전반을 지배하던 당시 의병은 정부에 반할 수 있는 집단으로 변모할 수도 있지만, 의승군에 의한 새로운 세력의 형성은 그다지 큰 문제가 되지 않는다고 판단했기 때문이다.

스님 중 최초로 봉기한 이는 기허騎虛 영규대사靈圭大師다. 그는 임진왜란 전 공주 청연암에 거하면서 무술을 연마했는데, 이는 사전에 왜란이 일어날 것을 예견했던 것으로 보인다. 그러나 조정은 선조 25년(1592) 7월 승통僧統을 설치하고 묘향산에 있는 서산대사에게 팔도십육종도총섭八道十六宗都摠攝의 직책을 주어 모든 의승군을 관장토록 했다. 총섭이란 '군사를 영솔하고 적을 토벌하는 승려'를 가리키는 말이다. 서산대사는 곧바로 순안 법흥사에 주둔하면서 팔도의 모든 사찰에 격문을 보내고 의승군 거사를 촉구했다.

임진왜란 중 의승군이 전쟁터에서 괄목하게 활약한 기간은 전쟁 발발 후인 1592년 6월부터 1593년 4월 한성을 수복할 때까지다. 이 기간 의승군은 각지 전투에서 특히 청주성·평양성·행주성 등에서 큰 전과를 올렸다. 그러나 1592년 12월 명나라 원군이 도착하자 의승군의 기능은 크게 변한다. 이전까지 관군, 의병, 의승군 모두 적을 격퇴하기 위해 전쟁터로 나갔으나 명나라 원군이 도착하자 의승군 중 일부가 군량미 운송과 산성 건축 등에 동원되었다.

의승군을 이끌고 전쟁터에 나가거나 축성하는 데 감독한 대부분의 의승장은 서산대사의 고제高弟로 구성되었으며, 특히 서산대사의 수제자인 사명대사의 공이 컸다. 처음에 도총섭은 서산대사가 맡았으나 그는 고령을 이유로 사명대사에게 넘겨주었다.

선조는 전공을 세운 사람에게 문무관원은 물론 양인·천인에 이르기까지 포상했는데 의승군도 예외는 아니다. 의승장 영규대사는 청주성에서 쌓은 전공으로 당상관이 되었고 금산전투에서 전사하자 지중추부사(정2품)에 추증되었다. 서산대사는 가선위嘉善位(종2품), 사명대사는 절충위折衝位(정3품)에 올랐는데 사명대사는 이후 첨지중추부사가 되었다. 처영 스님도 행주대첩의 공으로 절충위에 올랐고 의엄 스님도 군공軍功으로 검지실직에 이르렀다.

의승군에 대한 포상이 과도하다고 불만을 표시하는 신하가 많아지자, 왕은 크게 군공을 세운 의승장들에게 환속을 권유했다. 당대에 승의 신분을 가진 자는 천인 이하의 계층에 속해 있어 군공을 논상論賞하는 데서도 차별을 받았다. 그러므로 의승군 중에서 포상을 받고 환속하는 사람들도 있었으나 대부분 이에 따르지 않았다.

유교로 똘똘 뭉친 조선 관리들이 의승군을 이단으로 지목하면서 많은 비난을 했지만 일언반구의 불평도 하지 않았다. 그것은 의승장 개인 뿐만 아니라 당시 불교의 보호를 받기 위해서도 다행한 일이라는 설명이다. 영규대사, 서산대사, 사명대사 등이 의승군을 일으키는 데 앞장섰던 것은 호국불교의 정신적 맥락이 면면히 이어졌기 때문으로 개인의 영달을 위한 것은 아니었다. 이것이 추후 신앙적인 면에서 불교 중흥에 큰 힘이 되었는데, 많은 학자는 서산대사의 역할이 주도적이었다고 평가한다.

대흥사 들어가기

대흥사를 방문하려면 마음을 단단히 먹어야 한다. 대흥사로 들어가는 길은 계곡을 왼편에 끼고 4킬로미터나 이어지기 때문이다. 특히 군데군데 적송이 치솟고 아름드리 벚나무와 참나무, 느티나무, 동백, 단풍나무 등이 장관의 터널을 이룬다. 또한 숲길 중간에 임업시험장에서 특별 관리하는 편백나무와 삼나무 군식(여러 그루 나무를 한군데 모아 심는 것) 지역도 있다.

대흥사 방문의 백미는 임진왜란 때 승병을 일으켜 초창기 열세인 전세를 만회시킨 서산대사와의 친견이다. 피안교를 건너 일주문을 지나면 우측으로 부도밭을 만나는데, 이곳에 대흥사에서 배출된 역대 종사와 강사 스님들의 부도 56기와 부도비 17기가 있다. 대흥사는 조선 후

서산대사의 승탑에는 '청허당'라는 글자가 새겨져 있는데, 부도전의 승탑 중에 조각 수법이 가장
뛰어나다. 해남대흥사서산대사탑(위)과 초의대사 부도(아래).

기 불교계를 이끌었던 13명의 대종사와 13명의 대강사를 비롯한 많은 고승을 배출했다. 사찰 입구의 거대한 부도밭에서 서산대사, 13대 종사인 초의선사, 12대 강사인 혜장선사 등의 부도가 있어 대흥사를 들어가기 전에 만날 수 있다.

청허당清虛堂 서산대사 휴정休靜의 해남대흥사서산대사탑海南大興寺西山大師塔(보물 제1347호)은 높이 2.65미터로 30여 기의 승탑 가운데 찾는 것이 그다지 어렵지 않다. 우선 승탑 가운데 맨 뒤쪽 열의 중앙 부분에 있으며 전면에 초의대사 부도가 있고, 승탑에 '청허당'라는 글씨도 적혀 있기 때문이다.

이 승탑은 팔각당八角堂의 모습으로, 부도전의 승탑 중에 조각 수법이 가장 뛰어나다. 약간 다듬은 바닥돌 위에는 아래받침돌, 가운데받침돌, 윗받침돌이 차례로 올려져 있고, 그 위로 몸돌과 지붕돌, 상륜부 등이 놓여 있다.

아래받침돌의 단면은 팔각이다. 옆면에는 안상 대신 당초무늬가 새겨져 있고, 윗면은 하나의 꽃잎이 아래로 향한 복련覆蓮의 연꽃무늬 8개를 둘러 장식했다. 단면이 팔각인 가운데받침돌에는 앞뒤와 좌우의 4면에 연꽃무늬가 조각되었고, 나머지 4면의 가운데에는 사자·코끼리 등의 동물이 돋을새김되어 있다. 특히 동물들은 앞다리를 들고서 힘겹게 윗받침돌을 받치는 것처럼 묘사되었다.

윗받침돌에는 꽃잎 하나가 위로 솟은 앙련의 큼직한 연꽃무늬를 각 면마다 1개씩 모두 8개를 돋을새김했는데, 연꽃무늬 사이에 거북이·게·개구리 등도 돋을새김했다. 승탑의 받침돌에 동물을 조각한 사례는 많지 않은데, 조선시대에 들어서 전라도 지역에서 건립된 승탑에서는 가끔 확인된다.

팔각의 몸돌은 높이는 높고 너비가 좁아 홀쭉한 편이다. 팔각의 지붕돌에는 서까래, 추녀, 부연副椽 등이 가지런하게 새겨져 있으며, 기왓골이나 내림마루인 우동隅棟(옥개석의 귀마루)의 표현은 사실적이어서, 목조건물의 지붕과 같은 모습을 보여준다. 추녀 마루 끝에는 용의 머리와 다람쥐가 조각되어 있다. 머리장식인 상륜부에는 노반과 함께 높은 보주가 놓여 있는데, 용 무늬와 구름 무늬가 조각되어 있다.

서산대사를 기리기 위해 건립된 비는 묘향산 보현사와 안심사와 금강산 백화암 등에 있지만, 대흥사에는 서산대사 승탑과 함께 정조 2년 (1778)에 세운 청허당비, 1791년 이후에 세운 사적비 등도 있어 서산대사가 대흥사와 긴밀한 관계를 맺었음을 알려준다. 인조 25년(1647)에 구청허당비舊淸虛堂碑가 세워진 것으로 보아, 이 승탑은 이 비와 함께 조성된 것으로 추정된다.

서산대사와 초의선사의 부도밭을 지나면 곧이어 해탈문이 나온다. 불교의 우주관에 따르면 수미산 정상에 제석천왕이 다스리는 도리천이 있고, 그곳에 불이문 즉 속계를 벗어나 법계에 들어가는 해탈문이 서 있다고 한다. 대흥사 해탈문은 2002년에 건립되었는데 정면 3칸, 측면 2칸 규모로 겹처마 맞배지붕을 올렸다. 내부에는 사자를 탄 문수보살과 코끼리를 탄 보현보살이 있으며, 현판 '두륜산대흥사頭輪山大興寺'와 '해탈문解脫門'의 글씨는 해사海士 김성근金聲根이 쓴 것이다.

해탈문을 지나면 본격적으로 대흥사 가람이 펼쳐지는데, 돌담에 둘린 건물들이 좌우로 늘어서서 얼핏 보아 어디가 어딘지 어리둥절해진다. 당우堂宇가 많기 때문이기도 하지만 전체 경역境域이 네 구역으로 나뉘어져 각 건물들이 들어앉았고 각 구역이 돌담으로 구분되어 있기 때문이다. 사찰 안은 두륜산 골짜기에서 흘러내린 물(금당천)을 경계로 하여 대웅보전이 있는 북원, 천불전이 있는 남원으로 나뉘고, 다시 남원 뒤편으로 뚝 떨어져서 서산대사의 사당인 표충사 구역과 대광명전 구역이 있다. 국보 1점과 보물 9점이 있으며, 1667년에 쓰인 『대둔사지』에 의하면, 북원에는 불전 11동과 승방 10동, 문루 4동이 있었고, 남원에는 불전 5동, 승방 5개소, 문루 2동이 있었다고 한다.

대흥사의 자랑은 조선 후기의 명필 원교圓嶠 이광사李匡師, 창암蒼巖 이삼만李三晩, 추사秋史 김정희金正喜의 글씨를 함께 볼 수 있다는 점이다. 이광사의 글씨는 대웅보전과 천불전의 현판과 해탈문, 침계루枕溪樓 편액, 김정희의 글씨는 백설당白雪堂 편액인 무량수각無量壽閣으로 추사가 제주도로 귀양 가기 전에 쓴 글씨다. 천불전으로 들어가는 곳에 걸린 가허루駕虛樓는 이삼만의 글씨다.

북원 구역

북원의 입구에는 금당천을 건너 침계루가 육중하게 서 있다. 2층 누각이지만 평지에 건립한 까닭에 누 밑을 지나는 것이 아니라 대문간을 통과하는 것 같다.

대웅보전

대웅보전은 침계루와 축선을 이루고, 그 옆으로 나란히 부속 전각이 배열되었다. 현재 대웅보전 마당과 응진전 마당은 요사채를 세워 분리

북원 안마당으로 들어가면 정면에 대웅보전이 앉아 있는데, 현판 글씨는 추사의 스승인 이광사가 썼다고 한다.

하고 있다. 침계루를 지나 북원 안마당으로 들어가면 정면에 대웅보전이 남쪽을 바라고 앉았고 그 좌우에 명부전과 범종각, 응진전이 있다. 마당 서쪽의 지붕이 첩첩한 커다란 건물은 승방인 백설당이다.

대웅보전은 고종 광무 3년(1899)에 불이 나서 전소된 후 새로 지은 정면 5칸, 측면 4칸의 팔작 다포집으로 옆 벽 아랫부분에는 막돌로 방화벽을 덧쌓아 이국적인 외관을 이룬다. 정면 계단 아래 소맷돌에는 두 눈을 부릅뜬 채 노려보는 돌사자가 있고, 기단 모서리에는 쇠고리를 입에 문 돌짐승이 있다. 살미 등이 현란하게 장식된 화려한 다포계 구조를 이루어 매우 고급스러운 건물이다. 중건 후에도 내부 전면에 한 쌍의 고주 흔적을 남겨두어 이 건물의 원래 구조를 알 수 있다.

대웅보전 현판 글씨는 추사의 스승인 원교 이광사가 썼고 맞은편 침계루 현판도 마찬가지다. 대웅보전 현판은 김정희의 일화가 얽혀 있다. 김정희가 헌종 6년(1840) 제주도로 귀양 가던 길에 초의선사를 만나러 대흥사에 들러 이광사가 쓴 현판이 촌스럽다고 현판을 떼어내라고 했다. 그로부터 8년 뒤 김정희는 유배가 풀려 한양으로 돌아가면서 다시 대흥사에 들렀다. 햇수로 9년에 걸친 춥고 서글픈 귀양살이 속에서 인생관이 바뀐 김정희는 자신이 쓴 '무량수전' 현판은 내리고 이광사의 현판을 다시 찾아 걸도록 했다. 제주도 귀양에서 겸손의 미덕을 쌓은 것이다.

3층 석탑

응진당 앞에 있는 3층 석탑은 대흥사에서 가장 오래된 것이다. 높이 4.3미터의 그리 크지 않은 탑으로 기단부는 4매로 짠 지대석 위에 하대와 중석中石을 한데 붙여서 4매의 긴 돌을 사용해 하층 기단을 구성했다. 중석은 각 면에 2개의 탱주撑柱와 4개의 우주隅柱를 새겼고, 1매석의 갑석은 윗면에 뚜렷하게 경사를 내고 우동 역시 분명하게 표현되었다. 그 윗면에는 호형과 각형의 상층 기단 굄을 나타냈다. 탑신부는 각 층의 옥신과 옥개가 별석으로 되었고 옥신은 층마다 네 우주가 모각되어 있다. 옥개석의 받침은 각 층 4단이며 추녀의 밑은 직선이다.

3층 옥개석 상부에는 노반과 그 위에 복발·앙화仰花·보륜寶輪 등의 상륜부가 남아 있다. 복발은 일반적인 편구형扁球形이고 앙화는 팔각형으로 꽃잎을 세우고 그 아래 횡대를 돌려 결속하는 형식을 취했다. 신라 석탑의 전형적인 구조를 잘 나타내고 있으며, 결구와 조각 수법 등을 볼 때 건립 연대는 신라 하대로 추정된다. 1967년 1월 해체·수리

때 상층기단 내부의 자연석 판석 위에서 높이 12센티미터, 무릎 너비 7.5센티미너의 동조여래좌상銅造如來坐像 1구가 발견된 바 있다.

응진당과 산신각

응진당은 대웅보전 좌측에 자리 잡고 있으며, 산신각과 한 채에 함께 있다는 것이 특이하다. 두 건물을 합해보면 정면 5칸, 측면 3칸의 주심포식 맞배지붕으로 2벌대의 장대석을 바른층쌓기한 기단 위에 막돌초석을 놓고 두리기둥을 세웠다. 공포는 이익공으로 건물 전면에 1·2분합의 빗살문을 단장하고 측·배면에 막돌과 흰줄눈친 담장과 단청으로 장엄했다.

한 건물 안에 응진당은 정면 3칸, 측면 3칸이며 산신각은 정면 2칸, 측면 3칸으로 쪽문으로 연결된다. 건물 내부는 우물마루 상부에 연등천장을 가설하고 불단을 설치한 모습으로, 천장 상부에는 구름 위를 비천하는 청룡과 황룡이 장엄되어 있다. 내부에는 중앙에 목조석가삼존상, 좌우에 16나한상이 자리하며, 제석·범천·사자·금강역사·동자상 등이 있다. '응진당應眞堂'이라는 현판 글씨는 해사 김성근의 것으로 알려진다.

응진당은 목조석가삼존과 16나한·판관·사자·인왕을 권속으로 모시고, 그 후면에 1901년 금어 석옹철유石翁喆侑 외 5인이 조성한 석가모니후불탱과 16나한탱·사자탱을 봉안하고 있으며, 불단 상부에는 관음과 대세지의 보살패를 두고 있다. 산신각은 연등천장 상부에 황룡과 청룡을 단청하고, 불단 위에 1901년 조성된 산신탱과 독성탱을 봉안했다.

연리근

북원에서 남원으로 들어가는 입구에 사찰에서는 보기 어려운 것이 있다. 바로 연리근戀里根이다. 가까이 자라는 두 나무가 서로 만나 합쳐지는 것을 연리戀里라고 하는데, 그중 뿌리가 붙은 것이 연리근이다. 연리목戀里木은 흔히 나무를 심을 때 너무 가까이 심은 탓에 세월이 지남에 따라 지름이 굵어진 줄기가 맞닿아 생기는 현상이며, 밑둥이 다른 두 나무가 자라면서 가지가 서로 이어져서 하나가 되면 연리지戀里枝라고 부른다. 이렇게 두 몸이 하나가 된다는 뜻으로 각각 부모의 사랑, 부부의 사랑, 연인과의 사랑에 비유되어 일명 '사랑나무'로도 불린다.

특히 연리지는 두 나무가 가지를 통해 하나로 되는 것이므로 두 몸이 하나로 된다는 뜻으로 부부간이나 연인간의 사랑을 비유해 '사랑나무'라고도 한다. 반면에 두 나무 사이에는 성장이 좋은 나무와 발육이 부진한 나무가 서로 양분을 지원해주므로 연리지 자체를 나무들의 '나눔의 지혜'로 풀이하기도 한다. 연리지로 유명한 것이 당나라 시인 백낙천의 「장한가長恨歌」다.

> 하늘에서는 우리 둘이 비익새가 되어 살고지고
> 땅 위에서는 우리 둘이 연리나무 가지가 되어지고
> 천지는 영원한 것이라고 하지만 어느 땐가 마지막 날이 오는데
> 그러나 이 슬픈 사랑의 한스러움은 길이길이 다할 날이 없으리.

「장한가」는 당나라 현종과 중국 4대 미인 중에 한 명인 양귀비(나머지 세 명은 서시, 왕소군, 초선)의 사랑 이야기를 쓴 것이다. 그 당시 장안

전남 해남 대흥사

대흥사의 연리근은 부모의 사랑, 부부의 사랑, 연인과의 사랑에 비유되어 '사랑나무'로도 불린다.

의 기생들은 '저는 백낙천의 「장한가」를 전부 암송하고 있답니다. 그러니 다른 여자와 같은 화대로 저를 부를 수 없습니다'라고 할 정도로 이 시가 유명했다고 한다.

문헌상 『삼국사기』에 신라 내물왕 7년(362) 시조묘의 나무와 고구려 양원왕 2년(546) 서울의 배나무가 연리지가 되었다는 기록이 있다. 『고려사』 광종 24년(973), 성종 6년(987)에 연리지 출현을 기록했을 정도로 상서로운 나무로 전해진다.

과거 선조들은 연리나무가 나타나면 희귀하고 경사스러운 길조로 여겼다. 대흥사 연리근은 약 1,000년으로 추정되는 느티나무로 왼쪽은 곰의 형태, 오른쪽은 양의 형태로 1,000년 동안 사랑을 하고 있는 모양이다. 사람들은 연리나무 앞에서 지극한 마음으로 기도하면 사랑의 소원이 성취되고 사람의 마음속으로 바라는(사랑, 소원, 희망, 승진, 건강, 화합, 우정, 합격, 성공 등) 소망이 이루어진다고 믿는다. 그러므로 대흥사에서는 '천년의 인연' 연리근 앞에 '108일 기원'을 준비해 연인, 가족 등 진실한 마음을 기원하도록 유도하고 있다.

남원 구역

두륜산의 넓은 산간분지에 자리 잡은 대흥사가 특이한 배치를 보이는 것은 사찰을 가로지르는 금당천을 사이에 두고 남쪽과 북쪽으로 전각들을 배치해 다른 사찰과는 달리 정형화된 가람 배치 형식을 따르지 않고 있는 것이다. 남원 구역은 대흥사에서 가장 면적이 넓다. 해탈문을 들어서면 탁 트인 넓은 공간이 나오는데, 이곳에서 멀리 청전법신 비로자나불이 누워 있다고 전하는 두륜산 정상의 와불臥佛을 친견할 수 있다고 전해진다. 정면에 전각들이 모여 있는데, 중앙에 법당인 천불전이 있고 용화당龍華堂과 적묵당寂默堂 등이 돌담으로 구획되어 있다.

천불전

천불전은 순조 11년(1811)에 화재로 사라진 후 재건한 것이다. 천불이란 과거, 현재, 미래에도 천불이 있다는 것으로 어느 때나 무한한 부처가 존재한다는 뜻이다. 즉, 어느 때, 어느 곳에서 누구나 다 부처가 될 수 있다는 대승불교의 근본사상을 단적으로 나타낸 것이 천불의 표현이다. 이 천불상(전라남도 유형문화재 제52호)은 순조 13년(1813)에

과거, 현재, 미래에도 어느 때나 무한한 부처가 존재한다는 뜻으로 천불전을 지었다.

천불전이 중건되었을 때 조성되었다.

평면은 정면 3칸, 측면 3칸의 네모형으로 내부는 통간通間으로 되어 있다. 또한 12량의 주량으로 축조된 다포계 팔작지붕의 목조건물이다. 사각형의 장대석으로 바른층쌓기한 높은 기단 위에 막돌초석을 놓고, 그 위에 직경 70센티미터가량의 거대한 괴목으로 민흘림 두리기둥을 세워 창방으로 기둥 윗몸을 묶고, 이 위에 다시 평방을 놓고, 화려한 공포를 기둥 위와 기둥 사이에도 놓아 내4출목, 외3출목의 다포집을 이룬다.

살미 첨차는 간결하면서 강직하게 구부러져 끝에서 예리하게 솟아 올랐다. 내부는 격자천장을 했으며 특히 긴 기둥을 사용하지 않은 것이 특이하다. 이러한 건물의 내부 구조는 아마도 천불을 봉안하기 위해 공

천불전 안에는 옥돌로 만든 불상 1,000개가 빽빽이 자리 잡고 있다.

간을 충분히 사용하기 위한 배려 때문일 것이다. 기단 중앙으로는 7단의 계단을 짜올려 전각에 오르게 했다.

건물 앞면에는 궁창판에 안상을 했고, 꽃살 분합문을 달았는데 중앙칸은 3짝, 좌우 협칸은 2짝이다. 특히 국화무늬, 연꽃무늬, 무궁화무늬 등을 누각한 꽃창살이 장식적이다. 창호의 상단에는 교창交窓(창문 위에 두는 낮은 창)을 두지 않았다. 천불전에 안치된 천불상은 옥으로 만들어져 신비함을 더한다. 천불전의 현판은 원교 이광사가 썼다.

천불전 안 불단 한가운데는 목조 삼존불이 모셔져 있고, 그 주위에 옥돌로 만든 불상 1,000개가 빽빽이 자리 잡고 있다. 천불이 이곳에 안치되는 데는 특별한 이력이 있다. 천불전을 재건한 완호 스님은 쌍봉사 화승畵僧이던 풍계楓溪 스님에게 경주 불석산에 가서 옥돌로 천불을 만들어오도록 했다. 석공 10명이 6년이나 걸려 마침내 천불을 다 만들자 배 3척에 나누어 싣고 해남으로 출발했는데 그중 한 척이 풍랑에 표류하다가 일본 나가사키현으로 흘러갔다.

옥불이 잔뜩 실린 배를 맞은 일본 사람들은 절을 지어 모시려고 했는데, 그들의 꿈에 불상들이 나타나 자기들은 원래 해남 대흥사로 가는 길이니 여기에 머물 수 없다고 말해 모두 되돌려주어 순조 18년(1818)에 봉안되었다. 이때 일본에 갔다 돌아온 불상 768구에는 어깨나 좌대 아래에 일日 자를 써넣어 표시했다고 한다.

천불전에 안장된 옥불들은 신도들의 꿈에 나타나 다시 한번 기이함을 보였는데, 경상도 신도들의 꿈속에서 불상들이 '가사를 입혀달라'고 한 것이다. 그래서 신도들은 가사를 만들어 입히고 4년마다 새 가사로 갈아 입히고 있다. 헌 가사는 모두 신도들이 가져가는데, 이 가사를 가지고 있는 사람은 무병장수하고 만사형통한다고 전해진다.

벽면에는 3면에 걸쳐 〈심우도尋牛圖〉와 대행보현보살大行普賢菩薩 등 15개 벽화가 그려져 있다. 북쪽 벽에는 신중탱화와 사천왕탱화 등 불화가 좋은 상태로 보존되어 있다. 특히 이 탱화들은 초의선사가 증사證師(법회를 증명할 임무를 맡은 법사)로 되어 있다.

무염지

남원 구역에 있는 무염지無染池는 초의선사가 조성한 것으로 '더러움에 물들지 않고 항상 깨끗한 곳'이라는 뜻을 갖고 있다. 실용면에서는 '향로봉의 화기를 막는다'는 풍수에 근거하고 있으며, 실제로 화재 시 물 공급지의 역할도 가능하다고 한다. 특히 무염지의 전체적인 배치는

장군샘은 여름에는 시원하고 겨울에는 따뜻하며 맑고 상쾌해 많은 사람이 애용했다.

절묘한 굴곡 모양 연못과 중심에 있지 않은 작은 섬을 만들어놓아 보는 위치에 따라 모양이 다르게 보이며, 특히 '심心' 자 모양으로 보인다고 한다.

장군샘

대흥사 표충사 입구 우측에 '장군샘'으로 불리는 샘이 있는데, 다음과 같은 전설을 갖고 있다. 이곳 샘은 여름에는 시원하고 겨울에는 따뜻하며 맑고 상쾌해 많은 사람이 애용했는데 해마다 한 번씩 놀라운 모습을 보였다. 호수 안에서 물이 솟구치는 것처럼 솟아오르는데 큰 병에 걸린 스님이 자고 있는데 물이 솟구쳐 지붕 추녀 끝까지 솟구쳐 오르자 이 물을 마시고 모든 질병을 고쳤다고 한다. 이후 약을 달이고 차

전남 해남 대흥사

를 끓이는 데 이 물을 최고로 여겼다. 장군수將軍水라는 이름은 이곳을 찾은 윤선도가 이곳 승려들의 지혜와 기력을 보고 능히 장군을 낳을 샘이라 하여 하루도 거르지 않고 길어다 먹은 데서 유래되었다고 한다.

초의선사

남원의 북쪽, 즉 표충사 우측으로 주장자拄杖子(지팡이)를 든 초의선사의 동상이 있다. 초의선사는 조선시대 후기 시·서·화에 능통한 뛰어난 선승으로 조선의 다도를 중흥시키는 데 크게 이바지한 스님이다. 초의선사가 한국 다도茶道에 끼친 영향이 크기 때문에 선사의 이름 앞에는 다성茶聖이라는 수식어가 붙는다.

정조 10년(1786) 4월, 무안군 삼향면 왕산리에서 태어난 초의선사의 성은 장張씨이고 이름은 의순意恂이며 본관은 인동仁同이다. 법호는 초의이며, 그 밖에 해옹, 자우산방, 휴암병선, 자하도인, 우사, 해상야질인을 사용한다. 당호堂號는 일지암一枝庵이라고 했으며 55세 때, 헌종에게서 대각등계보제존자초의대선사라는 시호를 받았다.

초의선사가 5세 때에 강변에서 놀다가 급류에 떨어져 죽을 고비에 다다랐을 때 부근을 지나는 승려가 건져주어 살게 되었다. 그 승려가 출가할 것을 권해 15세에 남평 운흥사雲興寺에서 민성敏聖을 은사로 삼아 출가하고, 19세에 영암 월출산에 올라 해가 지면서 바다 위로 떠오르는 보름달을 바라보고 깨달음을 얻었다. 그 후 해남 대흥사 완호 스님을 계사繼嗣로 구족계를 받고 법맥을 이었으며 초의라는 법호를 받았다. 22세 때부터 전국의 선지식들을 찾아가 삼장三藏을 배워서 통달했

초의선사는 대흥사를 크게 일으킨 중흥조로 13대 종사에 이르렀고, 다도의 이론과 실제를 생활화했다.

으며 지리산 칠불암에서 서상수계瑞相受戒한 대은 · 금담율사의 계맥을 전수 받고 금강산, 지리산, 한라산 등 명산을 순례했다.

초의선사는 수행자였으나 불교에 머무르지 않고 유교와 도교 등 당대의 여러 지식을 두루 접하면서 24세 때 강진에 와서 유배생활을 하던 다산 정약용과 처음 교류했다. 다산은 초의보다 스물다섯 살이나 위로 그를 스승처럼 섬기면서 유학의 경서를 읽고 실학정신을 계승했으며 시부詩賦를 익히기도 했다. 30세 되던 해 처음으로 한양에 올라와 추사 김정희 · 김명희 · 김상희 형제, 신위, 홍석주 등과 폭넓은 교유를 가졌다.

초의선사의 선禪 사상에서 주목되는 것은 당시 불교계가 선 일변도로 흐르고 있는 사조에 반해 현실적이고 일상적인 생활 속에서 진리를 구현하려고 노력했다는 점이다. 그러므로 초의선사의 사상은 선 사상과 다선일미茶禪一味 사상으로 집약되는데, 특히 그의 다선일미 사상은 차를 마시되 법희선열法喜禪悅을 맛본다는 것이다. 즉, 차茶 안에 부처님의 진리와 명상의 기쁨이 다 녹아 있다는 뜻으로 '차의 진예塵穢(더러운 티끌 먼지) 없는 정기를 마시거늘 어찌 큰 도를 이룰 날이 멀다고만 하겠는가'라고 했다.

또한 초의선사는 범패와 원예, 서예에도 조예가 깊었으며 화초 기르는 법까지 능했다. 특히 단청도 잘해 조사 스님들을 모신 대명전과 보련각을 짓고 손수 단청을 해서 지금까지 전하고 있다. 실학의 대가 정약용과 실사구시를 주창한 김정희와의 교류에서 영향을 받은 바 있어 다방면에 능통했던 것으로 보인다.

초의선사와 추사의 교유는 각별해 평생을 통해 지속되었는데 두 사람은 동갑내기다. 추사가 제주도에 귀향 갈 때 대흥사에 들러 초의선사를 만났고 초의선사는 당시 험난한 뱃길을 건너 세 차례나 제주도를 방문했다. 제자 소치小痴 허유許維를 통해 추사에게 손수 법제한 차를 보내고 염주를 만들어주기도 했으며 추사는 초의선사에게 글을 써보내기도 했다.

초의선사의 명성이 높아지자 대흥사의 동쪽 계곡에 39세 때인 순조 24년(1824) 일지암을 짓고 40여 년 동안 홀로 지관止觀에 전념하면서 불이선不二禪의 오묘한 진리를 찾아 정진했다.

저서로는 일생 동안 참선하는 여가에 사대부와 교유하면서 지은 시를 모은 『일지암고』, 『일지암문집』, 선의 요지를 밝힌 『선문염송』에서 발췌해 주석을 달아놓은 『초의선과』, 조선 후기 선 논쟁으로 백파긍선의 선론에 반대의 입장을 밝힌 『선문사변만어』, 중국 다서茶書들과 각종 고사들을 인용하고 상세하게 주석을 달아 한국의 '다경茶經'이라 불리는 『동다송東茶頌』, 차의 지침서인 『다신전茶神傳』 등이 있다.

일찍이 대흥사를 크게 일으킨 중흥조로 13대 종사에 이르렀고, 다도의 이론과 실제를 생활화함으로써 한국 전통차 문화를 꽃피운 초의선사는 고종 3년(1866) 세수 81세 법랍 65세를 일기로 대흥사 쾌년각에서 서쪽을 향해 가부좌를 하고 입적했다. 초의선사에게 사미계를 받은 스님이 40여 명, 보살계를 받은 스님이 70여 명, 선교와 잡공을 배운 사람이 수백 명에 달했다. 대흥사 입구에 부도가 있는데 송파 이희풍이 탑명을 지었으며 탑의 오른쪽에는 비석을 세우고 양석 신관호가 비문을 지었다.

표충사 구역

남원 구역의 담장을 끼고 무염지 옆을 지나 왼쪽으로 돌아들면 표충사 구역이 나온다. 표충사 일곽은 서산, 사명, 처영의 영정을 봉안한 일종의 영당 또는 사당이다. 조사의 영정을 받드는 것은 승려의 법맥을 중시하는 선종의 신앙이다. 그러나 표충사의 건축적 형식은 유교의 사당 형식을 따랐다. 솟을대문 형식의 내삼문內三門은 유교 사당의 정문 형식이며, 3칸 맞배지붕의 사당과 조사전은 영락없는 유교 사당 형식을 따르고 있다.

표충사와 어서각이라는 편액은 정조가 직접 써서 내려주었는데, 서산대사의 충절을 기리기 위해 편액을 내려준 것이다.

표충사

대흥사는 한국 사찰 중에서 여러 가지 특이한 특성을 갖고 있는데, 그중에는 표충사도 포함된다. 표충사는 사찰에서는 거의 볼 수 없는 유교 형식의 사당이다. 서산대사를 중심으로 그의 제자로 임진왜란 때 승병을 이끌고 활약했던 사명대사와 처영 스님의 화상도 함께 봉안하고 있다. 처음 표충사가 건립된 것은 정조 13년(1789)이지만, 지금 건물은 철종 12년(1861)에 다시 옮겨 지었으며 금물로 쓴 표충사와 어서각御書閣이라는 편액을 정조가 직접 써서 내려주었다. 이 중 어서각이라는 글은 '왕의 글이 있는 곳'이라는 뜻으로 이곳의 편액이 정조의 글씨임을 알려준다. 정조가 서산대사의 충절을 기리기 위해 편액을 내려 세워진 것이다.

현재의 건물은 다른 곳에 있다가 1860년에 현재의 자리로 옮긴 것

조사전은 표충사 왼쪽에 있는데, 내부에 여러 조사의 진영이 있다.

으로 상량문은 초의선사가 썼다. 왕이 직접 편액을 내린 것은 서산대사의 사당인 대흥사의 표충사, 정조 18년(1794)에 편액이 하사된 묘향산 보현사의 수충사, 영조 19년(1743) 사명대사를 기리기 위한 밀양 표충사가 있다.

조사전

조사전은 표충사 좌측 편에 있는데 3단의 바른층쌓기의 장대한 기단 위에 있다. 정면 3칸, 측면 1칸의 주심포계의 겹처마 맞배지붕이다. 건물 외부는 다듬어진 2단의 원형 초석 상부에 두리기둥을 세워 전면 1 · 2분합의 격자창호로 장엄했으며, 건물 내부는 3폭의 조사 진영을 봉안하고 있다.

진영은 창건주 아도화상을 비롯해 대흥사 13대 종사와 13대 강사의 진영을 모신 3폭으로 구분되는데, 6명(1폭)·5명(2폭)으로 2단 구성 아래 진영을 배치하고 있지만, 근대에 그려진 여러 조사의 복제본으로 추정된다.

성보박물관

해탈문 우측길을 따라 걷다 보면 방문객들이 잠시 쉬어가는 무염지가 반기고 무염지의 우측으로 성보박물관(서산대사유물관)이 보인다. 지붕은 기와로 되어 있지만, 현대식 건물로 이곳은 6개관으로 분류된다.

이곳에 국가지정문화재인 보물 7종이 전시되어 있습니다. 금동여래좌상, 탑산사동종, 묘법연화경목판, 영산회상괘불도, 사가록정선, 화상당명병서, 교지다. 특히 서산관에는 지방문화재인 서산대사의 금란가사, 옥바루, 수저, 신발, 염주, 교지는 물론 보물 제1667호로 지정된 사가록정선, 보물 제1357호로 지정된 화상당명병서 등이 전시되어 있다.

서산대사 행초 정선사가록西山大師 行草 精選四家錄은 서산대사가 중국 송대의 선문禪門을 대표하는 마조馬祖, 백장百丈, 황벽黃蘗, 임제臨濟의 법문을 초록한 서첩이다.

보물 제1357호인 서산대사 유물 중 교지는 모두 2매가 보존되어 있는데, 하나는 선조 35년(1602)에 서산대사를 일도대선사선교도총섭으로 임명하는 내용(가로 80센티미터 세로 86.3센티미터)이며, 하나는 정조 12년(1788)에 정조가 서산대사의 충절을 기리는 표충사를 건립하면서 표충선사라 한 내용이다. 교지는 임진왜란 때 발급되었지만 화재로 소실된 이후 선조 35년(1602) 재발급된 것이다. 1794년 정조는 표충사에 서산대사의 영정이 봉안될 때 친필로 화상명과 서문을 적어 내려보냈다. 이것이 화운문 채색화가 그려진 종이에 쓴 「서산대사화상당명 正宗大王宸章」이다.

유물전시관에는 특별한 전설이 들어 있는 병풍이 있다. 해전도가 들어 있는 것으로 정조가 하사한 것인데, 한때 일본인들이 훔쳐갔다가 되돌려준 것이다. 조선 말기인 1894년, 어느 일본인이 대흥사의 병풍을 훔쳤다. 정부에서 일본과 교섭을 벌여 1905년 이를 돌려받았는데 두 폭은 찾지 못했다. 그 후 나라를 잃고 몇십 년이 지나갔다. 그런데 해방되기 전인 1940년 어느 일본인이 잃어버린 병풍 두 폭을 가지고 대흥사를 찾아와 병풍을 돌려주며 이렇게 말했다고 한다.

"7~8년 전에 이 병풍을 구했는데 그 뒤로 이상하게 가세가 기울어져 되는 일이 없었습니다. 어느 사람에게 물었더니 그의 말이 절의 보물을 가졌기 때문이라는 겁니다. 그래서 저보다 먼저 이 병풍을 소유했던 사람들을 수소문했더니 모두 패가敗家하여 곤궁하게 지내고 있었습니다. 그래 얼른 돌려주어야 집안이 평안해질 것 같아 찾아와 드리는 겁니다."

고려시대 종으로 아름다운 형태와 조각 솜씨로 유명한 탑산사동종 (보물 제88호)도 이곳에 있다. 본래 탑산사塔山寺에 있었던 종으로 일제 강점기에 만일암晚日庵으로 옮겨졌다가 다시 현재의 위치로 옮겨져 보존되어 오고 있으며, 일명 대흥사 동종이라고 한다. 높이 79센티미터, 입지름 43센티미터의 종으로 신라 형식을 계승한 전통적인 모습에 고려 후기에 새로 나타난 특징들을 잘 보여주는 대표적인 작품이다.

표충사 유물전시관에는 고려시대 종으로 아름다운 형태와 조각 솜씨로 유명한 탑산사동종이 전시되어 있다.

종의 상부 천판 위에 부착되어 있는 용뉴는 여의주를 물고 있는 용이 사실적으로 표현된 박력 있는 용두龍頭를 갖추었고, 앞으로 힘 있게 뻗은 왼쪽 발에는 여의주를 잡고 있는 등 매우 사실적으로 표현되어 있다. 바로 옆의 음통音筒은 표면을 상·중·하 3단으로 구분해 당초무늬를 장식했다. 어깨 부분에는 연판무늬를 촘촘히 세워 입체적으로 표현한 입화식立花飾이 장식되어 있으며, 상대上帶와 하대下帶에는 위아래로 연주무늬를 돌리고 그 안에는 화려한 당초무늬를 장식했다.

사각형의 연곽蓮廓 안에는 가운데가 돌출된 연꽃을 9개 두었는데, 신라 때의 연꽃봉우리보다 훨씬 납작해져 도안화된 모습이다. 종의 몸체에는 삼존상을 장식하고, 그 아래쪽에 새겨진 종의 제작 시기는 고려 명종 3년(1173)이나 고려 고종 20년(1223)으로 추정되며 용뉴와 문양의 세부가 뛰어난 고려시대 범종 중에서도 비교적 대형에 속하는 걸작이다.

전시관에는 국보 제308호인 북미륵암마애여래좌상北彌勒庵磨崖如來坐像을 약 50퍼센트로 축소한 모형을 전시하고 있어 일반 사람들이 다소 오르기 어려운 곳에 있는 북미륵암마애여래좌상을 유추할 수 있다.

대광명전 구역

표충사 뒤편으로 300미터가량 더 들어간 곳에 자리 잡은 대광명전 구역은 지금 선원으로 대광명전을 중심으로 동국선원, 벽안당, 요사채가 있다. 추사 김정희는 초의선사와 교류하면서 여러 편액의 글씨를 남겼는데, 그 가운데 '동국선원'이란 글을 써주었다. 당시 대흥사는 선과 교의 종원宗院으로 자부했으므로 동국 최고의 선원이라는 의미를 담고 있다.

대광명전

대광명전은 헌종 7년(1841)에 초의선사가 건립한 전각으로 법신을 형상화한 비로자나불을 주불로 모시고 있다. 대광명전은 정면 3칸, 측면 3칸의 맞배지붕 주심포계로 매우 단아한 건물이다.

장대석으로 바른층쌓기한 기단상에 막돌초석을 놓고 그 위에 민흘림 원주를 세웠으며, 가구는 5량 구조로 되어 있다. 공포는 행공첨차가 외목도리의 장설長舌을 받고 있는 주심포계의 익공 형식으로 익공의 형상

전남 해남 대흥사

대광명전은 법신을 형상화한 비로자나불을 주불로 모시는 전각으로 초의선사가 이곳에서 다선일
여를 실천하며 후학들을 지도했다.

은 기둥머리에서 둥근 판형으로 되어 있고 그 단부에는 복잡하게 조각
된 쇠서 2개를 내었다. 건물 정면의 창호는 어간에는 3짝, 양 협간에는
2짝의 빗살창을 달았다. 천장은 마룻보 위로만 우물천장을 가설하고
그 외에는 판자를 댄 빗천장으로 되어 있다.

헌종 8년(1841)에 초의선사와 추사 김정희의 제자인 위당 신관호와
소치 허련이 합심해 김정희의 유배가 풀리기를 축수하며 지었다는 상
량문이 발견되었다. 편액은 신관호의 글씨이며, 초의선사가 직접 단청
을 했다고 전해지는데 단청무늬가 화려하다.

보련각

대광명전 옆에 있는 보련각實蓮閣은 특이한 건축 형식으로 잘 알려져

대광명전 구역에 있는 동국선원은 문재인 대통령이 청년 시절 사법고시를 준비한 곳으로 유명세를 탔다.

있다. 보련각은 고승들의 초상화를 봉안한 일종의 조사당으로, 앞면 8칸, 옆면 1.5칸의 기다란 건물이다. 전면 퇴칸을 지면에서 약간 들어 올리고 우물마루를 깔아 결과적으로 긴 복도형 노대露臺를 가져 경쾌하면서도 단아한 인상을 준다.

동국선원

대광명전 구역에 매우 흥미로운 건물이 있다. 안내판에 "26세 청년 문재인 염원의 결실을 이룬 곳"이라고 적혀 있는데, 문재인 대통령이 사법고시 준비를 대흥사 선방에서 했다는 말이다. 안내판에 적힌 내용은 다음과 같다.

"제19대 문재인 대통령이 '한 치의 앞이 보이지 않은 절박한 상황'에서 1978년 3월 사법고시 준비를 위해 첫 인연을 맺게 된 천년 고찰 대흥사는 문재인 대통령의 인생 방향을 설정하는 계기가 된 곳이다. 문재

전남 해남 대흥사

인 대통령이 사법시험을 공부한 곳은 동국선원(7번 선방)으로 '염원이 결실을 이룬 곳'이라 불리운다."

문재인 대통령은 1978년 이곳에서 8개월 동안 머물며 사법시험 공부에 정진해 1차 시험에 합격했다. 더불어 동국선원의 7번 선방은 국내 코미디 영화로는 처음으로 1,000만 관객을 돌파한 〈7번방의 선물〉과 오버랩되는데, 아빠의 사랑과 사회적 약자들의 설움을 대변한 영화의 내용과 닮아 절묘한 화제를 낳았다. 원래 스님들이 참선하는 선원은 일반인들이 출입할 수 없는 곳이지만, 문재인 대통령이 당선된 이후 문의가 쇄도하면서 안거 기간을 제외하고 개방하고 있다.

산내 암자

대흥사의 자랑으로 산내 암자인 북미륵암과 일지암도 거론된다. 북미륵암은 만일암의 북쪽과 남쪽에 있기 때문에 북미륵암과 남미륵암이라 부른다. 대웅전에서 300미터 정도 올라가면 좌측으로 북미륵암, 우측으로 일지암 팻말이 나온다. 북미륵암은 1킬로미터, 일지암은 500미터 정도에 있다. 그러나 두 암자 모두 가파른 산길을 올라가야 하므로 올라가는 것이 만만치 않다.

북미륵암 마애여래좌상

북미륵암의 정확한 창건 연대는 알 수 없지만, 『대둔사지』에는 "온곡영탁溫谷永鐸 대사가 북미륵암을 중수했다"는 기록으로 보아, 북미륵암은 1754년에 중수되었음을 알 수 있다. 근세에 연담유일蓮潭有一, 벽

담행인碧潭幸仁, 아암혜장兒庵惠藏 같은 고승들이 바로 이곳에서 강학講學을 열었다. 북미륵암은 국보 제308호인 마애여래좌상磨崖如來坐像을 봉안한 용화전, 요사, 3층 석탑 1기로 이루어졌다.

용화전 문을 열고 들어가니 사암 벽에 고부조高浮彫로 조각된 고려시대의 마애여래좌상이 전면에 보인다. 항마촉지인 여래좌상으로 규모가 크고 조각 수법도 양감이 있고 유려해 한국의 마애불상 중에서는 그 예가 매우 드물고 뛰어난 상으로 평가된다. 전체 높이 약 8미터, 너비약 12미터로 본존불은 전체 높이 4.85미터, 몸체 높이 3.5미터 크기다.

연화좌에 결부좌한 본존은 두광과 신광이 모두 선각으로 표현되어 있다. 원광圓光 · 후광後光 · 염광焰光이라고도 한다. 부처가 갖추어야 하는 신체상의 특징인 32상相, 80종호種好 중에 '몸에서 한 장丈이나 되는 빛을 발한다'고 하는 내용에 따라 부처의 초인간적인 면을 나타내기 위해 부처의 몸 주위에서 나는 빛을 형상으로 표현한 것이다.

광배는 삼중三重의 원으로, 두광과 신광의 밖에는 불꽃무늬火焰紋을 새겼는데, 그 안에 하강하는 4구의 비천상을 대칭으로 배치한 점은 특이하다. 천인상들의 조각 표현은 이 당시의 작품으로 거의 유일한 예다. 비천상은 오른 무릎은 세우고 왼 다리는 꿇은 자세로, 얼굴은 위를 향하고, 왼손은 왼 무릎 위에 얹고, 오른손은 지물持物을 들고 연화좌에 앉아 있다.

본존의 머리는 소발素髮로 육계가 뚜렷하며, 넓적한 장방형의 얼굴은 근엄하고 풍만한 편이다. 좁은 이마에 작은 백호공白毫孔이 있으며, 긴 귀에 양쪽 눈꼬리는 올라갔고 눈동자가 표현되어 있으며, 입술은 두껍다. 법의法衣는 통견通肩으로 걸쳤으며, 왼쪽 어깨에는 띠 매듭이 보이는

전남 해남 대흥사

데, 이는 가사를 묶는 띠다. 어깨 뒤쪽의 고리에서 어깨로 내려와 팔꿈치까지 닿았다. 전체적으로 유려한 수법이 아직도 남아 있어 당시의 거불군巨佛群을 대표하는 우수한 작품으로 상호相好와 각부의 조각 수법을 보아 11세기경 고려시대로 추정된다.

북미륵암 3층 석탑

용화전 좌측 약 30미터에 있는 고려시대의 3층 석탑으로 높이는 4미터로 2중기단 위의 3층의 옥개석을 지닌 신라시대 일반형 석탑의 형식을 따랐다. 기단은 지대석 위의 하대석과 중석을 1석石으로 하여 4장의 긴 돌로 짰고, 그 중석에는 우주隅柱와 탱주撐柱가 하나씩 있다. 갑석은 여러 매의 두꺼운 석재로 구성해 상면에 호형 괴임을 새겨 상층기단을 받쳤다.

상층기단 중석은 1장의 돌이고, 상층기단 갑석은 1석으로 밑에는 부연이 있으며, 중앙에 괴임의 1단이 있어 탑신을 받게 했다. 탑신부는 탑신과 옥개석이 각각 1장인데, 탑신부의 1~3층은 위로 갈수록 체감되어 있고, 각기 4개의 우주를 갖추고 있다.

상륜부에는 노반이 남아 있고 다시 노반형과 앙화형의 석재가 놓여 있으며 나머지는 결실되었다. 성보박물관에 전시된 3구의 금동불상은 1970년경 이 탑의 보수 과정 중에 발견된 것이다.

일지암

일지암은 한국의 다성茶聖으로 추앙 받는 초의선사가 그의 다선일여茶禪一如 사상을 생활화하기 위해 꾸민 다원茶苑을 꾸며 독처지관獨處止觀

을 한 곳이다. 초의선사는 이곳에서 다산 정약용과 추사 김정희와 같은 석학, 예인들과 교류하며 쇠퇴해가는 차 문화의 중흥을 도모해 일지암은 한국 차의 성지로도 알려진다.

그러나 일지암은 초의선사가 열반에 들자 폐허가 되어 '초암터'라고 불리다가 수십 년 전부터 차에 대한 일반인들의 기호가 높아지면서 많은 사람이 초의선사의 유적지를 찾게 되면서 일지암이 중건되었다. 이곳에는 차나무가 심어져 있고 차를 음미했던 다정茶亭이 있으며, 집 뒤의 바위 틈에서 솟는 물이 나무 대롱에 연결된 돌 물확에 담겨져 흐른다. 다천茶泉과 돌물확, 차를 끓이던 다조茶竈(돌부), 위아래의 연못과 좌선석坐禪石 등은 옛 모습을 그대로 갖고 있다.

초정草亭은 가운데에 방 한 칸을 두고 사면에 툇마루를 두른 4평 규모의 띠집이다. 그리고 일지암 본당은 윗 연못에 평석을 쌓아올린 4개의 돌기둥이 누마루를 받치게 해서 독특한 운치를 자아내게 한다. 한국 다도의 요람으로 불리는 일지암에서 매년 음력 8월 1일 초의선사의 열반일을 기념해 추모행사인 초의제를 거행하고 있다.

전남 순천 선암사

조계산은 한국 현대사를 장식한 현장이다. 1948년 10월 여순사건이 일어나 순천에서 패퇴한 김지회 중위 휘하의 제14연대 병사들이 제일 먼저 찾아든 곳으로 그때부터 빨치산들이 한국전쟁 때까지 주요 은신처로 삼던 곳이다. 일반인들에게는 조정래의 『태백산맥』의 주무대로 알려진 곳이다.

이러한 현대사에 큰 영향을 받지 않고 조계산에는 지역 사람들에게서 쌍둥이라고 불릴 정도로 동쪽에 선암사, 서쪽에 송광사가 있다. 두 사찰은 전라남도의 간판 사찰이지만, 두 사찰의 성격은 매우 다르다. 송광사가 한국 불교계의 최대 종단인 조계종의 근본 사찰이라면, 선암사는 조계종 다음으로 큰 교세를 가진 태고종의 총본산으로 연대를 따지면 선암사가 송광사보다 대체로 300여 년 앞선다. 선암사가 대각국사 의천義天이 천태종을 전파한 곳이라면, 송광사는 보조국사 지눌知訥이 조계종을 최초로 연 곳이기도 하다. 쌍둥이 사찰로 알려지지만 선암사만 유네스코 세계문화유산으로 등재되었다.

선암사는 산사의 모범답안같이 청정하고 아름다운데, 그중에서도 특히 봄이 가장 아름답다고 알려진다. 선암사는 조계산에서 발원해 동쪽으로 흐르는 선암사천이 시작되는 곳에 자리 잡고 있다. 조계산이 바다에 가깝고 고온다습한 기후의 영향으로 산 전체가 울창한 활엽수림으로 뒤덮여 있는데, 겨울의 한기를 이겨내고 신록으로 조계산이 물들기 시작하면 사찰 곳곳에 있는 벚꽃과 목련 · 모란 · 앵두 · 모과 · 철쭉 · 영산홍 · 동백 · 상사화 · 옥잠화 · 치자 · 파초 · 부용 등 갖가지 화초와 꽃나무가 잇달아 피어난다. 혹자는 선암사를 화훼 전시장처럼 보인다고 말할 정도로 그 빛깔과 모습이 다채로운데, 고풍이 흐르는 전각들과 어울려 한국의 어느 사찰에서도 느끼기 어려운 분위기를 연출한다.

선암사는 여순사건과 한국전쟁, 1954년 5월 이승만 대통령의 제1차 불교 유시諭示 이후 분규 등을 거치면서 많은 건물이 피해를 보고 소실되는 등 상처를 받았다. 하지만 선암사는 아직도 한 세기 전의 옛 모습을 그대로 갖추고 있다.

선암사 창건에 대해서는 두 가지 설화가 전해온다. 첫째는 통일신라 말기 도선道詵이 호남을 비보하는 3대 사찰인 3암의 하나로 창건했다는 설과 백제 성왕 7년(529)에 아도화상이 세운 비로암을 통일신라 경덕왕 원년(742)에 도선이 재건했다는 것이다.

그런데 18세기 초의 『조선 사찰 사료』에 의하면 도선이 창건했다고 되어 있으나 이보다 후대인 19세기 기록에는 아도화상이 창건했다고

선암사는 산사의 모범답안같이 청정하고 아름다운데, 특히 봄이 가장 아름답다. 또한 화훼 전시장처럼 화초와 꽃나무가 잇달아 피어난다. 선암사 입구.

적었다. 이를 보면 19세기에 선암사에서 사찰 창건주를 도선에서 아도화상으로 바꾸었다고 볼 수 있는데, 신라에 불법을 전하던 아도화상이 이웃나라인 백제까지 와서 절을 지어주었을까 하는 의문이 드는 것이 사실이다. 더욱이 통일신라 말기 세워진 것으로 보이는 3층 석탑이 엄연히 존재하는 것을 볼 때 통일신라 말에 도선이 창건했다는 주장이 더욱 설득력 있게 다가온다.

　3암 중 다른 두 사찰은 진주 영봉산 용암사龍巖寺와 광양 백계산 운암사雲巖寺다. 고려 후기에 재상을 지냈던 박전지가 지은 「영봉산靈鳳山 용암사 중창기」에 지리산 성모천왕이 "만일 세 개의 암사를 창건하면 삼한이 합하여 한 나라가 되고 저절로 전쟁이 끝날 것이다"라고 한 말을 따라 도선이 세 암자를 창건했다고 한다. 곧 선암·운암·용암이다.

고려 중기로 들어서면서 선암사는 선종宣宗 9년(1092) 대각국사 의천이 2년간 이곳 대각암에 머물면서 크게 중창한다. 의천은 문종의 넷째 왕자로, 출가한 뒤 국내외 여러 종파의 불교 사상을 두루 익혀 천태종을 개창했다. 선종이 의천에게 하사한 금란가사, 대각국사 영정(보물 제1044호), 의천의 부도로 전하는 대각암 부도(보물 제1117호)가 선암사에 전해오고 있다.

가사는 긴 사각형으로 비단 바탕에 금실로 글자와 무늬를 전면에 가득 짜넣었다. 뒷면에 근래에 쓰인 것으로 보이는 먹으로 쓴 명문이 있고 길이 230센티미터, 너비 60센티미터다. 가사는 원래 바리때와 함께 불법을 전수하는 상징물로, 의천의 금란가사는 한국 선불교에서 주홍색이 가사의 원천색이라는 것을 알게 해주는 중요한 유물이다.

고려 후기에 선암사가 자리 잡은 조계산은 불교 개혁의 산실이 된다. 산 하나를 사이에 두고 이웃한 송광사에서 보조국사 지눌이 기존의 타락한 불교계를 비판하며 정혜쌍수를 내세우는 개혁불교를 부르짖었는데 아이러니한 것은 이웃한 선암사는 송광사가 사세를 떨침에 따라 상대적으로 주목받지 못했을 것으로 생각한다.

조선의 억불정책으로 선암사가 매우 어려운 시절을 보냈는데, 선조 30년(1597) 정유재란으로 사찰이 거의 불타버리자 부분적으로 조금씩 중수되다가 숙종 24년(1698) 호암대사 약휴護巖에 의해 크게 중건되었다. 당시에 법당 8동, 전각 12동, 승방 16동, 암자 15개소에 승려가 무려 350명이나 되었다고 한다. 선암사에는 당시 의천의 그림이라 주장되는 〈대각국사의천선암사중창건도大覺國師義天仙巖寺重創健圖〉가 전하는데, 아마도 4차 중창이나 1824년 있었던 5차 중창을 묘사한 것으로 추정된다.

그러나 이후에도 계속해 화재 등 재난이 일어나는데 화재 발생이 산 강수약山强水弱한 선암사의 지세 때문이라는 지적에 의해 화재 예방을 목적으로 영조 37년(1761)에 산 이름을 청량산清凉山, 사찰 이름을 해천 사海泉寺로 바꾸었다. 그런데도 순조 23년(1823)에 다시 화재가 일어나 자 대대적인 중창 불사가 이어졌고 이후 산 이름과 사찰 이름을 조계 산과 선암사로 원위치했다. 알려지기로 선암사란 이름은 절 서쪽에 있 는 커다란 신선 바위, 선암仙巖에서 유래한다. 즉, 이 바위 위에서 선인仙 人들이 바둑을 두었다는 것이다.

현존하는 선암사의 건물 대부분은 이때 건설된 것으로 당시에는 전 각 60여 동이 있었지만, 1948년 여순사건과 1950년 한국전쟁의 피해 로 많은 전각이 소실되고 현재 25동이 남아 있다.

선암사에는 삼무三無가 있다. 첫째는 다른 사찰과는 달리 사천왕문이 없는데, 그 이유는 조계산의 주봉인 장군봉이 선암사를 지켜주므로 불 법의 호법신인 사천왕상을 만들지 않았다는 것이다. 둘째는 협시보살 상이 없는데, 이는 대웅전의 석가모니불이 항마촉지인을 하고 있어 협시보살을 두지 않았다. 셋째는 어간문을 사용할 수 없다는 점이다. 어간문은 대웅전의 정중앙에 있는 문으로 일반 사찰에는 정중앙의 문 으로 사람의 출입이 가능한데, 선암사에서는 부처님처럼 깨달은 사람 만이 어간문을 통과할 수 있어 어간문이 있으나 출입할 수 없다는 것 이다.

선암사로 가는 길은 '전국 아름다운 숲 대상'을 받기도 할 정도로 유 명세를 타서 우선 이들 길을 주파해야 한다. 그런데 입구를 들어서면

선암사로 가는 길은 '전국 아름다운 숲 대상'을 받기도 했는데, 입구에서 숲길을 따라 15분가량 걸어올라가면 장대한 측백나무가 줄지어 서 있다.

조계산 전체에 고루 드리운 짙은 나무그늘로 인해 상쾌하여 사찰까지 걸어가는 길이 너무 길다고 투덜댈 일은 아니다. 숲길을 따라 15분가량 걸어오르면 오른편 길섶으로 장대한 측백나무로 둘러싸인 부도밭이 나온다. 약 20기의 부도가 줄지어 있는데, 부도는 대부분 팔각원당형인데 사자 4마리가 3층 석탑을 지고 있는 이형부도로 화산대사華山大師 부도다.

부도밭을 지나 계속 가면 길가에 장승 한 쌍이 서 있는데, 특이하게도 남녀상이 아니라 모두 남자상이다. 1907년에 세워져 70년이나 한 자리를 지킨 국내 최고의 나무 장승이지만 세월을 견디지 못하고 1990년 새롭게 세워진 것이다. 보통 나무 장승은 10~20년 정도 지나면 썩으므로 다시 세워야 하는데, 이 장승은 조직이 치밀한 밤나무로 만들어져 쉽게 썩지 않았다고 한다. 지금은 사찰 수호 업무에서 퇴직해 경내의 설선당으로 옮겨져 보호받고 있다.

선암사의 장승을 지나 계속 큰길을 걸어 올라가면 왼편에 계곡을 가로지르는 작은 무지개다리가 나타난다. 이 다리를 건너 모퉁이길을 따라 돌면 반원형의 큰 무지개다리가 나오고, 이 다리를 건너면 길은 강선루降仙樓로 향한다. 두 무지개다리 중 큰 무지개다리가 보물 제400호로 지정된 승선교昇仙橋다.

승선이라는 어휘가 주는 의미 이상으로 신비로움을 자아내는 무지개다리는 한국에 남아 있는 무지개다리 중 가장 자연스럽고 우아하다는 평을 듣고 있다. 두 무지개다리는 대소의 차이가 있을 뿐 축조 방법이나 겉모습에는 차이가 없다. 큰 무지개다리는 길이 14미터, 높이 7미터, 너비 3.5미터이며 길게 다듬은 30여 개의 장대석을 연결해 홍예석을 드리우고 홍예석 양쪽에 잡석을 쌓아 계곡 양쪽 기슭의 흙길에 연결시켰으며, 위쪽에는 흙을 덮어 길을 만들었다. 기단부는 자연 암반을 그대로 이용해 홍수에 쓸릴 염려가 없도록 했으며, 홍예석 중간에는 용(이무기)을 돌출시켜 장식적인 효과와 함께 재해를 막는 효과를 거두고 있다.

현재는 승선교 우측으로 새로운 다리를 놓아 다리를 건너지 못하게 하고 있지만, 과거에 다리를 건너 경내에 올랐을 것이다. 한국에서 홍예교처럼 넓은 아치를 튼 예가 없어 돌로 만든 인공적인 곡선미나 결

승선교는 한국에 남아 있는 무지개다리 중 가장 자연스럽고 우아하다는 평을 듣는데, 다리 위는 흙을 덮어 길을 만들었다.

구미가 빼어나다. 이러한 다리에 전설이 없을 리 없다. 선암사에서 전하는 전설은 다음과 같다.

"숙종 24년(1698) 호암대사가 관음보살을 친견하기를 기원하며 백일기도를 하였음에도 대사는 관음을 보지 못했다. 자신의 지성이 부족하고 신심이 약하여 만나지 못한 것이라 생각한 대사는 낙심하여 50척이나 되는 벼랑에서 몸을 던졌다. 이때 한 여인이 나타나 대사를 구하고 사라졌다. 대사는 홀연 자신을 구해준 여인이 관음보살임을 깨닫고 원통전을 세워 관음보살을 모시는 한편 사찰 입구에 아름다운 무지개다리를 세웠으니 바로 승선교이다."

홍예교는 중국에서 한국을 거쳐 일본에 전래된 것으로 알려져 있지만, 현재 일본에서 실물을 발견할 수 없다고 한다. 승선교는 숙종 24년

(1698) 호암대사가 축조했는데 이보다 약 20년 뒤인 영조 5년(1729)
에 놓은 보성 벌교의 홍예(보물 제304호)도 선암사 스님들의 솜씨라고
전해진다.

선암사 가람 배치

선암사는 개개 건물의 아름다움보다 건물들로 엮어진 여러 영역의
집합미가 감동적이다. 각 영역들은 시골마을의 풍경 같은 골목과 안길
들로 연결되어 있다. 또 사이사이에 다양한 수경 요소를 도입해 전체적
인 통일성을 꾀했다. 땅에서 솟아나는 샘과 네모난 연못, 타원형 연못,
모양이 불규칙한 연못 등 풍부한 요소들은 하나의 수계를 이루며 여러
영역으로 나누어진 선암사를 하나로 묶어주고 있다.

선암사의 다양한 가람 배치는 오랜 기간에 걸쳐 구성 형태가 많이 변
화되었던 것에 기인한다. 특히 신앙 체계가 바뀌어온 까닭에 더욱 복잡
하고 다양한 모습을 보인다. 그러나 교의敎義적으로 보아 법화계 사찰
에서 나타나는 건축적 경향이 농후하다. 즉, 쌍탑형의 기본적 틀에 수
많은 전각이 있어 다전형多殿型의 형식을 보이며 크게 4곳의 영역을 이
루어 다영역형이라 표현된다.

주축을 이루는 대웅전 영역 뒤쪽으로 원통전 영역, 응진각 영역, 각
황전 영역이 있으며, 이들 영역을 이루는 여러 전각은 조금씩 비껴나
있으면서도 이가 물린 듯 줄짓고 있다. 그뿐만 아니라 전각들 대부분이
전면 증축되거나 개축되지 않고 보수가 필요한 부분들만 조금씩 손보
며 관리되므로 선암사에서는 남다른 격조와 고풍스러움이 풍겨난다.

강선루의 누하는 정면 1칸 · 측면 1칸이지만, 2층은 정면 3칸 · 측면 2칸이다. 또한 측면 기둥 중의 하나가 계곡에 빠져 있는 점이 특이하다.

선암사에서 처음으로 만나게 되는 강선루는 누하樓下 정면 1칸, 측면 1칸이지만 2층은 가늘고 낮은 기둥을 사용한 정면 3칸, 측면 2칸인 2층 팔작지붕이다. 정확한 초창 연대는 알 수 없지만, 1930년에 수리했다는 기록이 남아 있으며 측면 기둥 중의 하나가 계곡에 빠져 있는 점이 특이하다. 대부분의 사찰은 누문을 일주문 안에 두는 데 반해 선암사는 누문을 일주문 밖에 두어 계곡과 어울리게 했다. 강선루에서 뒤를 돌아보면 굽어 흐르는 계곡물 사이로 두 다리가 크고 작게 잇달아 있어 더욱 운치가 있다.

강선루에서 한 모퉁이를 돌면 오른쪽 길섶으로 비껴나 있는 연못을 만난다. 기다란 타원형의 못 가운데에 알 모양의 섬이 있는 특이한 모습의 삼인당三印塘이다. 지방문화재 제46호로 지정되어 있는데, 연못의

삼인당의 독특한 모습은 심오한 불교 사상을 표현한 것으로 다른 곳에서는 그 유례를 찾아볼 수 없다.

독특한 모습은 멋을 부리기 위해서가 아니라 그 형태 안에 심오한 불교 사상을 표현하고 있다. 다른 곳에서는 그 유례를 찾아볼 수 없는 특이한 형태다. 기다란 타원형 못 가운데 알 모양의 둥근 섬으로 이루어져 있는데 서산의 개심사開心寺처럼 선객이나 일반인이 산중에 출입할 때 마음을 가다듬는 상징적 역할이 크다. 가운데 놓인 섬으로 연못이 훨씬 크게 보인다.

여름 홍수에는 갑자기 불어난 물줄기를 휘돌아 감아 저장하는 과정에서 수위의 완급을 조절하는 역할도 담당했다. 연못은 최근에 단장되었지만 연못 터는 오래전부터 축조된 듯 연못 주위로 수십 척의 삼나무와 아름드리 활엽수들이 도열해 있다.

이 밖에 선암사 경내의 연못으로는 설선당 서쪽의 쌍지雙池, 삼성각으로 올라가는 계단 왼편 축대 아래에 조그맣게 만들어진 방지方池가

278

있다. 쌍지는 중앙에 통로가 있어 건너다닐 수 있으며, 방지 옆에는 대각선으로 비스듬히 누워 있는 200년 된 적송 한 그루가 있다. 일주문 못미처 왼편으로는 방지와 쌍지에 고여 있다가 작은 폭포를 이루는데 이 물은 인공수로를 따라 삼인당으로 흘러든다. 삼인당에서 일주문으로 오르는 모퉁이에는 짙은 녹음과 야생 차밭이 펼쳐져 있는데, 선암사의 차는 다인들 사이에서 맛과 향이 좋기로 정평이 나 있다. 이들 모두 전통 조경술의 백미를 보여준다.

일주문

일주문은 누문인 강선루를 지나 처음 들어서는 문으로 실질적인 사찰의 경역을 의미한다. 용조각이 장식된 소맷돌이 있는 돌계단 위에 굵은 배흘림기둥 2개가 화려한 공포를 이고 있는 다포식 단층으로 지붕 옆면이 사람 인사자 모양인 맞배지붕이다. 2개의 기둥을 나란히 세우고, 그 앞뒤로 보조 기둥을 세웠으나 위부터 30센티미터 중간에서 보조 기둥을 잘랐다. 이는 기둥 양 옆으로 설치된 담장 때문인 듯하며, 다른 일주문에서 볼 수 없는 특이한 양식이다.

일주문의 배흘림기둥은 곧바로 낮고 작은 담으로 이어져 있다. 일주문 기둥 옆으로는 낮고 짧은 담장이 이어져 있는데, 꽃나무 등으로 가려져 있어 긴 담장 같은 착각이 들게 한다. 선암사 일주문은 임진왜란과 병자호란의 전화戰火를 입지 않은 유일한 건물로 알려지며 조선시대 일주문의 양식을 잘 보전하고 있다.

일주문 기둥 옆으로는 낮고 짧은 담장이 이어져 있는데, 꽃나무 등으로 가려져 있어 긴 담장 같은 착각이 들게 한다.

범종루

일주문에서 계단을 오르면 곧바로 범종루로 이어진다. 일주문과 종루 사이의 공간이 좁아 흔히 일주문과 종루 사이에 배치되는 천왕문·금강문·인왕문 등이 없다. 범종루는 정면 3칸, 측면 2칸의 중층 누각으로 기둥머리는 공포와 첨차로 이루어진 일반적인 공포 구조와는 달리 판형의 살미를 중첩했다. 또한 굵은 대들보를 2개의 주두가 받치고 있어 특이한 조형 기법을 보이고 있다.

만세루

범종루 밑으로 난 계단을 올라서면, 정면에 '육면고사六朝古寺'라는 현판이 걸려 있는 정면 5칸, 측면 2칸의 맞배지붕이 나타난다. 단청 없이

범종루는 정면 3칸, 측면 2칸의 중층 누각으로 기둥머리는 공포와 첨차로 이루어졌다.

나무기둥 사이에 흰 벽을 두었는데, 강당으로 쓰이는 만세루다. 기둥 사이를 창방으로 연결하고 그 위에 3구씩 소로를 두었다. 기둥머리 부분에 주두와 이익공의 쇠서가 돌출되어 있다. 기둥 위에는 주두가 얹히고 그 위에 바로 대들보가 돌출되어 있다.

육조고사라는 현판을 이곳 선암사에 붙인 것은 중국의 선승 육조 혜능이 조계산에 살았던 것과 마찬가지로 선암사가 조계산에 있었던 인연을 기리기 위해서라고 추정된다. 경사지에 자리한 선암사는 여러 개의 단과 낮은 축대로 이루어져 있는데, 만세루와 설선당 사이의 계단에서 보면 각각의 단에 배치된 전각들이 조금씩 맞물려 보이면서 깊은 공간감이 유도된다.

전남 순천 선암사

만세루에는 '육면고사'라는 현판이 걸려 있는데, 중국의 선승 육조 혜능이 조계산에 살았던 인연을 기리기 위해서다.

일반적으로 전통 사찰에서는 가람 배치의 주측상에 누문을 두고 이 누문 밑으로 진입해 대웅전 앞 중정에 이르나 선암사에서는 누하로 진입하지 않고 누의 좌우로 돌아간다. 이것은 급한 경사를 이루는 지형을 누문에서 다소 완화시켰기 때문에 구태여 이곳에서 누하진입을 할 정도로 높낮이의 차이가 심하지 않기 때문이다.

대웅전 영역

중심 법당인 대웅전 일곽은 대웅전을 중심으로 심검당, 설선당, 강당 누각인 만세루가 마당을 감싸고, 마당에는 3층 석탑 한 쌍이 서 있다. 1824년 중창 때 다시 세워진 대웅전은 앞과 옆이 모두 정식 3칸으로 구성되었고, 고려시대 것으로 보이는 정교한 건축식 기단 위에 세워졌다. 칸살잡이를 통해 고대의 중심형 불전 흔적을 찾을 수 있는데, 〈중창건도重創健圖〉에는 2층의 법당으로 묘사되어 있다.

만세루를 옆으로 돌아들면 대웅전과 설선당, 심검당이 만세루와 함께 안마당을 이루고 있는 대웅전 영역이다. 이곳에서는 앞마당에 서 있는 동서 3층 석탑이 가장 먼저 눈에 띈다.

3층 석탑

외관상 크기와 양식이 비슷한 두 기의 3층 석탑은 높이 4.7미터이며 보물 제395호다. 서삼층석탑은 정방형의 지대석 위에 기단부가 올라서 있는데 기단부를 이루는 하층기단과 상층기단은 여러 개의 석재로 이루어져 있으며, 우주와 탱주가 표현되어 있다. 탑신부는 몸돌과 지붕돌이 각각 1매씩인데 몸돌에는 우주가 모각되어 있고, 지붕돌은 층급받침이 4단이며 지붕돌 위에는 독특하게도 호형과 각형 두 단으로 이루어진 몸돌받침이 있다.

지붕돌은 반전이 심해 날카로운 인상을 가지며 모서리에는 풍경을 달았던 듯 구멍이 한 모서리에 8개씩 뚫려 있다. 초층 몸돌은 윗면이 아랫면보다 2센티미터 정도 좁다. 3층 몸돌 역시 윗면이 0.5센티미터 좁은데 이는 탑이 높아 보이게 하는 일반적인 수법이다. 상륜부는 노반이 남아 있고 그 위에 작은 석재들이 놓여 있다. 지붕돌 위에는 호형과 각형 두 단으로 이루어진 몸돌 받침이 있는데, 이는 다른 탑에서는 볼 수 없는 독특한 모습이다. 동삼층석탑은 외관상 서삼층석탑과 거의 동일하며 1986년 해체·복원 때 초층 몸돌에서 사리 장신구가 발견되었다.

대웅전 앞마당에는 동서 3층 석탑이 가장 먼저 눈에 띄는데, 두 석탑은 높이가 4.7미터이며 보물 제395호다.

괘불지주

선암사 대웅전과 3층 석탑 사이에 있는 2개의 괘불지주가 눈길을 끈다. 괘불을 높이 내걸 수 있도록 괘불대를 세우는 데 필요한 돌기둥인데, 선암사의 괘불(6.82×12.15미터)은 한국 괘불 중에서 가장 크다. 선암사 괘불은 석가모니 단 한 분이 비단 한 면 가득 차게 그려진 그림으로, 대웅전 후불벽화 뒤쪽 나무함에 보관되어 있다. 1753년에 제작된 이후 나라 안팎에 우환이 있을 때나 천재지변이 있을 때, 또는 안전을 빌 때 내걸린다고 한다.

대웅전

대웅전(보물 제1311호)은 선암사의 주불전으로 일주문과 범종루를

대웅전은 일주문과 범종루를 잇는 중심축으로 현재의 대웅전이 과거에는 미륵전이었고 형태는 중층이었을 거라고 짐작된다.

잇는 중심축에 있다. 헌강왕 5년(875) 선암사의 창건 당시 함께 건축되었다고 추정되지만 임진왜란 때 소실되었다가, 현종 원년(1660) 경잠敬岑 · 경준敬俊 · 문정文正의 세 대사가 주동이 되어 중건했다. 영조 42년(1766) 재차 화재를 만나 순조 24년(1824)에 재중건했다.

정면 3칸, 측면 3칸 다포식 겹처마 팔작지붕이다. 학자들은 현재의 대웅전이 과거에는 미륵전이었고 형태는 중층으로 짐작한다. 기단은 막돌을 1미터 정도 자연스럽게 쌓아올렸으며, 그 위에 초석을 놓아 민흘림 두리기둥을 세웠는데, 기단과 돌계단은 고려시대의 것으로 알려진다. 기둥 위에 짜여진 포작은 다포계의 일반적인 수법을 따라 창방과 평방을 놓고 그 위에 전후면에는 각 3조씩, 양측면에는 각 2조씩의 주간포를 배치했으며 첨차는 교두형翹頭形이지만 내외 살미는 외부에서 앙설형仰舌形을 이루고 내부에서는 화려한 연봉형蓮峰形 장식으로 마감

전남 순천 선암사

했다. 포작은 외3출목(7포작) 내4출목(9포작)이며, 조선 후기 건축에서 보이는 연봉 장식 등의 요소가 두드러진다.

문은 모두 빗살을 둔 4분합문이며 위에 교창을 두지 않았다. 정면의 창호는 모두 빗꽃살로 장식했으나 마모가 심하며, 빛바랜 단청이 오히려 고색古色을 풍겨준다. 내부는 층단을 이룬 우물천장으로 단장되었으며, 단청도 비교적 선명하다. 대들보 부분에도 용이 머리를 걸치고 있는 형상을 하고 있으며, 화려한 단청이 시채施彩되어 있어 신비함을 더해준다.

대웅전 석가모니불은 좌우에 협시불이 없으며 뒤에 걸린 탱화는 비단에 영취산에서 설법하는 석가모니불과 8대 보살, 10대 제자, 12명의 신장상을 그린 것이다. 가로 3.65미터, 세로 6.5미터 되는 초대형 〈영산회상도〉로 영조 41년(1765)에 제작되었다. 거대한 화면에서 항마촉지인을 하고 있는 석가본존불을 초대형으로 중상단에 배치하고 다른 협시상들은 상대적으로 작게 그렸다. 화면 전체에 걸쳐 녹색과 붉은색이 대비되어 강렬한 인상을 준다. 선암사는 다른 어느 사찰보다 불화가 많은데, 대웅전을 비롯해 각 전각과 암자에 보관된 불화를 모두 합치면 100여 점이 된다고 한다.

설선당

대웅전 왼쪽에 자리 잡은 설선당은 외부에서는 단층으로 보이나 내부는 중층인 'ㅁ'자형의 건물이다. 낮은 기단에 덤벙 주초를 놓아 두리기둥을 세우고 초익공 형식을 갖고 있는데, 1층은 스님들의 거처와 공양하는 곳이며 위층은 수납 공간이다.

심검당

마당을 가운데 두고 설선당과 마주한 심검당 역시 중앙에 조그만 마당을 둔 'ㅁ'자형 건물로, 설선당과 유사하다. 중층으로 하층은 스님이 기거하는 승방이며, 상층은 사찰에서 사용할 여러 가지 물건과 음식물을 보관한다. 환기창에 수水, 해海처럼 물과 관련된 글자가 장식처럼 투각되어 있는 것이 눈길을 끈다. 선암사의 지세가 산강수약해 전각들이 빈번하게 불타자 화재를 예방하기 위해 이와 같은 처방을 한 것이라고 한다.

선암사가 화재 예방에 특별히 신경을 곤두세운 흔적은 산 이름과 사찰 이름을 물과 관련된 청량산과 해천사로 바꾼 것으로도 알 수 있다. 같은 이유로 선암사에는 원래 석등을 설치하지 않았는데, 근래 경내 곳곳에 큼직한 석등들은 이런 사찰의 내력을 염두에 두지 않았기 때문이다.

원통전 영역

대웅전 뒤쪽으로 한 무리의 전각들이 집중되어 원통전 일곽을 이룬다. 원통전 앞에는 불조전과 팔상전 두 건물이 나란히 서 있다. 3칸인 원통전은 정면 가운데 칸이 돌출된 정T자형 건물이며, 그 돌출부가 앞의 두 건물 사이로 노출된다.

18세기 후반 정조 때 눌암선사는 원통전에서 왕실의 후사를 기원하는 백일기도를 올렸고, 이에 답하듯 훗날 순조純祖가 탄생했다. 순조는 왕위에 올라 선암사에 많은 재물을 내려 왕실의 원당을 설치했는데, 원통전이 기도처였다면 원통전 서쪽의 장경각이 원당이었다.

전남 순천 선암사

장경각의 계단 소맷돌에 돌사자가 조각되어 있고, 원래 중층 건물이 었던 흔적도 발견된다. 또한 건물의 구성과 격으로 보아 원당 건물로 추정된다. 두 건물 사이에 앞뒤로 통할 수 있는 노전이 놓여서 두 건물 을 동시에 관리할 수 있다.

대웅전 영역을 벗어나 대웅전보다 한 단 높여 쌓은 축대의 계단을 오르면 불조전 · 팔상전 · 원통전 · 장경각이 배치된 원통전 영역에 들어선다. 불조전과 팔상전이 나란히 앞쪽에 자리해 있으며, 두 건물 사이로 독특한 형태의 원통전이 보인다.

원통전

선암사 경내에서 가장 개성적인 건물은 관세음보살을 모신 원통전(지방문화재 제169호)이다. 원통전은 부불전副佛殿으로 보살단에 속하는 경우 관음전이라고도 한다. 관세음보살을 주불로 봉안한 불전의 협시로는 남순동자와 해상용왕이 있으나, 선암사에서는 이들을 조각하지 않고 후불탱화에서만 나타난다.

정면 3칸, 측면 3칸 정방형을 이루는 몸체에 중앙 1칸만 합각지붕을 내밀어 전체적으로 정자형 평면을 이룬다. 기단은 장대석으로 전면 1미터 정도 되는 축대를 쌓아올렸고 양 측면과 후면은 외벌대(댓돌)로 되어 있다. 초석은 덤벙 주초와 일부는 원형 다듬돌로 위에 원형기둥을 세웠다. 기둥 위로는 주두를 얹고 창방을 걸었으며 창방과 장설 사이에는 화반과 동자기둥이 있다. 화반 위로 도리, 서까래 순으로 짜여 있다.

내부도 특이해 보가 없는 무량 구조로 전남 화산의 쌍봉사 대웅전과 같은 형식이다. 내진과 외진으로 나누어 내진의 북쪽 면 한쪽을 막아

원통전은 관세음보살을 모신 부불전으로 순조는 자신이 태어나게 된 데 보답한다는 뜻으로 '큰 복의 밭'이라는 의미의 '대복전'이라는 현판을 써주었다.

불상을 안치하는 불단으로 사용하고 있다. 그러므로 불단이 설치된 중앙 3면에 벽을 두르고 문을 달아 집 속에 또 하나의 집을 지어놓은 것 같다. 건물 정면 어칸의 창호는 화려한 꽃창호이며, 꽃창호 아래쪽 청판(마루청)에는 계수나무 아래서 방아 찧고 있는 달나라 토끼 2마리와 파랑새를 장식해놓아 눈길을 끈다.

원통전은 조선 현종 원년(1660)에 초창해 숙종 24년(1698) 호암대사가 중수했으며, 순조 24년(1824)에 재중수해 오늘에 이르고 있다. 숙종 때 호암대사가 선암사를 중창 불사할 때의 일이다. 호암대사가 중창 불사를 위해 대장군봉의 배바위에서 기도했으나, 효험이 없자 바위 밑으로 투신하기에 이르렀다. 이때 코끼리를 탄 여인이 하늘에서 내려와 보자기로 호암대사를 받아 다시 배바위 위에 올려놓으면서 "떨어지면

전남 순천 선암사

죽는 것인데, 어찌 무모한 짓을 하는가?" 하고 사라졌다고 한다. 이 여인이 관세음보살인 것을 뒤늦게 깨달은 호암대사는 친견한 관세음보살의 모습대로 불상을 조성해 정자각 형태의 원통전을 짓고 이를 봉안했다고 한다.

한편 후사가 없던 정조는 이곳에서 백일기도를 하여 아들을 낳았는데, 그 아들이 바로 순조다. 순조는 자신이 태어나게 된 데 보답한다는 뜻으로 선암사에 '큰 복의 밭'이라는 의미의 대복전大福田이라는 현판을 써주었으며 지금도 원통전에 걸려 있다.

불조전과 팔상전

불조전(시도유형문화재 제295호)은 대체로 사찰의 개창자나 중창자, 중수자, 역대 주지들이 모셔진다. 선암사의 불조전은 정면 3칸, 측면 3칸의 팔작지붕으로 주심포 형식에 익공 형식이 가미된 조선시대 후기 건물이다. 높은 축대로 대지를 형성하고 낮은 외벌대 기단을 이루었다. 덤벙 주초와 잘 다음어진 원형 초석을 섞어 사용했고 두리기둥을 세웠다. 기둥 사이는 창방으로 연결했으며 창방 위에 화반을 두지 않고 동자기둥을 세워 뜨창방(동자기둥이나 마룻대공에 끼워 얹힌 창방)을 지지한다.

기둥머리에 주두를 얹었고 벽면과 나란히 첨차와 소로로 이루어진 1출목의 공포가 있어 주심포 형식이다. 그러나 직각 방향의 살미 첨차가 익공 형식을 하고 있어 주심포와 익공 두 형식이 가미된 모습이다. 대들보 위에 우물천장을 설치했으며, 중앙부에 동자기둥을 두어 한 단을 높인 층단 천장으로 꾸몄다. 특히 팔작지붕에서 보이는 충량은 양

불조전은 주심포 형식에 익공 형식이 가미된 조선시대 후기 건물로 그 안에는 관음상과 53불 목각상이 탱화와 함께 모셔져 있다.

측면에서 2개씩 안으로 오면서 크기를 줄여 설치했다. 어간은 사분합 툇간은 이분합 빗살문이다. 내부에는 호암대사가 조성한 관음상과 53불 목각상이 탱화와 함께 모셔져 있다.

　팔상전(전남 유형문화재 제80호)은 불조전과 나란히 서 있는데, 정면 5칸 측면 3칸의 맞배지붕이다. 석가모니의 일대기를 여덟 장면으로 그린 〈팔상도〉를 모시고 있다. 낮은 기단 위에 막돌초석을 놓고 두리기둥을 세웠는데, 측면의 두 기둥은 네모기둥이다. 기둥 위에는 주두를 놓고 첨차를 짜올렸으며, 기둥 사이의 창방 위에는 귀면鬼面의 화반을 놓아 도리 밑의 장혀를 받치고 있다. 내부의 대들보 위에는 직접 널판으로 천장을 만들었으며 불단 위에만 우물천장을 설치했다. 대들보나 종보가 2중량 구조를 하여 무위사 극락전이나 도갑사 해탈문과 같은 주

팔상전에는 석가모니의 일대기를 여덟 장면으로 그린 〈팔상도〉와 『화엄경』을 설법하는 모습을 그린 〈화엄경변상도〉가 모셔져 있다.

심포 계통을 하고 있다.

정면 후벽에 〈화엄경변상도華嚴經變相圖〉가 걸려 있는데, 이는 정조 4년 (1780) 가로 2.47미터 세로 2.68미터 되는 종이에 『화엄경』을 설법하는 모습을 그린 복잡한 구도의 그림이다. 〈화엄경변상도〉는 『화엄경』의 방대한 내용을 한 폭의 그림 속에 담은 것이다. 송광사의 〈화엄경변상도〉와 더불어 18세기 후반의 불화를 대표한다.

장경각

원통전의 뒤쪽으로 약간 왼쪽으로 치우친 곳에 각종 경전을 보관하는 장경각이 있다. 정면 3칸, 측면 3칸짜리 팔작지붕인 장경각에서는 특히 돌계단 소맷돌 부분에 조각된 해태와 사자상이 주목을 끈다. 선암사 대부분의 건물과 같은 구조와 형태로 기둥머리에는 창방을 걸치고 그 주위에 주두를 얹어 주심포 형식을 갖고 있으면서 익공 형식을 가미했다. 이러한 양식은 조선 후기 목조건축에서 나타나는데, 주심포와 익공 형식의 전형적인 모습을 혼합한 것이다. 『조선고적도보朝鮮古蹟圖譜』에는 장경각이 2층으로 기록되어 있는데 현재의 건물은 단층이다.

응진전 영역

원통전 뒤 북쪽의 응진전 일곽은 현재 선원으로 쓰이고 있다. 이 일곽은 법당인 응진전을 중심으로 달마전 · 진영당 · 미타전 · 산신각 등의 전각들이 하나의 작은 가람을 이루고 있다. 북쪽 면에 나란히 배열된 달마전과 응진전, 미타전은 순차적으로 밀려나도록 계획되어 변화 있는 영역을 만들고 있다. 대문에서 볼 때는 가지런하게 보이는 것이 독특하다. 달마전 뒤쪽 마당에는 4개의 돌확을 지그재그로 붙여놓았는데, 용출된 지하수가 한 돌확에서 흘러 넘쳐 다른 돌확으로 떨어지기를 4번이나 반복하는 특별한 샘물이다.

응진당

응진당은 석가모니의 설법장인 영산회상에서 유래한 전각으로 『유마경』 등에 나오는 제자들을 모시는 곳이다. 조선시대에는 16나한을 모시는 곳이 일반적이라 나한전 또는 영산전이라고 부르는 곳이다. 선암사에서는 가장 뒤쪽에 있는 작은 승원으로 이 영역의 주불전이다. 중심축 좌편에 달마전, 우측에 진영당이 배치되어 있다.

응진당은 석가모니의 설법장인 영산회상에서 유래한 전각으로 『유마경』 등에 나오는 제자들을 모시는 곳이다.

응진당은 대부분의 사찰에서와 같이 정면 3칸, 측면 3칸의 목조 맞배지붕으로 깬돌을 경사지에 쌓아 높은 축대를 이루며 그 위에 덤벙주초를 놓은 다음 두리기둥을 세웠다. 선암사의 다른 전각처럼 주심포 형식과 익공 형식이 섞여 있으며, 벽면에서 1출목이 튀어나오고 그 위에 장혀 받침인 외목도리를 받치고 있어 단출한 소규모 전각의 분위기를 느끼게 한다. 외진의 평주와 평주 사이에 굵은 대들보를 걸치고 어간에는 우물천장을 설치했으며, 좌우측 툇간에는 소용돌이 문양이 장식된 널판을 천장으로 설치했다.

진영당

응진당 우측에 배치되어 있으며 선암사 큰 스님인 아도화상을 비롯해 도선국사, 대각국사, 사명대사, 서산대사, 무학대사, 나옹화상 등 선암사에 주석했던 큰스님들의 진영을 모셔놓았다. 정면 3칸, 측면 2칸의 작은 건물로 기단 속에 주초가 묻혀 있고 두리기둥이 그 위에 서 있다. 기둥 위에 특별한 장식이 없는 민도리 형식으로 맞배지붕과 팔작지붕을 하고 있다.

화기에는 두 국사의 영정이 1805년 화사 도목에 의해 중수된 것으로 기록되었으며 사명대사, 서산대사, 무학대사 등의 영정은 1904년에 조성했다고 한다. 대각국사 영정은 가로 103센티미터, 세로 127센티미터이며 오른쪽을 향한 측면상으로 의자에 앉아 있으며 보물 제1044호로 지정되었다.

달마전

응진당 왼쪽에 배치되어 있으며 정면 5칸, 측면 6칸의 'ㄱ'자형 건물로 응진당 영역의 요사와 선방 형식을 하고 있다. 원래 중심축과 나란한 건물이 있으나 그 끝을 직각 방향으로 연결해 'ㄱ'자형으로 변했다고 추정된다. 지붕 형식은 응진당 쪽은 맞배지붕, 반대쪽은 팔작지붕이다. 기단에 묻힌 초석 위에 두리기둥을 세우고 기둥머리에 주두를 얹은 민도리 형식을 갖고 있다. 맨 위쪽의 칸은 부엌이며 나머지는 모두 선방으로 사용한다.

미타전

응진당 우측에 나란히 있는 요사 형식의 승방으로 정면 3칸, 측면 1칸의 건물이다. 원래 미타전은 대웅전과 함께 조선시대 사찰에서 2대 불전으로 여기는 중요한 전각이지만, 선암사에서는 상징적인 의미만 갖

고 있다. 미타전의 주존인 아미타불을 모시지도 않고 요사나 선방으로
사용하고 있기 때문이다.

낮은 기단 위에 덤벙 주초를 놓고 두리기둥을 세웠으며 기둥 위에는
특별한 공포 형식을 취하지 않은 민도릿집이다. 양쪽에 평주를 세우고
이들 사이에 대들보를 걸친 다음 그 위에 마룻대공을 세워 종도리를
받치고 있다. 왼쪽 2칸은 방, 오른쪽은 부엌으로 사용한다. 이처럼 두
건물을 선방으로 사용한 것은 대가람 내에 있는 작은 승원으로 독립된
구성 형식을 하고 있기 때문이다.

산신각

응진전 영역에서 매우 특이한 건물이 있는데 바로 산신각이다. 토속
적 민간신앙의 대상으로 엄밀한 의미에서 신앙의 위계상 하단에 속한
다. 선암사도 여느 사찰과 마찬가지로 작은 법당으로 정면과 측면 모두
각 1칸으로 겹처마에 맞배지붕이다. 워낙 내부가 좁아 문 밖에서 예배
를 한다. 일반적으로 산신각에는 호랑이와 산신이 함께 등장하는데 이
곳에서는 기복 신앙의 대상으로 인격체로서 산신, 화신으로서 호랑이
를 숭배하는 매우 흥미로운 예다.

무우전 영역

응진전 영역 옆은 선암사에서 가장 외진 곳인 무우전無憂殿 영역이다.
'ㄷ'자 승방인 무우전이 전면에 놓이고 작은 1칸 법당인 각황전이 뒤쪽
마당 가운데에 있다. 'ㅁ'자형 건물에서 한 변을 뜯어 물려서 법당을 만

들고 마당을 형성한 듯 만들어진 영역이다.

무우전

무우전은 선암사 북쪽, 대웅전 동북쪽에 있다. 얼마 전까지 태고총림 방장실로 쓰였다. 무우전은 'ㄷ'자형의 승방으로 요사채라기보다는 양반집을 연상케 한다. 정면 8칸 반, 측면 6칸으로 전면은 팔작지붕, 양측면의 날개는 맞배지붕이다. 다소 높은 막돌 허튼층쌓기를 한 기단 위에 건물을 세웠다. 툇마루가 설치된 앞뒷면은 두리기둥, 나머지는 사각기둥을 사용했으며 자연식 덤벙 주초다.

각황전

각황전(전라남도 문화재자료 제177호)의 본래 이름은 장륙전이다. 부처의 몸을 장륙금신丈六金身이라 말하는데, 장륙전에는 부처의 모습인 장륙존상을 봉안한다. 1칸 법당으로 단출하지만 화려하고 날렵해 특히 아름답다고 평가된다. 포작은 다포 양식으로 외2출목에 내부는 출목 없이 첨차에 연결되어 가늘고 긴 부재의 끝을 수직으로 절단해 층을 쌓아 올렸다. 목조탑에서 주로 나타나는 무량 구조로 천장에 우물반자가 짜여 있다. 각황전에는 통일신라 말 도선국사 당시에 조성했다고 전해지는 철불좌상이 모셔져 있다.

풍수지리의 대가인 도선국사가 "도량 북쪽의 기氣가 허하여 무전 뒤편 법당 땅 속에 철불을 묻어 그 기를 보충했다"라는 전설이 들어 있는 바로 그 철불이다. 철불은 신라 말기인 9세기에 창건된 실상사·보림사 등 선종가람에서 모셔져 동시대적인 특징이 고스란히 배어 있다.

선암사의 부도

선암사에 상당히 많은 부도와 부도비가 있는데, 이 중 3개가 유명하며 이들 모두 보물로 지정되어 있다. 선암사에 전하는 말에 의하면 동부도(무우전부도)는 아도화상의 부도이고 북부도(선조암터부도)는 도선국사, 대각암부도는 대각국사 부도라고 한다. 이들의 진위는 아직 확인되지 않았지만, 이 3개의 부도를 제외하고 나머지 부도들은 대부분 조선시대에 만들어진 것이다.

무우전부도

무우전부도(보물 제1185호)는 경내에서 가장 외진 무우전 서북쪽으로 약 200미터 떨어져 있는데, 높이 2.51미터로 3기의 부도 가운데 규모가 가장 크다. 무우전부도라는 이름은 『조선고적도보』에 처음 소개되면서 붙여진 것으로 무우전과 거리가 가장 가까울 뿐 아무런 관련이 없으며 특히 아도화상 부도라는 것이 확인된 것은 아니다.

무우전부도는 전체적으로 팔각원당형을 충실히 따르고 있으며, 지붕돌 일부가 파손된 것을 빼고는 기단부에서 상륜부까지 각 부재가 온전하다. 세부를 살펴보면 팔각 지대석 위에 안상이 새겨진 굄대가 놓여 하대석을 받치고 있다. 하대석에는 구름이 치밀하게 조각되었고, 중대석에는 물결무늬가 있다. 중대석과 하대석은 하나의 석재다.

상대석에는 앙화가 조각되었는데, 연꽃 안에 또 다른 꽃무늬가 장식되어 있다. 높은 굄돌 위에 올라선 몸돌은 전체적으로 위쪽이 아래쪽보다 좁은 사다리꼴 모양이다. 각 면에는 문비門神와 무기를 든 신장상이 조각되어 있다.

지붕돌인 옥개석이 기단부와 탑신부에 비해 과장되게 큰 것이 특징인데, 지붕돌 낙수면 경사는 매우 완만한 편이며 지붕면을 따라 경사져 내린 우동마루의 표현이 뚜렷하고 추녀 끝에 귀꽃 장식이 있다. 상륜부에는 노반과 앙화·보개·보주 등이 차례로 남아 있다. 상륜부를 제외한 탑신부와 기단부의 비율이 거의 1:1로 전체 높이 3.3미터다. 제작 시기는 고려시대 초반인 10세기 후반에서 11세기 전반으로 추정된다. 아도화상의 부도라고 전해지는 것이 얼마나 과장되었는지 알 수 있다.

선조암터부도

무성한 차밭을 가로질러 북쪽 산길로 방향을 잡으면 한두 사람이 겨우 지나갈 수 있을 정도로 약 400미터의 좁은 길이 잣나무 숲속으로 이어지는데, 이 숲 깊숙한 산기슭에 보물 제1184호인 선조암터부도가 자리 잡고 있다. 이 부도를 선조암터부도라 부르는 이유는 바로 옆에 선조암이란 암자가 있었기 때문이다. 부도의 주인이 도선국사라는 말은 신빙성이 없다.

선조암터부도는 전체 높이 약 2.4미터로 북부도라고도 불리는데, 상륜부의 보주가 결실되고 보개의 일부와 옥개석 귀꽃 장식 2개가 파손된 것을 제외하고는 거의 완전하게 보존되어 있으며 전체 높이는 2.51미터다. 기단부는 3단이며 하대석의 하단은 팔각으로 전후와 좌우의 4면에 사자상이 부조되어 있고 상단에는 운룡문雲龍文이 양각되어 있다.

탑신부는 팔각이며 전후면에 자물쇠형을 장식했고, 다른 4면에는 신장상을 양각했다. 옥개석은 팔각으로 낙수면에 기왓골이 없이 평평하

대각암은 선암사 대웅전에서 서북쪽으로 등산로를 따라 600미터 정도 길을 걸어 오르면 산 중턱에 있다.

며 합각선의 우동마루는 뚜렷하고 추녀 끝에는 커다란 귀꽃을 장식했다. 이 부도는 통일신라시대의 팔각원당형인데, 탑신부에 비해 기단부가 크고 장식적인 요소 또한 기단부에 치중된 점으로 보아 9세기 말 또는 10세기 초반으로 추정된다.

대각암부도

선암사 대웅전에서 서북쪽으로 등산로를 따라 600미터 정도 길을 걸어 오르면 산 중턱에 대각암이 자리 잡고 있다. 부도는 대각암 뒤쪽 언덕에 있다. 화엄종과 법상종으로 갈라져 대립하고 있는 불교계를 개혁하고자 천태종을 개창한 의천이 선암사를 중창 불사할 때 이 대각암에 머물렀다고 한다.

대각암으로 향하는 길 중간 암벽에 선각으로 새겨져 있는 마애여래입상은 높이가 5미터로 표정과 머리 장식이 독특해 이국적인 인상을 풍긴다.

전체 모습은 팔각원당형으로 옥개석 귀꽃 일부가 파손된 것을 제외하고는 각 부재가 거의 완전하게 보존되어 있으며 전체 높이는 2.5미터다. 방형의 지대석 위 각 면에 안상이 새겨진 팔각의 괴임대가 있고, 그 위로 구름눈이 조각된 하대석이 있다. 좁고 낮은 중대석에 안상이 음각되었고, 상대석 아랫면에 2단의 팔각형 괴임 위에 활짝 핀 연꽃이 있으며 위면에 3단의 각형 괴임대가 팔각으로 둘려져 탑신을 받고 있다.

탑신은 팔각이며 모서리에 기둥을 세우고 앞뒷면에는 문짝과 자물쇠가 조각되었다. 옥개석에는 기왓골이 없고 우동마루가 굵게 표출되었으며, 각 전각에는 귀꽃문이 높게 솟아 있다. 이 부도는 원래 탑신과 기단부가 뒤바뀌어 있던 것을 1985년 원형대로 복원했다.

이 부도를 대각암이라고 하는 것으로 보아 고려시대 천태종을 개창한 대각국사 의천과 연관이 있다고 본다. 옥개석의 장중함, 하대석의 정교한 구름문은 아직도 통일신라시대의 기법이 그대로 남아 있다. 조성 시기는 앞의 두 부도보다는 다소 늦은 11세기에서 12세기경으로 추정된다.

대각암으로 향하는 길 중간에 마애여래입상이 있다. 길 왼편으로 높직하게 서 있는 암벽에 선각으로 새겨져 있는 이 불상은 뛰어난 예술성을 지닌 작품은 아니지만, 높이 5미터로 전남 지역에서는 큰 마애불상 가운데 하나다. 표정과 머리 장식이 독특해 이국적인 인상마저 풍기는데, 고려 중기나 후기에 만들어진 것으로 추정된다.

선암사의 자랑

선암사의 또 다른 아름다움은 꽃나무다. 사시사철 철따라 피고 지는 매화·동백·철쭉·산수유·영산홍·수국·물푸레나무 등 수많은 화목이 있어 이곳이 사찰인지 수목원인지를 분간할 수 없을 정도다. 그 가운데 가장 대표적인 것이 '선암사 매화(천연기념물 제488호)'다. 원통전 뒤에 있는 청매화 고목 한 그루는 선암사의 간판 화목이기도 하다.

매화의 덕목으로는 둥치가 어린 나무보다 고목이 더 귀하고, 꽃망울이 많은 것보다 드문드문 매달린 게 좋고, 활짝 핀 것보다 필 듯 말 듯 하는 게 좋으며, 꽃잎은 겹꽃보다는 홑꽃을 상품上品으로 치고, 홍매보다 청매를 높은 격으로 놓으니 선인의 호사 취미가 어느 정도인지 짐작하고도 남음이 있다. 매화의 본성이 고운 꽃이라기보다 맑은 꽃이요, 달기보다 매운 꽃이니 날이 추워야 제맛이다.

선암사는 사시사철 철따라 피고 지는 꽃나무들로 유명한데, 그중에서 가장 대표적인 것이 '선암사 매화'다.

전남 순천 선암사

선암사의 화장실은 남성용과 여성용 공간이 분리된 채 나란히 놓였는데, 고풍스러운 아름다움을
겸비한 뒷간이다.

매년 3월 선암사는 매화꽃 천지를 이루는데 특히 이 매화를 보기 위
해 선암사를 찾는다는 말도 있을 정도다. 한국에서 천연기념물로 지정
된 매화나무 중 생육 상태가 가장 좋은 것으로 알려진다. 문헌에 전하
는 기록이 없어 수령은 정확히 알 수 없으나, 선암사에서는 약 600년
전 천불전 앞의 와송과 함께 심어졌다고 전한다.

선암사는 전통 화장실 가운데 가장 유명한 대변소, 즉 뒷간을 가지고
있다. 남성용과 여성용 공간이 분리된 채 나란히 놓이고, 그 사이 직각
방향으로 통로를 만든 정자형 건물인데 연령이 400여 년이나 된다. 한
국에서 가장 크고 아름다운 사찰 화장실로 손꼽히는데, 입구에 '싼뒤'
라고 쓰인 간판이 걸려 있다. 왼쪽에서부터 읽어 '간뒤'로 읽히기도 한
다. 선암사의 안내판에는 다음과 같이 적혀 있다.

"선암사의 대변소이다. 이 건물은 앞면 6칸 옆면 4칸 규모의 맞배지

붕(옆에서 볼 때 '八'자 모양)이며 바람을 막을 수 있는 풍판으로 처리되었다. 평면은 정자형으로 북쪽에서 출입하도록 되어 있다. 입구에 들어서면 남자와 여자가 사용하는 칸이 양옆으로 나뉘어 있는데 재래식 화장실에서는 보기 드문 구성이다. 건물은 전후좌우 자연 지형의 고저차를 지혜롭게 이용해서 상부층과 하부층을 분리한 특징이 돋보인다. 정면의 풍판은 가운데와 양끝을 들어 올림으로써 곡선미를 주는 반면 드나드는 사람의 머리 높이를 배려하였다. 건물의 짜임새도 튼튼하고 보존상태 또한 비교적 좋은 편이다. 이 측간은 언제 지어졌는지 정확히 알 수는 없으나 적어도 1920년 이전에 지금의 모습을 갖추고 있었던 것으로 보인다. 전남 지방에서 이와 같은 지금의 평면 구성을 하고 있는 측간 가운데 가장 오래된 건물로 그 가치가 높다. 측간은 '일一'자형 건물로 전체적으로 목재를 사용했다. 지면에서 높게 만들어 악취를 멀리 했으며 통풍이 잘 되도록 살창을 두어 화장실의 기능에 충실하게 지어졌다. 출입구의 박공부분 의장은 일본 건축에서 흔히 볼 수 있는 요소로 이국적이다. 측간 출입구에 설치된 풍판은 이 건물의 특징으로, 풍판 아랫부분의 가운데와 양끝을 약간 들린 곡선으로 처리했다. 임진왜란 때 불타지 않고 남은 건물 가운데 하나로 2001년 6월 5일 전라남도 문화재자료 제214호로 지정되었다."

예부터 가풍家風을 알려면 화장실과 부엌을 보라고 했는데, 크고 깊은데다 깔끔하고 냄새도 없으면서 고풍스러운 아름다움까지 겸비한 정자형의 이 뒷간이야말로 단아한 선암사의 분위기를 고스란히 대변하고 있다. 바닥의 짜임도 우수하고 내부를 남녀 구분한 것이나 많은 사람을 수용할 수 있도록 2열로 배치한 점도 눈에 띈다.

가장 안쪽에 앉아 벽면을 보면, 바깥 숲속 경관이 한눈에 들어온다. 벽의 아랫부분에 살창이 나 있기 때문으로 이 살창은 환기구 역할도 한다. 허물어지기 직전의 건물을 최근 본래 '뒤'의 장점을 잘 살린 채로 보수되었다. 수세식 화장실에 익숙한 현대인으로서는 대변을 보는 사람을 옆으로 볼 수 있어 다소 황당하다는 표정을 보이기도 한다.

충남 공주 마곡사

 충남 공주시 사곡면 운암리의 마곡사는 614미터로 다소 낮은 태화
산 동쪽 산허리에 자리 잡은 대한불교 조계종의 제6교구 본사로 '춘春
마곡'이란 별칭을 갖고 있을 정도로 봄 경치가 수려하다고 알려진다.
제6교구 본사란 충청남도의 절들을 이끄는 조계종 31개 본산 중 하나
로 충남 일원에서 가장 큰 절로, 사찰이 있는 자리는 『택리지』나 『정감
록』에서 전란을 피할 수 있는 10승지지十勝之地의 명당으로 꼽았다. 사
찰을 둘러싸고 태극 모양의 계류가 휘감아 돌며, 두 물줄기가 천왕문
앞에서 만나 흘러내려가므로 산벚나무와 소나무가 어우러진 풍치는
볼수록 사람을 끌어당긴다.

 마곡사는 1851년에 쓰인 『태화산마곡사사적입안泰華山麻谷寺事蹟立案』
에 "초창은 자장이요, 재건은 보조(체징體澄)이며, 3건은 범일梵日이요, 4

건은 도선道詵이며, 5건은 학순이다"라고 한국 불교사상 고명한 승려들의 연관설을 싣고 있다. 특히 백제 무왕 41년(640), 신라 선덕여왕 9년(640), 신라인 자장율사가 창건했다고 하지만 시기적으로 맞지 않는 등 신빙성이 약하다. 삼국 말기, 백제와 신라의 긴장이 고조되던 시기에 백제의 핵심부에 신라의 승려인 자장이 창건했다는 사실도 믿기 어렵다.

그러나 신라시대 말기부터 고려시대 전기까지 약 200년 동안 폐사가 된 채 도둑떼의 소굴로 이용되고 있었는데, 명종 2년(1172) 보조국사 지눌이 제자 수우守愚와 함께 왕명을 받고 중창했다고 알려지므로 연대가 매우 오래되었음을 알 수 있다.

지눌이 처음 절을 중창하려고 할 때의 이야기는 전설로 내려온다. 도둑들에게 물러갈 것을 명했으나 도둑들이 오히려 지눌을 해치려 했다. 이에 지눌이 공중으로 몸을 날려 신술神術로 많은 호랑이를 만들어서 도둑에게 달려들게 했더니 도둑들이 혼비백산해 달아나거나 착한 사람이 되겠다고 맹세했다고 한다. 지눌은 왕에게서 전답 200결結을 하사받아 마곡사를 중창했는데, 이후 조선 세조가 이 절에 들러 '영산전靈山殿'이란 사액을 할 정도로 유명세를 갖고 있었다.

그러나 천하의 마곡사도 임진왜란과 병자호란 때 황폐해졌고 효종 2년(1651) 각순覺淳이 대웅전과 영산전, 대적광전 등을 중수했다. 그런데 1782년에 큰불이 나 500여 칸의 전각이 불타 버렸다. 그러므로 현재의 건물들은 18~19세기 전반에 건설되어 여타 고찰과 같은 고색은 거의 보이지 않는데, 일제강점기 31본산 시대에는 충청남도 지역의 100여 사찰을 관장하는 본산이었다.

마곡사의 현재 건물들은 18~19세기 전반에 건설되었는데, 일제강점기에는 충청남도 지역의 100여 사찰을 관장하는 본산이었다. 마곡사 불이문.

　마곡사의 창건과 사찰 이름에 대해서는 3가지 설이 전한다. 첫 번째는 충청남도 청양군 장곡사와 마곡사, 지금은 없어진 충청남도 예산시 안곡사 세 절을 이 지역에서는 삼곡사라고 불렀고, 긴골·삼골의 이름을 장곡長谷·마곡麻谷으로 바꾸었다는 설이다.

　두 번째는 신라시대의 승려 자장율사가 당나라에 유학할 때의 스승인 마곡보철麻谷寶徹을 기리는 뜻에서 마곡사라고 했다는 설이다. 세 번째는 지눌이 고려 명종 2년(1172)에 사찰을 재건할 때, 방문하는 사람들로 골짜기가 꽉 찬 모습이 삼밭에 삼麻이 선 것과 같아서 붙었다고도 알려진다. 또 하나의 설명은 사찰이 이곳에 세워지기 전에 마麻씨 성을 지닌 사람이 많이 살았기 때문에 마곡사라 했다는 설이다. 신라 말 도선대사는 마곡사 터를 이렇게 칭찬했다고 한다. "삼재가 감히 들지 못하는 곳이며, 유구와 마곡 두 냇물 사이의 터는 능히 천명의 목숨을 구할 만하다."

그 두 개울 사이의 터가 영산전이 자리 잡은 남원이다. 남원 일곽은 안산과 주산을 잇는 자연축과 영산전-강당의 방향을 일치시키고 있는데, 마곡사 전체에서 가장 안정된 지형의 형국을 가진 자리다.

학자들은 남원 일곽에 원래의 가람을 창건했다가, 고려 중기에 사찰을 확장하면서 개울 건너 북원 일곽을 개창한 것으로 추정한다. 새로 개창된 북원 가람에 새로운 전각들이 들어서면서 이곳이 주가람이 되고, 기존의 남원 가람은 영산전 일곽으로 변화되어 부가람이 되었다는 것이다.

마곡사에 현존하는 유적으로 가장 오래된 것은 5층 석탑으로 이는 13세기 몽골의 고려 지배시에 세워진 것이 분명하므로, 그 이전에 사격을 갖춘 가람이 형성되었다고 추정한다. 당시에는 대웅전과 영산전 등 불전과 승방들이 30여 동 건립된 것으로 전하는데 현재의 전각들은 1650년 각순선사가 중수하고, 1782년 큰 화재가 일어난 이후 체규선사가 중건했다고 알려진다.

비대칭의 멋

학자들이 한국 건축의 멋으로 제일 먼저 꼽는 덕목은 비대칭의 대칭이다. 좌우가 같아 보이는데, 한 군데도 같지 않은 공간 구성이 그것이다. 여기에 일직선의 미감도 반기지 않았다. 마곡사 해탈문과 천왕문,

극락교極樂橋로 이어지는 진입 공간의 동선이 직선이 아니고 조금씩 비틀려 자리한 것도 바로 이러한 한국미의 속성이 자연스럽게 반영되었다고 설명한다.

마곡사의 특이한 배치는 가람의 한가운데를 관통하고 있는 개울 때문이다. 즉, 개울을 경계로 남쪽과 북쪽에 별도의 가람이 자리 잡고 있다. 남쪽으로 안거安居 기간에 선방으로 쓰이는 매화당, 마곡사에서 가장 오래된 영산전이 자리하며 북쪽으로 대광보전 중심의 별도 가람이 있다. 전체 규모나 건물들의 크기로 보아 북쪽 가람이 본 절이고 영산전 일곽은 별도의 암자 같은 모습이다.

전통적인 가람의 전각 배치로 보면 마곡사는 산만하기 짝이 없다. 그러나 유심히 보면 북쪽 가람의 영역은 개울의 북쪽만이 아니라 남쪽 영산전 영역의 일부부터 시작됨을 알 수 있다. 다시 말해 영산전 영역 앞에 있는 해탈문과 천왕문은 북쪽 가람에 속하는 전각들이고, 이 문들은 다리를 매개로 북쪽 가람의 중심과 관계를 맺는다. 분리되면서 연속된 절묘한 구성은 다른 어느 사찰에서도 찾아보기 어려운 수법이다.

남원은 가람 배치에 안정된 지형 체계를 갖추고 있다. 즉, 안산과 주산을 잇는 자연축과 영산전의 건축축은 정확하게 일치한다. 자연축과 건축축이 일치한다는 것은 지형 체계가 교과서적으로 안정되었다는 것을 의미한다.

반면 북원의 건축은 자연축과 일치하지 않는다. 이미 정해진 진입로는 자연축(대웅보전 뒷산의 방향)과 어긋나 있기 때문에 자연축을 따라 가람을 배치할 수 없었다. 따라서 북원의 주요 건축물 3채, 즉 5층 석탑, 대광보전, 대웅보전의 건축물은 서로 일치하지 않는다. 즉, 진입부

충남 공주 마곡사

마곡사의 특이한 배치는 한가운데를 관통하는 개울 때문이다. 즉, 개울을 경계로 남쪽과 북쪽에 별도의 가람이 자리 잡고 있다.

에서부터 조금씩 서쪽으로 밀려들어가는 분절된 축들을 갖는다.

지형의 약점을 마곡사의 건축가들은 기막힌 계획 요소로 활용했다. 즉, 왼쪽으로 치우칠 수밖에 없는 진입로를 적극 활용해 매우 입체적인 경관을 조성했다. 다리를 건너 북원에 이르면 5층 석탑과 대광보전, 대웅보전은 정확히 일직선상에 놓은 것처럼 보인다. 치우친 진입로나 서쪽으로 밀려들어간 건물들의 축선을 느낄 수 없다. 그러나 개울 건너편 국사당이 있는 언덕에서는 전혀 다른 경관이 구성된다. 모든 건물이 가장 뒤의 대웅보전을 위해 길을 열어둔 듯하다.

어떻게 개울을 두고 두 가람이 만들어졌는가? 그 해답은 간단하다. 확장할 평지가 북원 지역밖에는 없었기 때문이다. 북원은 여러 가지로 불리한 입지였다. 기존 영역과는 개울로 단절될 수밖에 없었고 지형의 체계도 건축에 그리 유리하지 않았다. 특히 기존의 진입로와 반대 방향을 요구하는 입지였다. 그러므로 해탈문과 천황문을 남원 지역에 세워 진입축과 지형축을 시각적인 장면으로 결합해 궁극적으로 매우 일체화된 가람으로 만들었다.

일단 해탈문을 들어가기 전 남원에 사랑채 같은 기와집 한 채가 보이는데, 나무 등걸을 그대로 기둥으로 살려 자연스럽게 세워놓았다. 만공 스님이 마곡사에서 공부할 때 기거하던 곳으로 작은 마루 문지방 위에 우화궁雨花宮과 수선사修禪社 현판이 나란히 걸려 있다.

해탈문을 들어서면 좌우로 벌여선 금강역사상과 문수동자상, 보현동자상이 맞아주며 해탈문을 지나 사천왕문에 이르면 본격적인 사찰 구역으로 들어선다. 이곳 역시 동방지국천왕, 서방광목천왕, 남방증장천왕, 북방다문천왕의 네 천왕이 부처 세계의 문지기로 늠름하게 서 있다. 악귀를 발밑에 깔고 있고 거대한 크기지만 다소 어수룩해 보이는 모습이 조선 후기 소조불로서 모셔진 천왕상들의 전형적인 모습이다.

대부분의 사찰은 초입에 개울이 있어 몸과 마음을 씻게 하면서 사찰 영역이 시작되는데, 마곡사는 이와는 달리 개울을 사이에 두고 크게 두 영역으로 나뉜다. 우선 해탈문과 천황문을 지나 개울을 건너기 전에 왼쪽으로 들어가는 곳은 영산전 영역이다. 이곳에 명부전과 국사당이 있으므로 주로 저승세계를 관장한다고 볼 수 있다.

'영산靈山'은 영취산靈鷲山의 준말로, 중인도 마가다국 왕사성 부근에 있는 산으로 석가모니가 설법을 한 곳이다. 영산전(보물 제800호)은 마곡사에서 가장 오래된 건물로 정면 5칸, 측면 3칸으로 겹처마 맞배에 박공을 댄 지붕이다. 칸살이 넓고 지붕이 높이 솟지 않아 평평한 느낌

영산은 중인도 마가다국 왕사성 부근에 있는 산으로 석가모니가 설법을 한 곳이다. 영산전은 마곡사에서 가장 오래된 건물로 정면 5칸, 측면 3칸으로 겹처마 맞배지붕이다.

을 주는데, 기둥은 배흘림을 한 주심포계다. 자연석 기단 위에 덤벙 주초를 놓고 배흘림이 강한 원주를 세웠다. 기둥 윗부분에는 창방을 끼우고 주상에만 공포를 짜올린 주심포식 건물로 공포와 공포 사이에는 화반을 끼워두었다.

공포는 앞면과 뒷면이 조금 다른데 앞면과 뒷면 모두 2출목 3익공식이지만 앞면은 제공提栱(첨차와 살미가 층층이 짜인 공포) 끝을 운공 형식으로 조각하고, 뒷면은 제공 끝을 첨차 형식으로 마무리했다. 따라서 앞면의 공포는 매우 화려하게 보인다. 양 측면에는 풍판을 달지 않았고, 박공판으로 마감을 해서 측면 구조가 그대로 노출되어 있다.

지붕은 1고주 5량집 구조이며, 천장은 우물반자를 2단으로 처리한 층급 천정이며 바닥은 우물마루다. 내부 불단은 'ㄷ'자 모양으로 조성하고, 삼존불과 천불을 병렬 배치했다. 창호는 앞면 모든 칸에 3분합문을 달았는데, 어칸 살은 교살문이고, 나머지는 '정#'자 살문이다. 측면에 앞면 쪽으로 출입문을 하나씩 설치했다.

임진왜란 후인 효종 2년(1651)에 건설되었지만, 조선 초기의 전형적인 요소(주심포, 첨차, 대흘림 등)를 많이 지니고 있는데 특히 단청이 퇴락해 옛 멋이 한껏 살아난다. 앞쪽은 겹처마지만 뒤쪽은 홑처마로 지붕 길이도 같지 않아 옆에서 보면 앞으로 쏠린 느낌을 주는 등 건축적으로 매우 독특하다.

영산전의 특이한 점은 현판이 조선시대 세조가 쓴 글씨일지 모른다는 설명이다. 세조는 『금오신화』를 쓴 매월당 김시습이 마곡사에 있다는 말을 듣고 찾아왔지만, 정작 김시습은 만나지 못하고 글씨만 남기고 갔다는 것이다. 그러나 일부 학자들은 영산전의 개축연대를 보면 15세기 때 사람인 세조의 글씨가 임진왜란 때에도 살아남았을지는 의문시된다는 지적이다.

내부에는 7구의 불상과 그 주위를 둘러싼 1,000여 구의 작은 불상이 앉아 있어 천불전이라고도 불린다. 그러므로 전각 이름과는 달리 '천불전'의 내부다. 보통 영산전은 설법하는 석가불과 10대 제자상 정도만 안치되는 데 비해, 이 전각은 영취산에서 『법화경』을 설법하는 석가불을 포함한 과거 7불과 설법을 듣는 수많은 군중의 '영산회상' 광경을 재현하고 있다. 영산전 바로 옆에 벽안당碧眼堂과 매화당梅花堂 등이 있으며, 염화당拈花堂·연화당蓮華堂·매화당梅花堂 등 승려가 거처하는 요사채가 배치되어 있다.

충남 공주 마곡사

조선시대 세조가 썼다는 영산전의 현판은 15세기 때 사람인 세조의 글씨가 임진왜란 때에도 살아남았을지 의문시된다.

극락교 아래 태화산에서 흘러내린 계곡물이 흐르는데, 느티나무 고목 사이로 대광보전과 5층 석탑이 눈에 들어온다. 대적광전 뒤 대웅보전이 지붕을 얹어놓은 듯 보이며 대웅전이 전각에 가려 뒷전에 밀려 있다. 뒷동산 봉우리가 대웅전 추녀선과 맞물려 건축물이 자연의 산세와 어울린다.

극락교를 지나 곧장 가면 마곡사의 중심 공간인 대광보전 영역에 이른다. 뒤쪽의 대웅보전은 산지의 좁은 터에 가파른 돌 축대 위에 2층으로 서 있다. 심검당과 맞은편에는 16나한을 모신 응진전이 있다.

마곡사 들어가기

마곡사는 유네스코 세계문화유산에 선정될 정도로 수많은 문화재를 갖고 있다. 지정문화재로는 보물 7점, 충청남도 유형문화재 6점, 충청남도 문화재자료 5점 등 총 18점이 있다. 현존하는 건물로는 극락교를 사이에 두고 보물 제799호 마곡사 5층 석탑, 보물 제801호인 대웅보전, 보물 제800호인 영산전, 보물 제802호로 천장의 무늬가 아름다운 대광보전이 있으며, 강당으로 사용하는 흥성루興聖樓, 충청남도 문화재자료 제66호 해탈문, 충청남도 문화재자료 제62호 천왕문, 충청남도 문화재자료 제63호 국사당, 16나한과 2구의 신장을 모신 충청남도 문화재자료 제65호 응진전, 충청남도 문화재자료 제64호 명부전이 있으며, 응진전 맞은편에는 요사채로 충청남도 유형문화재 제135호인 심검당이 'ㄷ'자형으로 크게 자리 잡고 있다.

또한 보물로 제269호 『감지은니묘법연화경紺紙銀泥妙法蓮華經』, 보물 제270호 『감지금니묘법연화경紺紙金泥妙法蓮華經』 제6권, 보물 제1260호 〈마곡사 석가모니불괘불탱麻谷寺 釋迦牟尼佛掛佛幀〉이 있다.

유형문화재로 충청남도 유형문화재 제20호 마곡사 동제은입사향로麻谷寺 銅製銀入絲香爐, 충청남도 유형문화재 제62호 마곡사 동종麻谷寺 銅鐘, 충청남도 유형문화재 제135호 마곡사 심검당과 고방庫房, 충청남도 유형문화재 제181호 마곡사 표고당 범종, 충청남도 유형문화재 제185호 대웅보전 목삼세불상, 충청남도 유형문화재 제191호 〈공주 마곡사 영산회상도〉가 있다.

해탈문을 지나면 속세를 벗어나 부처님의 세계, 즉 법계에 들어가게 되며 '해탈을 하겠다'는 원력을 갖게 된다.

해탈문

해탈문은 마곡사의 정문으로 태화산 남쪽 기슭에 자리 잡고 있다. 이 문을 지나면 속세를 벗어나 부처님의 세계, 즉 법계法界에 들어가게 되며 '해탈을 하겠다'는 원력을 갖게 된다고 전한다. 해탈문은 추녀 밑에 처마의 하중을 받고 장식도 겸해 나무쪽을 짜 맞춘 도구를 여러 개 배치한 겹처마 팔작지붕이다. 정면 3칸, 측면 2칸으로 기둥과 기둥 사이에 모두 판장벽으로 막았다. 공포는 3제공 형식으로 제공 상부에 조두형鳥頭形 돋을새김을 하고 있으며 제공에는 연꽃을 조각했다. 정면의 중앙 칸을 개방해 통로로 사용하고 있으며 양편에 금강역사상과 보현동자상, 문수동자상을 봉안하고 있다.

천왕문은 마곡사의 두 번째 문으로 중앙 칸에는 동서남북의 불법을 수호하는 호법신장인 사천왕 상을 조성했다.

천왕문

천왕문은 마곡사의 두 번째 문이며 정면 3칸, 측면 2칸으로 해탈문과 규모가 거의 같다. 그러나 천왕문은 1출목 익공식 공포를 짜올리고 전후면 공포 사이에는 화반을 하나씩 설치한 겹처마 맞배지붕으로 된 박공지붕이 해탈문과 다르다. 중앙 칸에는 일반 사찰의 천왕문과 마찬가지로 동서남북의 불법을 수호하는 호법신장인 사천왕상을 조성했다.

대광보전

대광보전은 마곡사의 중심이 되는 건물로 정조 12년(1788)에 만들어졌으며, 1831년에 중창되었다. 정면 5칸, 측면 3칸의 다포계 팔작지붕 건물이며 지붕가구는 무고주 7량집이다. 비록 단층의 불전이지만,

기둥과 부재들이 견실하게 결구되어 있어 뒤편 중층 대웅보전보다는 훨씬 우람하고 견고해 보인다. 동남부 모퉁이의 기둥은 지름이 1미터 정도로 지나칠 만큼 두터운데, 뚜렷한 민흘림이 있는 이 기둥은 뒤편 대웅보전으로 동선을 유도하는 역할도 일부 담당한다.

내부에는 불상이 안치된 불단이 동쪽에 있어서 내부 공간의 방향과는 직각을 이루게 된다. 그러나 불규칙하게 세워진 고주들의 기둥열은 내부의 공간적 방향성과도 무관하다. 아마도 여러 차례 중창과 중수를 거치면서 현재와 같이 변한 것으로 보인다.

대광보전의 특징은 불상 배치와 목구조의 구성 기법이다. 일반적으로 불전에서 불상은 건물 안쪽 후불벽을 배경으로 안치하는 데 비해 마곡사 대광보전은 건물 안 서쪽 벽쪽에 후불벽을 만들었다. 목구조는 자연목을 다듬지 않고 그대로 기둥에 사용하고, 화려한 조각 장식이 곳곳에 다양하게 설치된 조선 후기의 건축 구성 기법을 보인다.

탑의 수직성을 보완하듯이 수평으로 듬직하게 앉아 있는 이 대광보전은 보물 제802호로 조선 후기인 정조 12년(1788)에 세워졌다. 대광보전의 현판은 영·정조 시대 예원의 총수였던 표암豹菴 강세황姜世晃의 글씨다.

건물 안에 본존인 비로자나불이 법당의 서쪽에 동쪽을 향해 모셔져 있어 내부 공간의 방향과는 직각을 이루게 된다. 이런 배치는 영주 부석사 무량수전에서처럼 서방 극락을 주재하는 아미타불이 앉아 있는 방식인데, 이곳에서는 비로자나불이 이들 법식을 차용하고 있다. 그러나 불규칙하게 세워진 고주들의 기둥열은 내부의 공간적 방향성과도 무관하다. 아마도 여러 차례 중창과 중수를 거치면서 현재와 같이 변한

대광보전은 단층의 불전이지만, 기둥과 부재들이 견실하게 결구되어 있어 대웅보전보다는 훨씬 우람하고 견고해 보인다.

것으로 보인다.

비로자나불은 자장율사가 당나라 왕에게서 선물받은 인도의 향단목으로 만들었다는 이야기가 전해 내려오기는 하지만, 양식으로 보아 조선시대 불상이다. 원본은 전란에 불탔을 것으로 추정되지만, 창건 때에 모셨던 불상에 관한 전설이 그대로 전해 내려온 것으로 본다.

비로자나불의 후불탱화가 화려하지만 뒤로 돌아가면 뒷벽에 관세음보살 벽화가 있어 눈길을 끈다. 벽면을 가득 메우는 이런 관세음보살상은 고려 말기에 성행했던 수월관음도 형식이 조선 초기에 후불벽에 그려진 전통으로 강진 월출산 무위사의 극락보전에도 입상의 수월관음도가 있다.

바닥에 참나무 껍질로 만든 30평 정도의 삿자리가 깔려 있는데, 상당히 의미 있는 전설이 내려온다. 조선 후기 전쯤에 한 앉은뱅이가 불구를 고치러 부처님께 백일기도를 드리려고 찾아왔다. 그는 백일기도를 드리는 동안 법당 마루의 삿자리를 짜겠다고 자청했다. 100일 동안 하루도 거르지 않고 30평의 자리를 짜면서 법당에 봉안된 비로자나불에게 자신의 불구를 낫게 해줄 것을 기도했다. 100일 뒤 일을 다 끝내고 밖으로 나가는데 자신도 모르게 일어서서 법당 문을 걸어나갔다고 한다. 한편 대광보전 내부에 연輦(왕이 타는 가마)이 있는데, 조선 세조가 마곡사에 은거한 김시습을 만나러 왔을 때 타고 왔다고 전해진다.

대웅보전

대광보전 뒤에는 멀리에서 보면 지붕 하나가 불쑥 솟아 보이는데, 한국에서 좀처럼 보기 드문 중층 2층의 팔작지붕 대웅보전으로 내부는 통층으로 뚫려 있다. 1층은 정면 5칸, 측면 4칸, 2층은 정면 3칸, 측면 2칸 규모의 당당한 건물이다. 이런 중층 건물은 화엄사 각황전, 부여 무량사 극락전, 법주사 대웅전과 함께 4개 밖에 안 되는 조선시대 중층 불전으로 모두 내부는 통층으로 뚫려 있다.

크고 작은 자연석 허튼층쌓기로 기단을 축조한 다음 덤벙 주초로 초석을 삼았다. 배흘림기둥에, 내진 고주가 상층까지 뻗어 위층의 변주가 되는 통층 구조라 내부 공간이 매우 넓어 보인다. 기둥머리에서는 창방 위에 평방을 놓았고, 공포는 다포식으로 짜올렸다. 공포 구조는 상하층 모두 내외 3출목이며, 제공은 쇠서형이고, 상부에 연화와 봉황머리를 조각해두었다.

대웅보전은 좀처럼 보기 드문 중층 2층의 팔작지붕으로 내부는 통층으로 뚫려 있다.

중층 건물을 올리면서 처마가 깊어지므로 추녀마루 끝 네 곳에 활주를 받쳤다. 현판은 신라시대의 명필 김생金生의 글씨라고 하나 확실하지는 않다. 임진왜란 당시 일본인의 방화로 사찰이 불탔는데 현판이 스스로 떨어지면서 날아가 절 앞의 연천물에 잠겨 화를 면했다는 이야기가 전해진다.

대웅보전 천장의 고색창연한 단청은 장엄하다. 예불의식 도구인 목어·운판·북·종의 사물四物 가운데 마곡사 목어는 완주 화암사, 승주 선암사 목어와 함께 현존하는 가장 아름다운 것으로 평가된다.

바닥에는 우물마루를 깔았고, 천장은 우물반자다. 창호는 정면과 측면 일부에만 달았다. 정면 아래 가운데 3칸에는 세살문 3분합문을 달

충남 공주 마곡사

왔고, 양 측면 협칸에는 정자살 분합문을 달아두었다. 위쪽에는 3칸 모두 가로로 긴 교살문 광창을 달았다. 측면에는 하층 정면 쪽 협칸에만 정자살 홑문을 달아두었다. 뒷면의 경우 하층 가운데 3칸에만 골판분합문을 달았다. 임진왜란 때에 불탔다가 조선 효종 2년(1651)에 중수했는데, 또 불이 나 그 뒤에 다시 건축했다.

중앙에 석가모니, 서쪽으로 아미타여래, 동쪽으로 약사여래를 모셨다. 다만 약사여래는 그 특징인 약합을 들고 있지 않고 아미타여래와 똑같은 손 모양을 하고 있다. 정면 문의 칸살이 단순한 격자에서 벗어난 빗꽃살이다. 그 안에 손때 묻은 4개의 싸리나무 기둥이 있는데, 건물의 기둥을 안고 한 바퀴 돌면 6년을 장수한다는 전설이 전한다.

또 다른 전설은 저승에서 염라대왕 앞에 가면 "마곡사 싸리나무 기둥을 몇 번이나 돌았느냐?"고 묻는다고 한다. 많이 돌았을수록 극락길이 가깝고 아예 돌지도 않았다면 지옥으로 떨어진다고 하여 많은 사람이 기둥을 붙들고 돌기 때문이라고 전해진다.

5층 석탑

연대적으로 볼 때 마곡사에서 가장 오래된 유물은 5층 석탑으로 일명 다보탑으로 불린다. 한국의 일반적인 탑과는 달리 상륜부에 금속으로 된 탑 모양이 모자를 쓴 듯이 얹고 있어서 특이하다. 이런 청동제의 보탑을 풍마동風磨銅이라고 하는데, 본래 티베트와 네팔에서 발전한 라마교에서 영향을 받은 인도탑의 모양이다. 한국에서는 고려 말기에 원나라의 영향을 받을 때에 라마교 양식을 본뜬 탑과 불상이 만들어졌으므로 이 탑의 축조 연대도 이 당시로 거슬러 올라간다.

라마교는 티베트와 네팔 등지에서 발전한 밀교의 한 계통으로 밀교는 대승불교보다 더욱 복잡한 우주론을 가진다. 이민족으로 구성된 원나라는 중국 전래의 대승불교보다 서역에서 성행했던 라마교를 국교로 삼았고 이후 청나라도 라마교를 왕실 불교로 받아들였다. 현재의 중국 불교계에서도 라마교 계열이 주력이다. 따라서 중국 전역에 원-청대에 조성된 탑은 거의 전부 라마교의 보탑-풍마동을 갖추고 있다.

탑은 전체적으로 세장細長한 5층 석탑으로 탑신이 8.7미터로 홀쭉하게 뻗은 데다가 지붕돌의 처마가 좁고 반전이 심해 상승감이 크게 강조되어 낮은 체감율로 불안정하게 보인다. 1층 몸돌 남면에는 자물쇠 모양, 2층 몸돌에는 4면에 소박한 부처가 새겨져 있고, 5층 지붕돌에는 추녀 끝에 풍경이 달려 있다.

지대석은 2단으로 지상에 노출된 상단에는 안상을 조각하고, 몰딩으로 장식했으나 상·하대 갑석은 아무런 장식이 없는 장판석으로 조성했다. 기단은 방형 중층 기단이며, 상·하층 기단의 폭은 거의 비슷하다. 폭에 비해 높이가 높아 얼핏 보면 단층 기단으로 보이지만 각 층의 몸체(옥신)와 지붕(옥개)은 단일 석재로 치석治石해 올렸다. 초층 몸체 모서리에는 우주를 새겼고, 앞면에는 자물쇠를 조각했다.

2층 몸체 4면에 사방불을 양각으로 조각했으며 3층에서 5층까지는 몸체에도 모서리에 우주를 양각으로 새겨두었다. 각 층의 지붕돌은 모두 2단이며 층급을 만들어 몸체와 맞물리게 하고, 처마와 추녀는 곡선으로 급격히 올라가도록 만들었다.

학자들은 풍마동은 원나라에서 직접 수입한 완제품으로 추정한다. 청동 주물로 만들었지만 전체적인 형상뿐 아니라 각 부분의 조각과 장

충남 공주 마곡사

5층 석탑은 상륜부에 금속으로 된 탑 모양이 모자를 쓴 듯이 얹어 있는데, 라마교에서 영향을 받은 인도탑의 모양이다.

식이 완벽하기 때문이다. 이 정도 제품의 거푸집을 만들려면 대량생산 체제가 필요한데 고려시대에 그만한 수요가 있었을 것 같지 않다.

원의 지배하에 있던 고려에서 라마교의 열풍은 충분히 짐작할 수 있는 일이다. 고려 말의 한국 불교에 갑자기 밀교적 색채가 농후해진다는 점도 이를 반영한다. 상당수의 승려들이 라마교로 개종했고 중국의 많은 라마승이 집단으로 고려로 들어왔다. 라마교의 문화도 유입되어 당시 서울인 개성에 많은 라마보탑이 건설되었다고 추정된다.

그러나 지방 사찰에서는 라마교나 라마 건축은 그다지 환영받지 못했다고 여겨진다. 현존하는 고려시대의 유구들 속에서 라마교의 영향을 거의 찾아볼 수 없기 때문이다. 특히 원의 지배가 끝나자 라마교의 흔적을 모두 지웠을 가능성은 거의 없다고 추정된다. 고유한 고등 종교가 없던 몽골이나 만주족들은 이국의 라마교를 쉽게 수용했지만 이미 선종과 교종의 탄탄한 불교 교단을 가지고 있었던 고려에 라마교가 뿌리내리기 어려웠을 것이라는 지적이다. 물론 친원파들이 판을 치던 개성의 경우 경천사 10층 석탑을 볼 때 원의 문화와 라마교 문화가 저항 없이 받아들여졌을 것임은 틀림없다.

그러나 한국은 고유한 생활양식과 사상을 갖고 있으므로 이질적인 풍습과 건축 등이 제대로 뿌리내리지 못했다. 특히 압제자들의 흔적을 청산하려는 민족의식이 큰 요인이 되어 상당수 이질 문화를 배척했는데 36년간의 일제강점기 동안 한국에 그 유산이 많지 않은 것을 보아도 알 수 있다.

탑 속에 금이 들어 있다 하여 도굴꾼에게 몇 차례 유실되는 수난을 겪기도 했는데, 그때마다 병마가 찾아와 견디지 못한 도굴꾼들이 다시

충남 공주 마곡사

제자리에 놓았다고 한다. 임진왜란 때 탑 안의 보물들이 도난당했지만 1972년에 수리할 때 동제은입사향로와 문고리가 발견되어 보물이 있다는 말이 사실이라는 주장도 있다. 이 탑은 전 국민의 3일 기근을 막을 만한 가치가 있다는 전설이 있으며, 한국에서는 희귀하면서 귀중한 탑으로 알려진다.

명부전

지구에서 일단 태어난 생명체는 모두 죽음을 맞이한다. 생자필멸生者 必滅로 자연의 이치다. 그런데 불교에서는 자신의 업보와 윤회에 대해 얼마나 확신하느냐고 질문한다. 믿는다는 사람들이 있지만 그리 확신하지 못하는 경우가 많은데 명부전은 바로 죽음에 대해 한 번 더 생각해보면서 그동안의 잘못을 참회하고 소멸하는 데 선용되는 기도처다.

지장보살은 지옥에서 고통 받는 모든 중생까지 다 구제한다고 알려진 보살이다. 그러므로 지장보살에게 기도하면 과거의 업보와 죄를 소멸할 수 있다고 알려진다. 그러므로 지장보살을 모시고 있는 명부전은 사찰 안에서 특히 좋은 기운이 모인 곳에 있다. 마곡사 명부전은 중앙에 지장보살을 중앙 불단에 모시고 있으며 'ㄷ'자형 불단을 만들어 저승의 심판관인 시왕을 모셨다.

심검당

심검당은 스님들이 일상생활을 하는 데 사용하거나 신도들이 거처하는 방으로 요사체 역할을 한다. 건물은 'ㄷ'자 형으로 온돌방과 부엌, 마루를 만들어 조선시대 상류층 가옥과 비슷한 구조로 되어 있다. 기둥

모든 생명체는 죽음을 맞이한다. 명부전은 바로 그 죽음에 대해 한 번 더 생각해보면서 과거를 참회하는 기도처다.

은 네모기둥과 두리기둥을 복합해 세웠고 마루 한편에 목어와 범종 등이 보관되어 있다.

『감지금니묘법연화경』 제6권, 『감지은니묘법연화경』 제1권

이들 연화경은 고려시대인 1388년 감색 종이에 은박으로 글씨를 쓴 것이다. 기록이 없어 사경寫經 연도를 알 수 없으나, 정성들여 맑고 근엄하게 쓴 글씨, 섬세하고 정교하며 아름답게 그린 변상도, 경명經名을 중심으로 금·은니로 장엄하게 묘사된 표지 등이 돋보인다. 글씨는 고려 말기의 법주사자정국존비法住寺慈淨國尊碑·신륵사보제존자석종비神勒寺普濟尊者石鐘碑 등과 비슷한 서풍을 보여준다.

우왕 14년(1388) 노유린盧有麟의 시주로 사성된 것으로 『묘법연화경』 7권 가운데 제6권이다. 경전 신앙에 의해 개인의 공덕을 빌기 위해 사경한 것으로 다른 것에 비해 전체적인 품격은 떨어지지만, 권말에 사기 寫記가 있어 사경 연도를 정확하게 알 수 있는 점에서 그 가치를 높게 평가받았다. 마곡사 소유이지만 현재 국립중앙박물관에 보존되어 있다.

석가모니불괘불탱

〈마곡사 석가모니불괘불탱〉은 조선 후기의 불화로 숙종 13년(1687)에 능학能學, 계호戒湖, 최순崔順, 처묵處默, 인행印行, 정인精印의 6명 화사畵師가 그린 것이다. 연꽃을 든 보살신菩薩身에 '천백억화신석가모니불千百億化身釋迦牟尼佛'의 존명은 주존불이 법신 비로자나삼신불의 화신 석가모니불임을 알려준다. 이 탱화가 높은 가치를 인정받은 것은 각 존상마다 명칭이 밝혀져 있어 도상학적인 연구에 매우 귀중한 자료를 제공하기 때문이다.

석가불의 협시보살로 수기삼존을 의미하는 미륵보살과 제화갈라보살提花渴羅菩薩을 포함한 6대 보살, 10대 제자, 범천과 제석천, 사천왕, 천자天子, 아수라, 용왕, 벽지불辟支佛(스승 없이 혼자 깨달은 이) 등의 많은 권속이 둘러싼 군도群圖식 구도다. 6대 보살은 합장한 미륵보살과 제화갈라보살, 여의를 든 문수보살과 경책을 얹은 연꽃을 든 보현보살, 보관에 화불이 묘사된 관세음보살과 정병淨瓶이 나타난 대세지보살이 중간에 배치되었다.

하단에는 사천왕이, 상단에는 10대 제자, 아사세왕阿闍世王, 아수라왕, 가루라왕迦樓羅王, 용왕 등 총 34구의 권속이 화면 가득히 배열되었다. 모란 덩굴무늬의 장식적인 광배와 밝고 부드러운 색감, 화려한 문양, 유려한 필선의 형태 묘사는 17세기 후반기를 대표하는 걸작에 속한다.

석가모니불괘불탱이 높은 가치를 인정받은 것은 각 존상마다 명칭이 밝혀져 있어 도상학적인 연구에 귀중한 자료를 제공하기 때문이다.

뒷면에 1832년 4월에 수륙재水陸齋, 1904년 9월 23일에 49재四十九齋를 위해 이 괘불탱을 모셨으며, 신묘년辛卯年에 개수했다는 기록이 보인다. 따라서 이 석가모니불괘불탱은 수륙재, 49재 등 영혼을 천도하는 목적의 큰 법회 행사 때 사용된 것이 확인되었다.

부속암자

부속암자로 심정암深淨庵·부용암芙蓉庵·북가섭암北迦葉庵·토굴암土窟庵·백련암白蓮庵·영은암靈隱庵·대원암大願庵·은적암隱寂庵 등이 있다. 백련암에서 바라보는 전망이 특히 빼어나며, 북가섭암의 바위 뒤에 있는 천미장군수天米將軍水는 뛰어난 약수다. 또 마곡사 앞 냇가 암벽에는 부여 고란사에만 있는 것으로 알려졌던 고란초가 자생하고 있다.

충북 보은 법주사

충북 보은군 법주사가 있는 속리산은 '속세를 떠난다'는 뜻을 지니고 있는 조선 8경 중 하나다. 명산인 동시에 미륵 부처와 인연이 깊은 불교의 성지로 알려진다. 신라 때는 5악(하늘에 제사를 올리던 5개의 산) 중 하나로 중악中嶽으로 불렸다. 속리산 주능선에는 아홉 봉우리가 있어 구봉산이라고도 하는데, 모두 바위로 된 암봉岩峯이며 광명산 · 지명산 · 미지산 · 구봉산 · 형제산 · 소금강산 · 자하산 등의 이름으로도 불린다.

속리산 이름의 유래는 법주사가 창건된 지 233년 지나 신라 선덕왕 5년(784) 진표율사가 이곳에 이르렀을 때 들판에서 밭갈이 하던 소들이 전부 무릎을 꿇고 진표율사를 맞이했다. 이를 본 농부들이 짐승들도 저렇게 뉘우치는 마음이 절실한데, 하물며 사람에게는 오죽하랴 하며 머리를 깎고 진표율사를 따라 입산수도하는 사람이 많았다는 데서 연유했다고 한다. 원래 법주사의 옛 이름은 길상사로 길상초가 나는 곳에 창건했다는 이야기도 전해진다.

속리산은 충청북도 보은군과 경상북도 상주군에 걸쳐 있지만, 흔히 보은의 속리산으로 불린다. 법주사가 대부분 보은 땅에 있기 때문으로 보인다. 산 속에 있으면서도 평탄하고 넓은 터전에 골라 앉은 법주사는 수많은 국보와 보물, 지방문화재 등을 지녀 보은의 얼굴 구실을 한다. 또한 괴산 땅에 속하지만 같은 속리산국립공원에 드는 화양동 계곡은 바위와 숲, 계류가 어울려 빚은 좋은 경치로 예부터 '금강산 남쪽에서 으뜸가는 산수'라 일컬어졌다.

한국 명산들의 가장 높은 봉우리 중에는 비로봉이나 천왕봉이라 불리는 곳이 많이 있다. 천왕봉은 하늘에 계신 만물의 주재자가 거처하는 곳이다. 한국 고대신앙에서 천황을 상제上帝 혹은 하느님이라 부르며 우주에서 가장 높은 존재다. 반면에 비로봉은 최고의 부처이며 불성佛性 자체로 인식하는 비로자나불에서 따왔다. 그러므로 천왕봉이 있으면 비로봉이 없고 비로봉이 있으면 천왕봉이 없다. 우주의 주재자는 하나로 생각했기 때문이다.

오대산, 소백산, 치악산 등의 최고봉도 비로봉이다. 지리산, 계룡산, 태백산 등의 최고봉은 천왕봉으로 비로봉이 없다. 그런데 유독 속리산에만 천왕봉과 비로봉이 함께 있다. 속리산에 천왕봉과 비로봉이 함께 있는 것은 속리산이 고대신앙과 불교의 성지이기 때문으로 추정된다. 불가에서는 속리산 천왕봉에 천계의 천왕이 머문다고 생각했다. 대자재천大自在天의 천왕인데 해마다 2월에 법주사에서 45일간 머물며 속리산의 산성山城들을 수호해준다고 한다. 대자재천은 세상의 모든 욕망을

속리산은 '속세를 떠난다'는 뜻을 지니고 있는 조선 8경 중 하나다. 그 산 속에 있으면서도 법주사는 평탄하고 넓은 터전에 골라 앉아 있다.

깨끗이 비운 사람들이 가는 곳으로 대자재천왕은 대자재천 사람들을 더 높은 하늘 세계로 인도해주는 큰 스승이다. 법주사는 대자재천왕이 해마다 다녀가는 도량이다. 또한 법주사는 신라시대부터 미륵 부처와 인연이 매우 깊다.

　법주사 뒤편 수정봉 중턱에 '거북바위'라는 너럭바위가 있다. 생김새가 거북이와 똑같은데 목 부분이 잘렸다가 다시 붙은 흔적이 있다. 속리산 일대에서 풍수가들은 이 거북바위의 정기를 받은 큰 인물이 나온다고 말했다. 그런데 거북이가 바라보는 곳이 서쪽이므로 중국인들도 그를 받들고 섬기게 된다는 이야기다. 이 일 때문에 거북바위는 수난을 당한다.

　임진왜란 때 조선을 도우러 온 명나라 장수인 이여송이 이와 같은 이야기를 들었다. 이여송의 할아버지는 조선인인데, 그는 조선을 선조의 나라로 생각하지 않고 오로지 중국만이 그의 조국이었다. 그런데 이 소국에서 큰 인물이 나와 중국도 거느린다고 하니 두려움을 느끼지 않을 수 없었다. 그는 거북바위의 목을 자르고 잔등에 10층 석탑을 세웠다. 목이 잘리고 등에 무거운 석탑을 지고 있으니 거북이가 힘을 쓰지 못한다는 해석이다.

임진왜란이 끝난 후 1653년 법주사의 각성스님, 옥천군수 이두양, 충청병사 민진익, 충청도 관찰사 임의백 등이 거북이의 목을 다시 붙이고 탑을 헐어버렸다. 거북바위에는 지금도 탑의 잔해가 여기저기 널려 있다. 혹자는 명나라 군사들에게 거북바위의 정기가 크게 훼손되었지만, 400여 년이 지났으므로 그 기운이 되살아나 머지않아 큰 인물을 배출하게 될 것으로 추정하기도 한다.

문화재의 보고

보은군 안에 있는 지정문화재의 절반 이상이 법주사를 비롯한 속리산 일대에 있는데, 그중에서 국보 3점은 모두 법주사에 있다. 국보나 보물로 인해 법주사는 한국에서 가장 유명한 사찰이지만, 법주사가 많은 사람에게서 사랑을 받아온 것은 입구의 숲길도 한몫을 한다. 참나무와 소나무, 전나무가 우거져 하늘이 보이지 않는다는 말을 듣고 있는 이 숲은 길이가 무려 오 리(약 2킬로미터)쯤 된다고 하여 '오리숲'이라는 애칭을 갖고 있다. 초여름의 신록과 가을의 단풍 등 철 따라 그림을 달리하는데 물고기들이 환히 들여다보이는 맑은 계곡물은 덤이다.

오리숲이 끝나는 지점에 수정교가 있으며 수정교를 건너기 전에 산

법주사는 국보나 보물로 인해 한국에서 가장 유명한 사찰이지만, 법주사가 많은 사람에게서 사랑을 받아온 것은 입구의 숲길도 한몫을 한다. 법주사 금강문.

으로 연결된 길은 문장대文藏臺로 연결된다. 3번 오르면 극락에 갈 수 있다는 문장대는 본래 구름 속에 묻혀 있다고 운장대雲藏臺라 했으나 세조가 날마다 이곳에서 시를 읊었다고 해서 이름을 바꿔 불렀다고 한다.

수정교를 건너 '호서제일가람湖西第一伽藍'이라 쓰여 있는 일주문·금강문·천왕문을 차례로 들어서면 '일탑일금당식一塔一金堂式' 법주사 경내가 된다. 그런데 법주사는 속리산 자락에 들어 있는데도 어느 평지 못지않게 평탄하고 너르다. 그 넓은 터 안에 수많은 문화재가 산재해 있으므로 방문객들은 어디부터 보아야 하는지 우왕좌왕 헤매기 십상이다.

법주사는 신라 진흥왕 14년(553)에 의신조사가 창건했다. 인도로 구법여행을 갔다 돌아온 의신조사는 흰 나귀에 불경을 싣고 절 지을 터를 찾아다녔는데, 지금의 법주사 터에 이르자 나귀가 더 가지 않고 제자리를 맴돌았다고 한다. 의신조사가 주변을 살펴보니 절을 지을 만했으므로 이곳에 절을 짓고 부처님의 법이 머문다는 뜻에서 사명을 법주사法住寺라 했다. 그 후 성덕왕 19년(720)에 절을 중수했고 혜공왕 12년(776)에 진표율사가 중창하고부터 대찰의 규모를 갖추었다. 그런데 진표율사의 행적을 『삼국유사』에 다음과 같이 기록했다.

"진표율사가 변산 선계산의 불사의방不思議房에서 온몸을 바위에 내던져 깨뜨리는 참회 고행 끝에 지장보살과 미륵보살로부터 법을 받은후 금산사에 미륵장륙상을 모시고 점찰법회占察法會를 열었다. 이후 속리산으로 오다가 달구지를 타고 오는 사람을 만났다. 달구지를 끌던 소들이 진표율사 앞에 무릎을 꿇고 울자 달구지 주인이 소들은 왜 울며스님은 어디서 오는지를 물었다. 진표율사는 자신이 금산사 승려이며미륵보살과 지장보살에게서 계법을 받아 절을 짓고 오래 수도할 곳을찾아오는 중인데 소들이 꿇어앉아 우는 것은 자신이 계법을 받은 것을알고 불법에 경배하는 것이라고 대답했다. 달구지 주인은 '축생도 그러한데 하물며 사람에게 어찌 신심이 없겠습니까' 하면서 곧 낫으로 자기 머리카락을 잘랐다. 진표율사는 그를 삭발해주고 제자로 삼았다."

그들은 속리산 골짜기에서 길상초가 난 곳에 표시를 해두고 강원도명주를 거쳐 금강산으로 들어가 발연수鉢淵藪라는 절을 세웠다. 진표율사는 발연수에서 점찰법회를 열고 7년 동안 머물며 대중을 교화하다가다시 불사의방으로 돌아왔다.

이때 속리산 대덕인 영심, 융종, 불타 3명이 찾아와서 복숭아나무에올라가 거꾸로 떨어지는 등 용맹 참회를 하며 계법을 구했다. 진표율사는 지장보살과 미륵보살에게서 직접 받은 의발과 경전, 법구를 그들에게 주며 속리산으로 돌아가 길상초가 있는 곳에 절을 짓고 길상사라 하라고 했다. 영심은 그 말대로 길상초가 난 곳을 찾아 절을 짓고 점찰법회를 크게 열었다.

이 기록 등을 보면 영심이 창건한 길상사가 지금의 법주사임을 알 수 있다. 진표율사가 개창한 김제 금산사와 금강산 발연사, 신라 헌덕왕의 왕자였던 심지가 영심에게서 다시 진표율사의 의발과 법구를 전수받고 개창한 팔공산 동화사 등 진표율사의 법맥을 이은 절들은 모두 고려시대를 통해 법상종의 중심 도량으로 석가모니가 입멸한 지 56억 7,000만 년이 지난 뒤 우리가 사는 지상에 내려와 용화수 아래에서 설법을 행한다는 미륵불을 주존불로 모신다.

미륵신앙은 한국인에게 고대부터 큰 영향을 준 불교 신앙 중 하나다. 그 시조는 한국에 최초로 법상종을 세운 진표율사다. 법상종은 유식사상을 바탕으로 성립된 종파로 드러난 모습을 중시해 원칙과 이상보다는 현실을 강조한다. 따라서 삼라만상의 모든 것, 심지어는 나라는 존재나 법(진리)조차 공空하다고 보는 공관사상과는 달리 '모든 것이 공'이라는 인식만 실재한다고 생각한다. 즉, 만법유식을 주장하는 유식사상은 세상 모든 존재가 인연으로 일어난다고 하면서 법계연기法界緣起를 강조한 화엄사상과는 다른 측면을 갖고 있다.

진표율사의 속성俗姓은 정井씨로 아버지는 진내말眞乃末, 眞乃末이며 어머니는 길보랑吉寶娘이다. 그의 출생연대는 불분명한데『진표전간』에는 신라 성덕왕 17년(718),『관동풍악발연수석기』에는 734년에 출생한 것으로 기록되어 있어 무려 16년의 차이를 보인다. 그는 지장보살에게

영심은 속리산의 길상초가 있는 곳에 절을 짓고 길상사라 했는데, 이곳에서 점찰 법회를 크게 열었다. 영심이 창건한 길상사가 법주사임을 알 수 있다.

계를 받고 미륵보살에게 미륵의 손가락뼈로 만든 간자를 포함해 189개의 간자를 받았다. 진표는 이들 간자를 가지고 중생에게 과거 · 현재 · 미래의 인과응보를 직접 보여주면서 제도해나갔다. 간자를 던져 나오는 모습을 보고 점을 치는 점찰법회는 바로 진표 유식사상의 특징이자 미륵신앙의 본질이다.

진표는 간자를 영심에게 전했고 이를 받은 영심은 법주사에서 진표의 가르침을 폈다. 법주사가 법상종의 전통을 계승한 것으로 법주사는 영심이 주석한 이래 여러 차례 중수를 거치며 많은 건물과 암자를 거느린 큰 사찰로 성장했다. 고려 태조 1년(918)에는 왕사인 증통국사가 중건했고 숙종(1095~1105) 때는 문종(1046~1083)의 아들이며 대각국사 의천의 이복동생인 도생 승통이 법주사에 주석했다. 공민왕 11년(1362)

에는 홍건적의 침입으로 왕이 경상북도 안동까지 피난했다가 환궁하던 중 법주사에 들렀다. 이때 공민왕은 양산 통도사로 칙사를 보내 석가모니의 사리 한 알을 가지고 오게 하여 법주사에 모시게 했다. 지금 금강문 서쪽의 사리각에 있는 팔각원당형 사리탑이 그때 불사리를 봉안한 사리탑이라 전해온다.

조선 태조는 즉위하기 전 상환암에서 백일기도를 했고 병에 걸린 세조는 법주사를 찾아 복천암에서 3일 동안 기도를 올리기도 했다. 선조 30년(1597) 정유재란 때 충청도 지방 승병의 본거지였던 법주사는 왜군의 계획적인 방화로 모조리 불에 타버렸는데, 그 후 사명대사 유정이 법주사의 중건을 주도해 선조 35년(1602)에 팔상전을 재건했고 인조 4년(1626)까지 주요 전각과 요사를 복원하는 등 중창이 일단 마무리되었고 이후에도 여러 차례 중수를 거쳐 지금에 이른다. 전성기에는 건물 60여 동과 석물 10여 점, 암자가 70여 개나 있었다고 한다.

법주사에는 18세기와 20세기 초에 그린 〈법주사도法住寺圖〉 2점이 전해져 조선 후기의 가람 배치를 가늠할 수 있다. 그림에는 공통적으로 수정봉 밑, 지금의 청동미륵대불 근처에 2층의 용화전이 있었고, 팔상전과 용화전을 잇는 축과 직교해 역시 중층의 대웅보전이 있다. 또한 대웅보전은 이름과는 달리 비로자나불을 모시고 있는 법당이다. 법주사는 원래 미륵도량彌勒道場이었으나, 고려 때인가 화엄신앙을 습합習合해 대적광전이 또 하나의 법당으로 지어졌고, 용화전이 소실된 이후에는 주불전으로 역할이 격상되었다.

법주사를 들어가면 놀라운 것이 보이는데, 1990년에 건립된 후 2002년 개금改金한 청동미륵대불이다. 미륵대불은 기단까지 합친 전

청동미륵대불은 불상에 순금 총 80킬로그램의 금박을 입혔는데, 섭씨 80도에서 −30도까지 견딜
수 있는 건식 전기도금공법을 통해 광택을 유지할 수 있도록 했다.

체 높이가 33미터나 되어 거의 10층 건물 높이인데 기단 아래에는 지하석실 법당(용화전)을 두었다. 이 불상이 건설되기에는 미륵불에 대한 유래가 있다.

　법상종 사찰에서는 미륵불을 주존으로 모시는 것이 일반적인데, 본래 법주사에는 미륵장륙상을 봉안한 용화전이 주불전이었다. 정면 7칸, 측면 5칸의 작지 않은 2층 건물로 대웅보전보다 큰 법주사의 중심 법당이었다. 이 최초의 미륵장륙상은 정유재란 때 사라지고 이후 중창하면서 다시 금동미륵장륙삼존상을 지어 용화보전(산호전)에 봉안했다. 이 미륵삼존상을 고종 9년(1872) 흥선대원군이 경복궁 중건을 위해 당백전當百錢을 만들려고 헐어갔다.

　그러자 1939년 한국 근대조각의 선구자인 김복진金復鎭이 당시 일제강점기 때 독립에 대한 염원을 살려 시멘트로 대불을 제작했다. 그러나 시멘트로 만들었으므로 여러 부분 박락이 되는 등 훼손이 되어 1990년 시멘트 미륵대불을 그대로 본떠 청동대불로 조성했는데 이때 사용된 청동만 116톤에 달했다고 한다.

그러나 이 역시 시간이 흐름에 따라 일부 용접 부위에 부식이 진행되어 2002년 불상에 금박을 입히는 개금불사改金佛事가 완료되어 현재에 이른다. 이때 순금 총 80킬로그램으로 연면적 900제곱미터에 달하는 겉부분에는 3미크론(0.003㎜) 두께의 금박을 입혔으며 섭씨 80도에서 -30도까지 견딜 수 있는 건식 전기도금공법을 통해 광택을 유지할 수 있도록 특수도금했다. 화강석으로 만든 높이 8미터의 기단부 안에는 용화전이 있는데, 미륵보살이 머물고 있는 도솔천의 모습을 형상화했으며, 중앙에 미륵반가사유상을 모시고 그 둘레에 전시 공간을 만들어 성보와 상당수의 유물들을 전시하고 있다.

불사 과정에서 예전 용화보전과 팔상전을 잇는 축 위에 한 줄로 늘어서 있던 석련지, 석등, 희견보살상이 여러 곳으로 흩어져 당초 법주사의 가람 구조에 큰 변화가 생겼다. 고려시대에 완성된 예전의 법주사 가람 배치에서는 대웅보전을 중심으로 하는 화엄 신앙축과 용화보전을 중심으로 하는 미륵 신앙축이 팔상전에서 직각으로 교차하고 있었는데, 이것이 사라져 법주사 경내에 들어섰을 때 얼핏 건물들이나 여러 유물이 하나하나 따로 던져진 듯한 느낌이 드는 것은 이 때문이다.

법주사 들어가기

법주사는 충북 제일의 사찰답게 많은 국보와 보물 문화재의 보고라 할 수 있다. 국보로 팔상전(국보 제55호), 한국에서 사자를 조각한 석등 가운데 가장 크며 사실적인 쌍사자석등(국보 제5호), 석련지(국보 제64호) 등 3건이 있다. 보물로 대웅보전(보물 제915호), 원통보전(보물제916호), 사천왕석등(보물 제15호), 마애여래의상(보물 제216호) 등 12건이 있다. 더불어 순조대왕태실(충청북도 유형문화재 제11호) 등 충청북도 지방문화재로 22건이 있어 이를 일일이 거론한다는 자체가 간단한 일이 아니다.

법주사로 들어가는 천왕문은 임진왜란 이후에 중창되어 여러 차례 중수된 다포계 맞배지붕이다. 다른 사찰의 것보다 규모가 매우 크며 정면 5칸, 측면 2칸인데 가운데 3칸에 판문을 달아 출입문으로 쓰고 양쪽가의 1칸씩에는 작은 판창을 달았다.

대웅보전 앞 동쪽에 솟을삼문이 달린 담장을 두른 자그마한 건물은 선희궁 원당願堂인데, 담장과 솟을삼문을 갖춘 것은 사당 등에 흔히 쓰이는 유교적 건축 형식으로 사찰에서는 보기 힘든 건물이다. 선희궁은 조선 영조 41년(1765) 후궁이자 사도세자의 어머니인 영빈 이씨의 위패를 모시고 제사하는 원당으로 지어졌기 때문이다. 영빈 이씨의 위패를 한양으로 옮겨간 후에는 법주사를 거쳐간 큰스님들의 초상을 모신 조사영당祖師影堂으로 사용되었지만, 1990년 대웅보전 서쪽에 진영각이 따로 마련되어 현재는 비어 있다. 왕실과 관련된 건물이므로 이 일곽은 전형적인 사당 건축의 모습을 가진, 불교 가람 안에서는 이색적인

천왕문은 임진왜란 이후에 중창되어 여러 차례 중수된 다포계 맞배지붕이다. 정면 5칸, 측면 2칸인데 가운데 3칸에 판문을 달아 출입문으로 쓰고 있다.

영역이다. 또한 기단과 주춧돌이 반듯하고 말끔히 다듬어져 있고, 둥근 돌과 구운 점토로 무늬를 넣어 민화풍으로 장식한 담장이 눈길을 끈다.

금강문 서쪽 단 위에 있는 능인전 역시 임진왜란 이후에 중창된 건물이다. '능인能仁'이란 모든 중생을 교화해 널리 이로움을 주는 분이라는 뜻으로 부처를 가리키는 말이다. 능인전 안에는 석가모니불과 미륵보살, 제화갈라보살, 16나한상을 모셔 영산전이나 나한전 구실을 하고 있다. 본래는 뒤쪽의 사리탑을 예배하는 적멸보궁 역할을 하던 건물이다.

원통보존 앞에 희견보살상이 있다. 원래 희견보살상은 법주사 초창기에 조성된 것으로 석련지, 사천왕석등과 함께 옛 용화보전을 향해 한 줄로 놓여 있었는데 원통보전 앞 마당가로 옮겨진 것이다. 희견보살은 1,200년 동안 향과 기름을 먹고 마시며 몸에 바른 후 다시 1,200년 동

'능인'이란 모든 중생을 교화해 널리 이로움을 주는 부처를 가리키는 말로 능인전 안에는 석가모니불과 미륵보살, 제화갈라보살, 16나한상이 모셔져 있다.

안 자기 몸을 태워서 부처에게 공양해 약왕보살이 되었으므로 뜨거운 향로를 머리에 인 모습이다.

절벽에서 뛰어내리거나 바위에 몸을 내던지며 법을 구한 진표율사나 나무에 올라가 거꾸로 떨어지는 참회행을 했던 영심 등의 극한적인 고행을 통한 수행과 희견보살의 고행이 서로 통하므로 초창기에 이러한 석상이 조성되었을 것으로 여겨진다.

팔상전

한국 건축물의 특징은 변이가 많다는 것이지만, 법주사 팔상전처럼 특이한 경우는 별로 없다. 팔상전은 건축물로 보이지만, 국보로 지정된 유일한 5층 목조탑이기 때문이다. 탑이라면 보통 석탑을 연상하지만, 한국에는 이미 삼국시대에 웅장한 목조탑이 있었다. 대표적인 예가 경주 황룡사지, 평양 청암리 폐사지의 팔각전지, 부여 군수리 폐사지 등 많은 목조탑지를 들 수 있는데 현존하는 목조탑으로 그 형식과 체제를 잘 갖추고 있는 것은 법주사 팔상전뿐이다. 물론 팔상전이 온전한 모습을 갖고 있는 것은 아니다. 법주사 초창기에 세워진 건물이 정유재란 때 불타 없어진 후 선조 38년(1605)부터 인조 4년(1626)까지 사명대사가 복원 공사를 지휘해 완공했다고 한다.

약 300제곱미터나 되는 팔상전, 즉 탑이 서 있는 화강석조의 2단 상하월대와 층층다리는 신라통일기의 구조물이다. 신라시대의 목조탑 위에 세운 것인데, 자료가 없어 당시 몇 층인지 또한 탑의 형태가 그때의 것인지는 확실하지 않다.

팔상전 자체는 1968년 해체할 당시 많은 것이 알려졌다. 우선 기본적으로 다포계를 기본으로 하나 각 층마다 그 수법이 달라 여러 시기의 중수 공사 때마다 정확한 고증 없이 경비 절감을 위해 용도가 폐기된 건물들을 뜯어다 손쉬운 방법으로 적당히 결구한 점이 보인다.

이 말은 한국 목조탑이 원래 팔상전과 같은 형태를 가졌다고는 생각하지 않는다. 한국 목조탑도 기본적으로 석탑이나 일본의 목조탑처럼 더욱 고준한 느낌의 건물이었으므로 팔상전이 원래의 모습에서 변형되었다는 것이다. 즉, 중건 시 옛 목조탑의 가구법을 망각했으므로 중층 건물의 가구법을 차용, 5층 건물로 건립했다는 뜻이다. 그러므로 각 층 비례의 체감률을 급격하게 축소한 것이 안정감을 주기는 하지만 한국의 균제감 있는 건물과는 다소 차이가 있다. 학자들은 팔상전의 가치

팔상전은 〈팔상도〉를 모신 건물인데, 팔상도는 석가모니의 일생을 여덟 장면으로 표현한 그림이다.

는 그 법식이나 기법에 있지 않고 목조건축으로는 5층이라는 높이와
규모, 유형적 희소성 때문에 가치가 있다고 설명하는데, 전통적인 목탑
형식은 쌍봉사 대웅전(1984년 4월 소실된 후 재건)의 비례에 가까운 것
으로 설명한다.

바닥 한가운데에 심초석心礎石이 있고 그 위에 꼭대기까지 닿는 심주
心柱를 세웠으며, 그 둘레에 4층까지 닿는 4개의 하늘기둥四天柱을 세웠
고 다시 그 둘레에 3층까지 닿는 높은 기둥隅高柱 12개를 세웠다. 그 후
1층의 바깥기둥邊柱과 높은 기둥을 잇는 퇴보 위에 2층의 바깥기둥을
세웠고 3층은 높은 기둥을 그대로 바깥기둥으로 삼았으며 높은 기둥과
하늘기둥을 잇는 퇴보 위에 4층 변주를 세웠다. 또 기둥들 사이를 사각
으로 다듬은 보로 연결해 튼튼하게 했다. 이와 같은 짜임은 목탑을 만

드는 전형적인 방식으로 인식하며 3층 법당인 금산사 미륵전에서도 같은 방식을 채택했다.

처마를 받치는 공포는 1층은 기둥 위에만 공포를 얹은 주심포식이고 2층에서 4층까지는 공포가 기둥 위에 놓이되 다포식으로 구성되었으며 5층은 기둥 사이에도 공포를 놓은 완전한 다포식이다. 따라서 구조상 창방 위에 놓인 평방이 생략되고 주간에는 화반을 끼웠고 5층만은 주간에 공간포(주간에 배치된 두공)가 있고 또 평방을 설치했다. 얼핏 보기에는 주심포 양식의 건물로 보이나 5층만 다포 양식이고 2~4층은 주심포 양식의 다포, 1층은 전형적인 주심포 양식으로 두 양식의 절충이 가장 뚜렷한 건물이다. 이처럼 층마다 다른 공포 구조는 다른 데서 볼 수 없는 팔상전의 특징이다. 또 2층부터 4층까지는 기둥 사이에 창을 달아서 태양빛을 받아들이게 했다.

또한 1·2층은 5칸, 3·4층은 3칸, 5층은 1칸으로 5층은 옥개가 사각형으로 그 위에 탑 특유의 철제 상륜이 설치되었는데, 조선시대 것으로는 가장 완벽하게 남아 있다. 1층의 한 변이 11미터이며 상륜을 포함한 전체 높이는 22.7미터인데 올라갈수록 너비가 급격히 줄어들어 전체적으로 매우 안정감 있는 모습이다. 팔상전의 단청은 1층은 금단청이며 2~5층은 모로단청으로 되어 있는데, 연륜이 오래되었으므로 거의 퇴색되어 선명치 않다.

건물의 명칭이 팔상전이라는 것은 〈팔상도〉를 모신 건물임을 뜻한다. 〈팔상도〉는 석가가 도솔천에서 내려오는 장면, 룸비니 동산에서 마야 부인에게서 태어나는 장면, 궁궐의 네 문 밖으로 나가 세상을 관찰하는 장면, 성을 넘어 출가하는 장면, 설산에서 고행하는 장면, 보리수 아래에서 마귀를 항복시키는 장면, 성불한 후 처음으로 녹야원에서 설법하는 장면, 사라쌍수 아래에서 열반하는 장면 등 석가모니의 일생을 여덟 장면으로 표현한 그림이다.

3층까지 한 통으로 트인 팔상전 안에는 가운데 네 기둥 사이를 막아 벽을 만들고 한 면에 2장씩 〈팔상도〉를 두었다. 〈팔상도〉 앞의 불단에는 각각 불상을 모시고 앞쪽에 500나한상을 3줄로 배치했다. 그림은 동에서 시작해 남, 서, 북 방향으로 배치되었으므로 차례대로 그림을 보면 저절로 중심칸 주변을 돌게 된다. 이는 예배의 대상을 3바퀴 돌며 경배하는 초기 불교의 우요삼잡右繞三帀 예법을 연상시키는데, 이 예법은 탑돌이 의례로 발전했다. 현재 법주사의 석탄일 탑돌이는 무형문화재 제103호다.

팔상전은 천태종 계열 사찰의 본전이다. 주불인 석가모니불의 왼쪽과 오른쪽에 각각 제화갈라보살과 미륵보살을 협시보살로 배치했다. 석가모니불의 후불탱화로는 석가모니가 영취산에서 『법화경』을 설법하는 모임을 그린 〈영산회상도〉와 석가모니의 생애를 그린 〈팔상도〉를 안치했다. 법주사를 돌아본 신라의 학자 고운 최치원은 다음과 같은 시를 지었다. "도道는 사람을 멀리 하려 하지 않으나 사람이 도를 멀리 하고 산은 속세를 떠난 것이 아니지만 속세가 산을 떠나고 있다."

팔상전의 재건을 지휘한 인물이 바로 사명대사 유정이다. 그는 '임진왜란의 영웅'이라는 정치적 입지를 기반으로 재건 불사에 임했으나, 전후 경제 사정이 좋지 않아 공사 기간이 무려 21년에 달했다. 1층은 1출목 주심포식, 2~4층은 2출목 주심포식, 5층은 3출목의 다포 형식으로, 매층의 구조 방식이 다른 까닭은 오랜 공사로 인해 담당 목수들이 바뀌었기 때문으로 추정된다.

팔상전은 1968년에서 1969년 사이에 완전 해체 수리를 거쳤다. 이때 심초석에 마련된 사리공舍利孔에서 대리석 합에 든 조그만 은제사리합이 발견되었다. 사리공의 네 벽과 위쪽을 덮은 동판 5장에는 팔상전의 건립 경위를 밝히는 명문이 새겨져 있었고, 대리석 합을 싼 비단보자기에도 한글이 섞인 축원문이 먹으로 적혀 있었다. 이 팔상전 사리장엄구는 동국대학교박물관에 소장되어 있다.

대웅보전

한국 3대 불전 가운데 하나로 설명되는 대웅보전은 신라 진흥왕 14년(553)에 창건되어, 혜공왕 12년(776) 진표율사가 중창하고, 다시 조선 인조 2년(1624)에 재건해 오늘에 이르고 있다. 아래층이 정면 7칸, 측면 4칸인 2층 건물로 공포가 기둥 사이에도 놓인 다포계 팔작지붕이다. 높이가 19미터에 이르는 매우 큰 불전이며 바깥에서 보면 2층이지만 안쪽은 아래위층이 한 통으로 트여 있다. 옛 건물 가운데 2층 건물은 조선시대의 궁전 건물을 제외하고 사찰 건물로는 구례 화엄사 각황전, 부여 무량사 극락전, 공주 마곡사 대웅전 등 몇 곳에 불과하다.

기단과 계단석의 양식으로 보아 고려 중기에 창건되었을 것으로 보이며, 지금의 건물은 임진왜란 뒤 재건된 후 고종 30년(1893)에 중수되었고 1976년에 다시 해체 중수를 거쳐 오늘의 모습이 되었다.

3단으로 쌓은 기단 위에 댓돌을 한 단 돌리고 그 위에 건물을 앉혔다. 기단 한가운데 널찍한 계단을 마련했는데 좌우에 둥근 소맷돌을 세웠고 가운데에 넓적한 돌 3장을 나란히 하여 계단을 좌우로 나누었다.

부처를 연에 태워 모시거나 할 때 그 위로 연이 지나가도록 한 답도踏道로 이해된다. 소맷돌 바깥쪽에는 연잎과 연꽃이 새겨졌고 소맷돌 위쪽에는 돌원숭이가 한 마리씩 앉았다.

건물 구조는 안쪽에 높은 기둥을 두 줄로 세우고 그 앞뒤로 바깥기둥을 세워 서로 연결하고 있다. 또 안쪽 네 귀퉁이에 따로 높은 기둥을 세웠는데, 이것이 위층에서는 네 귀의 기둥이 된다. 대웅보전은 높이가 높으므로 높은 기둥을 세우기 위해, 어칸 둘레의 협칸이 바깥의 퇴칸보다 넓은 보통 건물과 달리 협칸보다 퇴칸을 넓게 만들었다.

또 다른 특징은 아래위층의 공포가 다르다는 점이다. 아래층은 내외2출목인데 위층은 내외3출목으로 공포가 한 단 더 높다. 이는 아래층은 기둥이 매우 높기 때문에 처마를 낮춰 허전함을 피하고 위층은 기둥이 아주 짧아 처마를 높여 답답하지 않도록 배려한 것이다. 또한 공포의 모양도 하층은 직선으로 뻗었지만 상층은 곡선으로 들어 올렸다. 1976년 해체해 중수하기 전에는 서까래만 있는 홑처마였는데, 원래 부연이 있는 겹처마였음이 밝혀져 겹처마로 변경했다.

앞면에는 모두 살문이 달렸고 양옆면의 앞쪽 한 칸과 뒷벽 가운데 칸에 외짝문이 달렸다. 동쪽 벽은 일반적인 불전과 마찬가지로 문을 제외한 전면이 막혀 있지만, 서쪽 벽은 문 이외의 모든 면에 살창이 달린 특이한 모습이다. 이 창들은 가운데 작은 기둥을 두고 양쪽의 두 짝이 맞잡이로 붙은 영쌍창으로 주로 조선 중기 이전의 건물에서 많이 사용했다. 위층은 기둥 사이를 판자로 막고 비천상을 그려놓았다. 대웅보전을 전면에서 보면 하층 높이가 상층에 비해 매우 높아서 탑과 비슷한 비례를 보인다.

대웅보전은 '대적광전'으로 불려야 한다. 대웅전이 대웅세존과 좌우 협시보살을 모신 집인데, 여기에는 비로자나불이 주존이기 때문이다.

　이 불전은 이름이 대웅보전이지만 학자들은 안에 모셔진 불상으로 볼 때 대적광전으로 불려야 한다고 말한다. 대웅전은 기본적으로 대웅세존(석가의 다른 이름)과 좌우 협시보살을 모신 집인데, 여기에는 비로자나불이 주존이기 때문이다. 비로자나에는 빛이 두루 비친다는 뜻이 있으므로, 비로자나불을 모신 불전에는 대적광전, 대광명전 등 주로 빛 광光 자가 들어가게 된다. 옛 기록에는 이 건물이 대웅대광명전이라고 되어 있으나 흥선대원군 시절 당백전을 주조하기 위해 미륵장륙존상을 헐어갈 무렵 대웅보전으로 이름이 바뀌었다고 전한다.

대웅전소조삼불좌상

대웅전 전각 안에는 삼존불, 즉 비로자나삼존불(비로자나불)을 중심으로 오른쪽에 노사나불, 왼쪽에 석가모니불이 모셔져 있다. 흙으로 빚어진 이 불상들은 대웅보전이 중창될 때 조성된 것으로 비로자나불 5.5미터, 노사나불 4.92미터, 석가모니불 4.7미터로 좌불 중에서는 한국에서 가장 크다. 이 삼존불은 각각 법신불, 보신불, 화신불을 나타내는데, 본래 이 삼신불의 사상은 대승불교가 흥기하면서 나타나기 시작한 것이다. 신불이란 석가모니가 과거의 오랜 수행에 의해 과보로 나타난 몸(보신), 진실로 영원한 것을 밝힌 석가모니의 진여의 몸(법신), 중생제도를 위해 여러 가지 모습으로 나타나는 몸(화신)을 가리킨다.

불신佛身을 세 종류로 표현하는 삼신설에 따르면 법신불은 수행의 결과가 아니라 진리 그 자체를 인격화한 진리불이다. 보신불은 오랜 수행의 과보로 얻어지는 완전하고 이상적인 부처다. 화신불은 특정한 시대와 지역과 상대에 따라 특정한 중생을 구제하기 위해 나타나는 부처다. 이 법·보·화 삼신불은 『화엄경』에서 비로자나불로 나타난다. 이처럼 법당에 청정법신 비로자나불, 원만보신 노사나불, 천백억화신 석가모니불을 삼신불로 모시는 것은 고려 중기, 특히 조선시대에 보편화되었다.

비로자나불상은 네모진 얼굴에 기다란 귀, 건장하면서 굴곡이 없는 몸체와 무릎 때문에 둔중해 보인다. 머리에는 중앙계주와 정상계주가 있고 수인은 지권인智拳印을 취하고 있다. 법의는 양어깨를 모두 덮은 통견으로 대의 자락이 팔목에서 대칭되게 흘러내리고 있다. 노사나불상은 형태가 본존불과 거의 비슷하며, 수인은 왼손과 오른손이 뒤바뀐 하품중생인下品中生印을 취하고 있으며 머리에는 큼직한 중앙 계주가 있다.

대웅전에는 비로자나불을 중심으로 오른쪽에 노사나불, 왼쪽에 석가모니불이 모셔져 있다.

석가모니불상은 비로자나불상·노사나불상과 체형, 얼굴 모습 등이 거의 같고 양식도 비슷하다. 수인은 석가모니불의 전형적인 항마촉지인으로, 무릎 위에 올린 오른손의 손끝이 땅을 향하고 있다. 한편 노사나불상과 석가모니불상은 수인이나 불상의 성격이 서로 다른 데도 법의法衣 착용법이 같다. 전체적으로 장대한 체구에 비해 얼굴은 동안童顏이며 옷 주름을 두텁게 표현했다. 2003년 2월 보물 제1360호로 지정되었는데 보존 상태는 양호한 편이다. 1626년(인조 4)에 조성되었고, 1747년(영조 23)에 불상에 다시 금칠을 했다.

원통보전

원통보전은 정면 3칸, 측면 3칸으로 정면이 측면보다 조금 더 길기는 하지만, 몸체에 사모지붕을 이고 있는 흔치 않은 모습의 법당이다. 원통전이라는 이름은 관세음보살을 모신 집을 뜻한다. 관세음보살이 주원융통周圓融通하게 중생의 고뇌를 씻어주는 분이기 때문이다. 천장은 우물반자인데 관세음보살의 머리 위에 닫집을 따로 두지 않고 우물 4개를 터서 반자를 크게 하여 특별한 자리임을 나타냈다.

기단은 앞과 오른쪽은 3단, 뒤와 왼쪽은 2단인데 마당이 높아지면서 아래가 묻혀서 앞쪽에 2단, 양옆과 뒤쪽에 1단만 드러난다. 앞쪽 가운데에 계단이 있는데, 이 계단은 통일신라 말 원통보전이 초창될 때의 것으로 추정되며 임진왜란 후에 복원되었고 고종 때 중수되었으며 1974년에 본격적으로 해체·복원되었다.

기둥 위에만 공포를 놓은 주심포계 집이면서도 공포를 짠 방식은 내외3출목으로 다포집의 통상적인 양식을 보이며 평방까지 갖추고 있다. 기둥 위에 수평으로 가로놓이는 평방은 기둥 사이의 공포를 받기 위한 것으로 다포집에만 필요한 부재다. 원통보존에서는 기둥 사이에 공포를 놓는 대신 커다란 화반을 끼웠다.

지붕은 마루가 한 꼭지에 모인 사모지붕이다. 처마가 삿갓을 쓴 듯 깊숙하지만 양끝이 곱게 휘어 올라가 무거운 느낌이 없도록 처리했다. 추녀 아래쪽에는 네 귀퉁이에 모두 추녀가 처지지 않도록 활주를 받쳤던 흔적이 있고 앞쪽 기단 좌우 모서리에 활주 초석이 남아 있다. 지붕 꼭대기에는 둥근 받침 위에 석탑이나 석등의 상륜부와 비슷한 모양의 돌로 만든 절병통節瓶桶이 놓여 있다.

원통보전은 정면 3칸, 측면 3칸으로 정면이 측면보다 조금 더 길다. 원통전이라는 이름은 관세음보살을 모신 집이라는 뜻이다.

건물 안 중심에 높은 기둥 4개를 세워 넓은 칸을 만들고 그 둘레에 낮은 기둥 12개를 세워 연결했으므로 건물의 중심칸이 양 옆칸보다 2배 이상 넓다. 높은 기둥 위에 대들보를 걸고, 사모지붕을 위한 구조를 짜기 위해 대들보가 열 십+ 자로 교차하는 부분에 짧은 기둥屋心柱을 세워 기둥의 위쪽이 절병통 바로 아래까지 이르도록 했다. 뒤쪽의 높은 기둥 사이에 후불벽을 치고 탱화를 걸었으며 그 아래 불단에는 가운데 목조관세음보살좌상을 모시고 좌우로 해상용왕상과 남순동자상을 모셨다.

목조관음보살좌상

원통보전의 주존불로 봉안되어 있는 금색 목조관음보살좌상은 보물 제1361호로 지정되었다. 불상의 크기는 높이 2.35미터, 너비 1.47미터로 효종 6년(1655)에 조성되었다. 연화좌 위에 결가부좌로 앉아 있는 이 불상은 머리에는 중앙에 화불을 모신 다음 화염보주로 호화롭게 꾸민 보관을 쓰고 있다. 배 부분에도 복갑腹甲 같은 둥근 꽃장식 판을 두르고 있어 전반적으로 장식성이 두드러진다.

불단 양옆에는 남해용왕과 남순동자의 조각상을 배치했다. 더구나 조선 말기에 그린 관음탱이 후불탱으로 걸려 있어 더욱 두드러져 보인다. 수인은 오른손은 가슴선까지 올리고 왼손은 배 높이에 둔 채 엄지와 중지를 맞댄 하품중생인을 취하고 있는데, 곡선적이고 사실적으로 표현되어 생동감이 넘쳐난다. 두 손은 다른 보살상과는 달리 굵은 손가락들의 움직임이 크다. 양쪽 어깨를 덮은 천의天衣 자락은 신체의 곡선을 따라 자연스럽게 흘러내려 부피감 있는 곡선미가 드러난다.

쌍사자석등

쌍사자석등은 높이 3.3미터로 신라 석등 중 가장 뛰어난 작품으로 팔각석등에서 팔각기둥이 들어갈 부분을 사자 2마리로 바꾸어놓았다. 조성 연대는 성덕왕 19년(720)으로 추정된다. 석등은 여러 가지의 재앙(불교에서의 8난)을 예방하기 위해 조성된 것으로 삼국시대 이래 많은 석조 유물에 사자를 이용했는데 현존하는 석탑·석등에서 법주사 석등이 가장 뛰어난 수법을 보인다.

석등의 간주석을 석사자釋師子로 대치한 이 석등은 전형적인 양식에서 벗어난 것으로 팔각의 지대석 위의 하대연화석과 쌍사자, 연화상대석을 모두 하나의 돌로 조각한 반면 화사석과 지붕돌은 각각 만들어져

쌍사자석등은 신라의 석등 중 가장 뛰어난 작품으로 팔각석등에서 팔각기둥이 들어갈 부분을 사자 2마리로 바꾸어놓았다.

조합되었다. 지대석은 옆면에 각 면마다 테두리가 있고 윗면에는 2단의 굄이 있어 하대석을 받는다. 하대석 굄은 팔각으로 돌려져 있지만, 하대석은 둥글며 조금 작아 보인다. 하대석 옆면에는 연꽃잎 8장을 엎어 새겼고 연꽃잎 안에는 다시 꽃 모양이 장식되었다. 윗면에는 넓은 팔각 굄이 조각되어 쌍사자를 받쳤다.

　팔각기둥을 대신한 사자 2마리는 가슴을 대고 머리를 젖힌 채 마주서서 앞발과 주둥이로 상대석을 받들었다. 한 마리는 입을 벌렸고 한 마리는 입을 다물었다. 갈기털과 몸의 근육이 잘 보이며 하대석을 딛고선 뒷발이 견고하게 지탱한다. 둥그런 상대석 아래 둘레에는 2단의 팔각받침이 조각되었고, 그 위로 연꽃잎 16장을 2겹으로 조각했다. 아래 연꽃잎 속에는 반원이 2줄 새겨졌으며 위 연꽃잎 안에는 구슬무늬가 3개씩 장식되어 있다.

화사석도 팔각인데 화창이 앞뒤와 양옆 네 군데에 맞뚫렸다. 일반적인 석등의 화사석과 비교할 때 이 화사석은 매우 높기 때문에 불안정한 느낌을 주는 것은 사실이다. 지붕돌의 처마는 수평이지만 낙수면이 활처럼 휘어 여덟 모서리가 들려 올라가도록 처리했다. 지붕돌 아랫면에는 화사석 위쪽을 둘러 받침 2단이 있고 처마에서 흘러내린 빗물이 아랫면으로 번져들지 않도록 작은 홈을 돌렸다. 지붕돌 꼭대기에는 연꽃 문양을 장식했으며 그 위에 연꽃 봉오리 모양의 보주가 얹혀져 있다.

석련지

석련지石蓮池란 석재를 커다란 그릇 모양으로 깎아 안에 물을 담을 수 있게 한 것이다. 법주사 석련지는 한국에서 많이 발견되는 화강석을 재료로 했다. 현재는 능인전 앞쪽에 있지만, 예전 법주사의 중심 건물이던 용화보전 앞에 희견보살상, 사천왕석등과 한 줄로 서 있었던 것이다. 이 세 석조물은 모두 법주사 초창기에 조성된 것으로 추정되는데, 석련지가 법주사에서 중요하게 인식된 것은 미륵신앙 사찰과 연못이 밀접한 관계를 가지고 있기 때문이다.

김제 금산사와 익산 미륵사 같은 대표적인 미륵신앙 사찰들이 연못을 메워 절을 지었다는 창건설화를 가지고 있으며, 연못 모양의 구조물을 만들어 미륵불전 앞에 놓기도 했다. 기록으로 전해지는 김제 금산사 석련지, 공주 대통사터 석련지, 법주사 석련지가 모두 미륵불상을 모신

석련지는 석재를 커다란 그릇 모양으로 깎아 안에 물을 담을 수 있게 한 것이다.

용화보전 앞에 놓여 있던 것이다.

법주사 석련지는 팔각받침돌과 짧고 굵은 기둥돌, 그 위에 올려진 커다란 연지로 구성되었다. 전체적인 비례도 아름다우며 표면에 갖가지 문양이 뛰어나며, 전체 높이는 1.95미터로 8세기경 통일신라시대의 작품이다.

바닥에 사각의 지대석을 놓고 그 위에 팔각받침돌을 올렸다. 지대석 바깥에 간격을 두면서 기다란 석재를 한 바퀴 돌려놓았는데, 윗부분의 커다란 석련지와 시각적 균형을 이루기 위해 바깥 테를 둘러놓은 것으로 생각한다. 팔각받침돌 옆면은 아래와 위로 넓은 띠를 두고 모서리마다 기둥이 새겨졌으며, 각 면에 안상이 하나씩 조각되었다. 윗면은 점점 좁아지면서 3단의 굄과 옆은 연꽃잎 한 단이 놓였다. 기둥돌 둘레에 구름무늬가 새겨졌는데, 이는 연지가 땅에 있는 연못이 아니라 천상의 연못임을 표현한 것으로 보인다.

석련지 바깥 면으로는 아래쪽에 작은 연꽃잎을 한 바퀴 두른 후 위쪽에 커다란 연꽃잎을 둘렀고, 큰 연꽃잎 안에 다시 보상화무늬를 넣었다. 안쪽에 물을 담게 되어 있었지만 세월의 변화를 이기지 못해 크게 금이 간 부분을 쇠붙이로 연결해놓았다. 전체적인 조형 수법은 기발한 착상에 의한 것이며, 특히 동자기둥의 형태는 불국사 다보탑의 석난간 동자기둥과 유사하다.

사천왕석등

법주사에는 또 다른 중요 석등이 있는데, 신라의 전형적인 팔각 석등인 사천왕석등이다. 사천왕석등은 팔각 화사석 둘레에 사천왕상을 조각한 석등이다. 하대석, 기둥돌, 상대석, 화사석, 지붕돌이 모두 팔각으로 통일신라시대에 가장 널리 조성된 팔각형 석등이다. 높이 3.9미터의 작지 않은 규모이며 각 부분과 전체의 균형이 잘 잡혀 있다. 물론 화사석에 조금 금이 가고 꼭대기의 보주가 사라졌지만 나머지 보존 상태는 매우 좋다.

조성 양식과 수법으로 보아 법주사 초창기인 통일신라 혜공왕 (765~780) 때 만들어진 것으로 추정된다. 지금은 대웅보전 앞으로 옮겨져 있으나 예전에는 용화보전 앞에 있었고 사천왕석등 앞에는 향로를 머리에 인 희견보살상이, 뒤에는 석련지가 있었다. 학자들은 이런 배치는 최상의 공양인 향과 등, 차를 용화보전의 미륵불 앞에 드린다는

신라의 전형적인 팔각 석등인 사천왕석등은 팔각 화사석 둘레에 사천왕상을 조각한 석등이다.

뜻을 표현했던 것으로 본다.

4매로 조합된 사각형 지대석 위에 팔각 기대석을 놓았다. 기대석 옆면은 위쪽에 넓은 띠를 두르고 각 면마다 안상이 얕게 새겨졌다. 위에 올려진 연화하대석에는 엎혀진 8장의 연꽃잎이 새겨졌고 꽃잎 안에 보상화무늬가 장식되었으며 아래쪽에 2단, 위쪽에 3단의 받침이 각각 둘레를 줄여가면서 두어졌다. 팔각 기둥돌 위에 놓인 상대석에도 연화하대석과 같은 모양의 연꽃잎이 새겨졌고 아래쪽에 3단, 위쪽에 2단의 받침이 이번에는 조금씩 둘레를 넓혀가며 두어졌다.

화사석은 8면 가운데 앞뒤 양옆의 4면에 화창이 뚫렸고 나머지 4면에 사천왕상이 새겨졌다. 각기 갑옷을 입고 무기를 든 채 악귀를 밟고

선 사천왕은 매우 사실적이고 생동감 있게 표현되어 통일신라 전성기의 작품임을 보여준다. 화창을 두른 문틀에는 문을 다는 데 쓰였던 못 구멍이 뚫려 있다. 지붕돌 아랫면에 받침 2단과 낙수홈이 파였으며 윗면 꼭대기에 보주받침 2단이 있으나 원래의 보주는 잃어버려 지금 있는 보주는 새로 만든 것이다.

마애여래의상

법주사 경내는 거의 반반한 평지인데 금강문 좌측으로 커다란 바위가 한 무리 모여 있다. 그중 가장 큰 바위 이름이 '떨어져 내려온 바위', 즉 추래암墜來岩이다. 추래암에 고려시대의 불상 1기가 새겨져 있다. 높이 7미터쯤 되는 바위면에 거의 꽉 차게 조각되었는데, 불상의 전체 높이가 무려 6.18미터나 된다. 의자에 걸터앉듯 두 다리를 늘어뜨리고 앉은 모습인데, 이러한 의좌상은 중국에는 흔하지만 한국에서는 매우 드문 형태다.

마애불의 머리는 돌돌 말린 나발이다. 위쪽에 낮은 육계가 돋았고 그 가운데에 반달 모양의 구슬 장식이 있다. 나발이 줄을 맞춘 듯 규칙적으로 배열된 점도 특이하지만, 마애불에서 머리 부분이 이처럼 자세히 표현된 경우는 흔치 않다. 얼굴 모양은 둥그스름하고 원만하지만 코와 뺨을 같은 높이로 조각했다. 이마에 동그란 백호가 있고 눈두덩이나 뺨은 두둑하며 눈꼬리가 길게 치켜 올라갔으며 귀는 정면에서 본 것과 같은 모습으로 조각되었는데, 이러한 얼굴과 표정은 고려시대 초기 불상의 특징이다.

어깨가 수평으로 반듯하고 팔과 어깨도 거의 직각을 이루었다. 오른

추래암에 새겨진 마애여래의상은 무려 6.18미터나 되는데, 의자에 걸터앉듯 두 다리를 늘어뜨리고 앉아 있다.

손은 가슴 앞에 들어 손바닥을 보이며 엄지와 가운데 손가락 끝을 붙여서 동그라미를 만들었고 왼손은 가볍게 들어 오른손을 받치듯이 했다. 이런 손 모양을 설법인이라 하며 지금 부처가 설법하고 있음을 나타낸다. 법의는 우견편단으로 가슴에서 양다리 사이로 유려한 곡선을 이루며 부드럽게 처리했으나 도식화된 경향이 엿보인다. 광배는 없고 불상이 새겨진 바위 아래에 연꽃이 새겨진 배례석이 놓였다. 11세기쯤 조성된 고려시대 마애불 가운데 매우 뛰어난 불상으로 꼽힌다.

마애불이 새겨진 바위와 'ㄱ자'로 잇대어진 바위 위쪽에는 높이 3.13미터의 지장보살상이 얕게 새겨졌다. 깎은 머리에 얼굴은 둥그스름하고 왼손에 보주를 들었으며, 오른쪽 다리를 늘어뜨리고 왼쪽 다리는 비스듬히 올려놓은 반가상이다. 두 바위가 만난 모서리 아래쪽에 커다란 석실이 있는데, 이곳은 오래전부터 수행 장소로 사용되어 안쪽에 구들이 남아 있다.

미륵불이 새겨진 바위 꼭대기에 네모진 구멍이 있는 것으로 보아 어느 땐가 'ㄱ자'로 잇댄 두 바위 위에 목조전실과 같은 건조물이 있었을 것으로 추정된다. 미륵불 왼쪽 아래에 음각된 마애 조각은 선사시대 암각이라는 일설도 있지만, 의신조사가 불경을 실어오는 모습과 소가 불법을 구했다는 내용의 법주사 창건 설화를 표현한 것으로 추정된다.

괘불탱화

괘불탱화는 조선 영조 42년(1766)에 제작된 것이다. 길이 14.24미터, 폭 6.79미터에 이르는 초대형 탱화로 보살 형태의 단독상을 화면 전체에 꽉 차게 그려넣었다. '모든 중생이 불도佛道를 이루기를 원한다'는 발원문이 있는 이 괘불탱은 연꽃을 든 보살상만이 묘사된 독존 형식이다. 이와 유사한 도상으로 1767년에 제작된 통도사 괘불탱을 들

수 있다. 통도사 괘불탱을 조성한 후 그 내력을 적은 현판문에 석가모니불이라고 지칭하고 있어 이 괘불탱 역시 석가여래의 도상으로 추정된다.

보살상은 양손으로 꽃가지를 받치고 서 있는 모습으로 상체를 크게 묘사한 반면 하체는 짧게 나타냈다. 머리에는 산 모양의 화려한 장식이 달린 보관을 쓰고 있으며 네모진 얼굴을 하고 있다. 양쪽 어깨를 감싼 옷은 다양한 무늬로 장식되어 있고, 광배는 머리 광배와 몸 광배를 구분해 큼직하게 그렸다. 몸 광배 안에는 꽃무늬와 구름무늬 등을 그려 공간을 채우고 있는데, 옷의 화려한 무늬들과 어우러져 부처 세계의 정경을 보는 것처럼 느껴진다. 여백에는 꽃무늬와 오색구름이 화사하게 그려져 있고, 인물 표현 구도나 청색 계통 빛깔에는 녹청색을 주로 쓰고 있어 18세기 불화의 특징이 잘 표현되어 있다. 금어金魚(탱화를 그리는 스님) 주훈 스님 등 14명의 스님에 의해 제작된 것으로 기록되어 있는 것은 물론 법주사 창건 배경과 당시의 불교 사상을 파악할 수 있는 글이 남아 있어 더욱 중요하게 여겨지는 작품이다.

희견보살상

희견보살喜見菩薩은 뜨거운 향로를 머리에 인 보살이다. 나약한 인간에게 영원한 믿음이 내재하도록 백절불굴의 정신을 가르쳐주기 위해 조성된 것으로 전해진다. 신라 성덕왕 19년(720)경에 조성된 입상으로 대석 위에 큰 그릇 모양의 용기를 머리에 이고 부처 앞에 나아가는 공양불상으로 높이 약 2미터, 붉은 화강석 재료의 조각상이다.

지대석·신체 부분·용기의 3부분으로 되어 있는데 하부 대석과 신

367

희견보살은 뜨거운 향로를 머리에 인 보살로 나약한 인간에게 영원한 믿음이 내재하도록 백절불굴의 정신을 가르쳐주기 위해 조성되었다.

부, 향로 받침까지가 1석이고 그 위에 발우형 향로가 올려져 있다. 얼굴 부분은 심하게 손상되어 알아보기 어렵지만, 그 밖의 부분은 비교적 양호하며 신체는 군의(부처나 보살이 입는 치마처럼 생긴 아랫도리 옷) 위에 가사를 걸치고 있는데 띠매듭과 옷자락이 무릎 위에서 투박하게 처리되었다.

발은 맨발로 발가락이 사실적으로 표현되었으며, 잘록하고 유연한 허리와는 대조적으로 무거운 기대(그릇받침)를 받쳐들고 있는 양팔은 힘에 부치는 듯한 모습이 잘 표현되어 있다. 향로를 받쳐 든 두 팔의 모습이나 가슴 부위의 사실적 표현과 함께 배면에 나타난 천의의 표현 기법은 절묘해 같은 경내의 쌍사자석등을 제작한 동일한 작가의 작품

368

철확은 큰 사발의 형상을 한 보은 철제솥으로 비교적 단순한 구조와 몸체에는 아무런 문양이나 기록이 주조되지 않았다.

으로 추정된다.

철확

신라 성덕왕 18년(720)에 조성되었다고 전해지는 보물 제1413호인 철확은 큰 사발大鉢의 형상을 한 보은 철제솥으로 높이 1.2미터, 지름 2.7미터, 둘레 10.8미터, 두께 10~3센티미터의 거대한 크기다. 상부의 외반된 전이 달린 구연부는 둥글게 처리했고 기벽器壁의 두께는 3~5센티미터이며 무게는 20여 톤으로 추정된다.

비교적 단순한 구조에, 몸체에는 아무런 문양이나 기록이 주조되지 않아 제조 연대 · 제작자 · 제조 방법 등을 알 수 없지만, 용해 온도가 청동보다 훨씬 높은 주철로 주조된 대형 주물솥이라는 점에서 기술사적 측면에서 매우 귀중한 자료로 평가된다. 법주사의 사세寺勢가 가장 융성했던 시기에 제작되었을 것으로 보이는 이 철솥은 쌀 40가마를 담을 수 있는 부피를 지녀 3,000여 명의 승려가 운집해 있을 당시 장솥 혹은 밥솥으로 사용했다고 전한다.

국내에 전하는 사례가 매우 희귀할 뿐만 아니라 거의 완벽한 조형 상태를 유지하고 있다. 현재는 금강문 가까이 보호각 안에 있지만, 원래는 조사각 뒤쪽 석옹(돌도가니)이 있는 곳에서 시냇가 쪽으로 약 30미터 떨어진 곳에 있던 것을 지금의 위치로 옮긴 것이다.

〈신법천문도병풍〉

법주사에 천문도가 있다면 놀랄 것이다. 보물 제848호인 〈신법천문도병풍〉은 영조 18년(1742) 관상감의 김태서와 안국빈 등 6명이 경종 3년(1723)에 중국에 와 있던 쾨글러I. Koegler가 작성한 300좌, 3,083성의 큰 별자리표(기산점 1723년)를 사용해 한양에서는 볼 수 없는 남쪽 하늘의 별까지 포함해 제작한 천문도다. 1곡을 한 폭으로 보면 높이 183.5센티미터, 너비 56센티미터로 8폭 전체의 길이가 451센티미터나 되는 대형이다.

제1폭에는 신법천문도설新法天文圖說이라는 제자題字 옆에 당시의 천문학적 지식을 510자로 설명하고, 그 왼쪽에 해와 달, 천리경千里鏡(지금의 망원경)으로 본 5개의 행성 모양을 위에서부터 토성·목성·화성·금성·수성의 순서로 크기와 색깔을 달리해 그렸다.

제2·3·4폭을 합한 세 폭에 지름이 각각 165센티미터, 162.7센티미터, 161센티미터 되는 대·중·소의 원이 삼중으로 그려져 있는데, 가운데 원과 안쪽 원에는 조條와 간間이 각각 180개로 되어 있어 모든 방위를 360등분하고 있다. 따라서 조와 간 사이는 1도에 해당된다.

제5·6·7폭의 세 폭은 제2·3·4폭과 같은 양식으로 만들어졌는데, 여기에서는 황도의 남극을 중심으로 남쪽 하늘의 별들을 수록하고 있다. 여기에도 적도가 그려져 있으나, 북쪽 하늘과는 달리 대원의 하단에서 위로 23.5도 되는 점과 대원의 좌우 양끝을 연결하는 반원으로 적도를 표시하고 있다. 따라서 이 대원의 좌우 양끝은 북쪽 하늘과는 반대로 왼쪽 끝이 춘분점, 오른쪽 끝이 추분점이 된다.

제8폭에는 천문도 제작에 참여한 6명의 관상감 관원의 직위와 이름이 기록되어 있어 당대에 작품의 원작자가 누구인지를 분명하게 알려주고 있다. 이 천문도가 언제, 어떤 경위로 법주사에 보존되고 있는지 그 경위는 알려져 있지 않다. 현재까지 알려진 쾨글러의 천문도 중에서 가장 크고 훌륭한 사본으로 보물 제848호로 지정되었다.

복천암학조등곡화상탑

보물 제1418호인 복천암학조등곡화상탑은 연산군 때의 고승인 학조대사 등곡燈谷의 부도로 중종 9년(1514)에 조성되었는데, 등곡의 스승인 신미대사信眉大師의 부도(보물 제1416호) 뒤편에 있다. 학조화상은 세조 10년(1464) 속리산 복천암에서 왕을 모시고 스승 신미와 함께 대법회를 열었고, 세조 13년(1467) 금강산 유점사를 중창하고 봉선사에 주석한 후 김천 직지사에 머물면서 해인사를 중수하고 진관사, 대자사, 낙산사를 중수하는 등 불사에 많은 공을 세웠다. 연산군 6년(1500)에는 왕비 신씨의 명으로 해인사 『고려대장경』 8,000여 권을 간행했다.

탑의 형태는 화강암의 팔각원당형 부도로 높이는 2.96미터다. 기단부 위에 탑신을 놓고 그 위에 옥개석을 덮었으며 징싱에는 상륜을 장식했다. 기단부는 팔각형의 상·중·하대로 형성되었으며 각 면에는 별다른 조각이나 장식이 없다. 탑신은 공 모양으로 아무런 조각도 없으며 상·하단을 약간 자르고 다듬었다. 옥개석은 팔각형으로 낙수면 모서리마다 합각의 머리가 굵게 표현되었고, 전각부에는 귀꽃이 하나씩 조각되어 있으며, 상륜부는 3단의 크고 작은 원대를 마련하고 위에 보주를 양각하는 등 팔각원당형의 고려 탑을 계승하고 있으나 탑신이 구형球形인 점이 크게 다르다.

팔각 중대석 두 면에 걸쳐 '정덕구년갑술오월일립正德九年甲戌五月日立'과 '학조등곡화상탑學祖燈谷和尚塔'이란 명문이 있어 중종 9년(1514)이라는 건립 연대와 주인공이 누구인지를 알게 하는 것은 물론 고려 탑을 계승한 조선 초기 탑 양식을 알게 함과 동시에 다른 탑의 기준작이 된다는 점에서 보물로 지정되었다.

복천암수암화상탑

법주사 복천암 동쪽 약 200미터 지점에 구축된 평평한 대지에 복천암수암화상탑이 있다. 부도탑의 주인공 신미는 성종 때 영의정에 추증된 훈訓의 장자로, 이름을 수성守省이라 했고 수암秀庵이라 불렸다. 그의 둘째 동생이 김수온金守溫이므로 1405년 무렵 태어난 것으로 추정된다. 그는 성균관에 입학했다가 출가했으며, 세종 28년(1446년) 무렵 세종과 조우해 여러 대군의 총애를 받았다.

복천암학조등곡화상탑(왼쪽)과 복천암수암화상탑(오른쪽)은 화강암으로 된 팔각원당형 부도다.

당시 유생들의 거센 반대를 무릅쓰고 판선교종직判善教宗職을 제수받았으며 국가적인 행사인 수륙재水陸齋를 관할했다. 문종대에 선교양종을 통솔하는 위치에 올랐으며, 세조대에는 불경 간경 사업을 주도했으며 그의 두 제자 학열學悅과 학조學祖와 더불어 삼화상으로 불렸다.

화강암으로 된 높이 3.02미터의 팔각원당형 부도로 기단 위에 탑신을 놓고 그 위에 옥개석을 덮었으며 정상에 상륜을 장식했다. 기단부는 팔각형의 상·중·하대로 형성되었는데, 별다른 조각이나 장식이 없고 상대 중앙에 탑신이 놓여 있다.

탑신은 공 모양으로 아무런 조각이 없으나 원을 그린 곡선이 부드럽고 안정감이 있다. 옥개석은 팔각형으로, 복천암학조등곡화상탑에 비해 간략한 편이나 상단부는 낙수면이 급경사를 이루고 하단부는 다소 완만하다. 세부 수법은 두 탑이 비슷하며 건립 연대와 탑의 주인공이 누구인지를 명확하게 알려준다. 상륜부는 옥개석 정상에 보주만을 조각했다.

김칫독

법주사에 독특한 유산이 있는데 돌로 만든 석옹石瓮, 즉 일명 김칫독이다. 이것은 신라 성덕왕 19년(720)에 설치된 이래 계속 사용되어왔다는데, 김칫독을 찾아보기 위해 법주사를 여러 번 방문해 경내에 있는 사람들에게 김칫독에 대해 질문했지만 정확하게 아는 사람이 없어 번번이 실패했다. 그런데 다소 쌀쌀한 날씨에 방문객도 없을 때 법주사를 방문했는데, 한 고승이 선원에서 걸어나오고 있어 김칫독에 대해 질문하니 놀랍게도 자신이 알고 있다고 한다.

그는 만성 스님인데 장담컨대 법주사에서도 김칫독에 대해 알고 있는 사람이 거의 없을 것이라고 말한다. 우선 김칫독이 선원 안에 있고 현재 김칫독을 사용하지 않기 때문이라고 한다. 만성 스님을 따라 선원으로 들어갔는데, 아무 표식이 없는 곳에 커다란 덮개만 있다. 바로 김칫독이라는데 덮개를 열어보아도 되느냐는 질문에 그렇다며 덮개 여는 것을 도와준다. 덮개를 열고 전설처럼 알려진 김칫독을 볼 수 있었는데 생각보다 규모가 컸다.

법주사의 자랑 김칫독을 찾을 수 없는 것은 김칫독이 일반인들은 물론 경내에서 활동하는 사람들에게조차 출입이 금지되어 있는 법주사의 선원 안에 있고 현재 사용하지 않고 있는데다 팻말조차 없기 때문

김칫독은 신라 성덕왕 19년에 설치되었었는데, 무절임이나 채소 같은 것을 저장하는 항아리로 보인다.

이라고 설명해주었다. 근래 김칫독에 대한 관심이 높아지자 다음과 같은 안내판을 세웠다.

"석옹은 마치 김칫독을 묻어 놓은 것처럼 땅에 묻혀 있는 거대한 규모의 돌 항아리로 선희궁 원당 동쪽의 요사채 뒤편에 있다. 깊이는 225cm, 상부의 외부 직경은 180cm이다. 하나의 돌로 만든 것이 아니라 여러 돌을 형태에 맞게 다듬어 아랫부분, 몸통 부분, 윗부분을 쌓아서 항아리 형태를 만들었다. 윗부분과 아랫부분은 각각 하나의 돌을 다듬어서 만든 것이고 넓은 몸통 부분은 30~40cm 높이로 안쪽 면을 둥글게 다듬은 돌 4~5장을 연이어 붙여 원통형으로 만든 것이다. 전하는 말에 의하면 승려들의 김칫독이었다고 하나 물이 새는 구조로 보아 무절임이나 채소 같은 것을 저장하는 항아리로 보이며 조성 시기는 철확,

충북 보은 법주사

석조를 만든 시기인 8세기 전후로 추정된다. 국내에서 비슷한 사례가 발견되지 않은 유물로 역사적 · 학술적 가치가 높다."

법주사는 고려 숙종(12세기) 당시 3,000여 명의 승려가 기거할 정도로 거대한 사찰이므로 그에 걸맞을 정도로 거대해야 했을 것이다. 법주사 김칫독의 실물을 볼 때 단편적이지만 한국에서 고대부터 겨울에 대비해서 갖가지 저장기술이 발달했다는 것을 엿볼 수 있는데 과거에 그 큰 항아리를 어떻게 활용할 수 있었는지 가늠이 되지 않는다. 채소를 저장하거나 김치 등을 만들 때야 넣기만 하면 되니까 그런대로 어렵지 않겠지만 이들을 꺼내는 것이 만만치 않을 것이기 때문이다. 거대한 항아리이므로 들어가는 것이 간단한 일은 아니지만 과거에 법주사의 많은 인원을 챙겨준 음식물 저장고라는 데 이의가 없을 것이다.

순조대왕태실

복천암 맞은편의 속칭 태봉산胎峰山 산봉우리에 있는 순조의 태를 묻은 태실이 있다. 조선시대에는 사람의 태가 그 사람의 길흉을 좌우하므로 함부로 해서는 안 된다는 『태장경胎藏經』의 영향을 받아 길지를 찾아 태를 안장하던 풍습이 있었다. 궁중에서 태어난 아기의 출생 의례로 태실을 조성하고, 후에 왕위에 오르면 그 위용을 더하기 위해 다시 석물로 가봉했다.

왕의 아들은 보통 사람들과는 다르므로 태를 길지吉地에 안장하는데, 정조의 아들로 태어난 순조는 처음부터 이곳에 태를 안치했다가 왕이 되자 태실비를 웅장하게 장식했다. 순조의 태실은 중앙에 사각의 하대석을 놓고 그 위에 구형의 중동석中童石을 놓은 다음 보주가 조각된 팔

조선시대에는 사람의 태가 그 사람의 길흉을 좌우한다고 믿었다. 순조대왕태실은 순조의 태를 묻은 태실이다.

각의 옥개석을 얹어 석실을 만들고 주위에 바닥돌과 호석護石 난간을 설치한 팔각원당형이다. 비석 받침인 거북 모양의 귀부 위에 세운 비석에는 '주상전하태실'이라고 음각되어 있다.

그런데 순조의 태실을 찾아가는 길이 만만치 않다. 길도 잘 알아볼수 없는 상당한 경사지를 계속 올라가야 하므로 평상복, 즉 일반 구두차림으로는 엄두도 내지 말기 바란다. 물론 태실을 무난히 방문했다면누구보다도 큰 만족감을 얻을 것이다.

법주 약수로 불리는 삼타수

법주사가 유네스코 세계문화유산으로 지명되어 명성을 높였지만, 과거 선인들은 법주사라는 사찰과 버금가는 명성을 갖고 있던 명수에 높은 점수를 주었다. 법주사 내 상고암에 있는 삼타수三陀水다.

예부터 한국의 물이 좋다는 것은 잘 알려진 사실이다. 한국인들은 과거부터 마을에서 나오는 물이 약수라는 이름이 붙어 있지 않아도 마음껏 마시면서 거부감을 느끼지 않았다. 자신들이 마시는 물이 공인된 약수는 아닐지언정 건강을 지켜주는 물이라고 생각했기 때문이다.

선조들은 물맛에 관하여 예리해 그 많은 물을 평가한 후 명수로 3곳을 꼽았다. 조선 초기 학자 용재 성현成俔은『용재총화』에서 여말麗末 대제학을 지낸 이행李行의 말을 빌려 조선에서 으뜸되는 물맛으로 충주 달천수達川水를 첫 번째로 꼽고 다음으로 오대산 우통수于筒水, 속리산 법주사 내의 상고암을 발원지로 하는 삼타수를 제3으로 삼았다.

달천수, 우통수, 삼타수를 한국 3대 명수라고 부르는데 이는 좋은 물의 덕목을 따지는 여덟 공덕인 팔공덕수八功德水를 갖고 있다고 보기 때문이다. 팔덕공수의 연원은 아미타부처로 올라간다. 아미타부처가 법장 비구로 수행하던 시절에 48대원을 세워 온갖 고통을 없애는 서방정토 극락세계를 건설했다. 이곳에 있는 연못의 물은 사바세계의 물과 달라 공기처럼 의복이 젖지 않으며 물을 마시면 전신이 가볍고 상쾌하며 온 몸의 기운이 충만해지는 것은 물론 업장이 소멸된다. 이 연못 안에는 많은 연꽃이 있는데, 연꽃의 주인이 염불하고 있는 곳은 찬란히 빛나고 그렇지 않으면 마르고 시든다. 이 연꽃이 떠 있는 연못의 물이 팔

조선 초기 학자 성현은 으뜸되는 물맛으로 충주 달천수, 오대산 우통수, 법주사 상고암을 발원지로 하는 삼타수를 제3으로 삼았다. 상고암 삼타수.

공덕수다.

선조들은 물맛도 까다롭게 구분했다. 같은 물이라도 산꼭대기에서 나는 물과 산 밑에서 나는 물의 맛이 다르고 바위 틈새에서 나는 물과 모래에서 나는 물의 맛이 다르다고 했다. 흙속에서 나는 물은 맑으나 텁텁한 맛이 나는 것으로 생각했고 고인 물보다 흐르는 물, 양지쪽 물보다 응달물을 더 맛있는 물로 쳤다.

황희와 율곡은 인생 각 부분에서 놀라운 업적을 남겼지만, 물의 품평에도 단연 앞선다. 두 사람은 맑고 무거운 물을 군자물이라며 맛있는 물의 덕목으로 꼽았다. 이는 산소와 미네랄이 많은 물이 보통 물보다 무겁다는 점에서 어느 정도 근거를 갖고 있다. 유학자의 식견에 놀랄 뿐이다.

반면에 우남양禹南陽이라는 선비는 물을 암물과 숫물로 구분해 숫물만 마셨다고 한다. 그는 샘물 중에 물빛이 맑아 물 밑이 훤히 보이고 가벼운 물은 숫물, 물 색깔이 희어서 물밑이 어둡고 무거운 물은 암물이라고 했다. 예나 지금이나 물 논쟁은 결론이 없다. 정말 놀라운 물의 감식법이다. 시詩에 가끔 '설칭舌秤'이란 시어가 나오는데 직역하면 '혓바닥 저울'이다. 혓바닥으로 물맛을 보고 물의 가볍고 무거운 것을 잰다는 것인데, 한국인에게 유별나게 발달한 물의 감식 능력이라고 볼 수 있다.

속리산의 물이 좋다는 것은 물이 맑다는 뜻을 가진 수많은 암자가 있다는 것으로도 알 수 있다. 이름만 들어도 무슨 뜻인지 곧바로 알 수 있는 수정동과 수정암이 있으며 상류에 남산약수, 복천암, 탈골암, 상고암 등 물과 관련된 암자들이 있다.

한국의 명수 세 번째에 들어가는 법주사의 물을 삼타수라고 부르는 것은 천왕봉 계곡, 문장대 계곡, 묘봉 계곡의 물이 지하에서 합수되어 흐르기 때문이다. 학자들은 부단히 삼타수의 발원지를 추적했고 그들의 공은 헛되지 않아 삼타수의 발원지로 속리산 천왕봉 바로 아래에 있는 신라 때부터의 암자인 상고암으로 비정했다. 충북 보은군 속리산면 사내리의 상고암에는 대부분 속병을 씻은 듯 고쳐준다는 신비한 약수가 있는데 바로 이 팔공덕수가 삼타수의 발원이라는 설명이다.

법주사에서 명수로 잘 알려진 곳은 문장대 입구에 있는 내속리면 사내리 복천암이다. 조선 세조가 치료를 위해 기도를 올린 유서 깊은 암자로 경내 큰 바위 밑에서 석간수가 흘러나와 복천암이라고 불렀다. 세조가 이곳을 방문한 것은 앓고 있던 등창을 속리산 삼타수로 치료하기

세조는 등창을 치료하기 위해 복천암을 방문했는데, 속리산 삼타수로 목욕하자 병이 완치되었다고 한다.

위해서라고 한다. 조카인 단종과 사육신 등 많은 사람을 죽인 세조의 등창은 단종의 어머니이자 세조의 형수인 현덕왕후가 꿈에 나타나 아들을 죽인 세조를 꾸짖으며 침을 뱉은 자리에 난 종기라는 설이 전한다. 여하튼 세조가 이곳에서 목욕하자 병이 완치되었다고 하는데, 세조의 어기御旗를 꼽았던 돌, 세조약수로 불리는 약수가 있다.

조령-이화령-희양산을 지난 백두대간은 한강과 낙동강으로 나뉘면서 속리산 국립공원 동북쪽에 이르러 남쪽으로 흘러내린다. 속리산 천왕봉에 이르러 물이 세 갈래로 나누어져 동쪽으로 흐르는 것은 낙동강

충북 보은 법주사

이 되고 남쪽으로 흐르는 것은 금강이 되며 서쪽으로 흘러 북쪽으로 꺾어진 것은 달천(한강)이 된다. 즉, 한강, 낙동강, 금강이 하나의 물줄기였는데, 천왕봉을 비롯한 속리산 연봉들이 지각변동으로 새롭게 생겨나면서 서로 분리되어 다른 물줄기가 되었다는 것이다.

반면에 충청북도 보은군 속리산에서 발원해 괴산군을 거쳐 충주시로 흘러드는 기다란 하천을 달천 또는 달래강이라고도 한다. 속리산 법주사와 수정암 사이 냇물가를 삼타수라 부르기도 한다. 일명 법주 약수 또는 옻샘이라고 부르는데 옻샘이라고 부르는 것은 옻오른 사람이 이 물로 목욕하면 씻은 듯이 낫기 때문이라고 한다.

참고문헌

머리말

김집 · 이영근, 『청소년을 위한 한옥 감상법』, 책만드는 토우, 2010년.
박언곤, 『한국 건축사 강론』, 문운당, 1998년.

제1부

한국의 건축

『목조 문화재 가꾸기』, 문화재청, 2008년.
강봉진, 『건축 문화 유산 대요』, 기문사, 1998년.
김정기, 『한국 목조 건축』, 일지사, 1989년.
김집 · 이영근, 『청소년을 위한 한옥 감상법』, 책만드는 토우, 2010년.
박언곤, 『한국 건축사 강론』, 문운당, 1998년.
이강승 · 송석상, 『그림으로 배우는 우리의 문화유산』, 학연문화사, 1996년.
임석재, 『우리 옛 건축과 서양 건축의 만남』, 대원사, 1999년.
장기인, 『한국 건축 대계 V : 목조』, 보성문화사, 1991년.
주남철, 『한국 건축 의장』, 일지사, 1990년.
한국문화유산답사회, 『답사 여행 길잡이 10: 경북 북부』, 돌베개, 2010년.

사찰

http://www.magoksa.or.kr/sub1_3.htm
강우방, 『탑』, 솔, 2003년.
국민대학교 국사학과, 『우리 역사와 문화의 갈래를 찾아서: 경주 문화권』, 역사공간, 2006년.

김봉렬, 『한국 미의 재발견: 불교 건축』, 솔, 2004년.
김영태, 『한국 불교사 개설』, 경서원, 1986년.
문명대, 『한국 불교 미술의 형식』, 한언, 1999년.
신영훈, 『사원 건축』, 대원사, 2002년.
이규태, 『이규태 코너』, 조선일보사, 1985년.
최준식, 『세계인과 함께 보는 한국 문화 교과서』, 소나무, 2011년.
한국문화유산답사회, 『답사 여행의 길잡이 2: 경주』, 돌베개, 2001년.

불상
국민대학교 국사학과, 『우리 역사와 문화의 갈래를 찾아서: 경주 문화권』, 역사공간, 2006년.
나가사와 가즈토시, 이재성 옮김, 『실크로드의 역사와 문화』, 민족사, 1990년.
네티즌 누룽지(http://cafe.naver.com).
네티즌 역사동우회(http://cafe.naver.com).
이강승 · 송석상, 『그림으로 배우는 우리의 문화유산』, 학연문화사, 1996년.
이주형, 『간다라 미술』, 사계절, 2003년.
조병활, 『다르마로드』, 작은박물관, 2005년.
최준식, 『세계인과 함께 보는 한국 문화 교과서』, 소나무, 2011년.

불탑
『경주 이야기』, 국립경주박물관, 1991년.
강우방, 『탑』, 솔, 2003년.
곽동석, 『돌의 미를 찾아서』, 다른세상, 2000년.
최준식, 『세계인과 함께 보는 한국 문화 교과서』, 소나무, 2011년.
한국문화유산답사회, 『답사 여행의 길잡이 2: 경주』, 돌베개, 2001년.

석등과 석비
https://terms.naver.com/entry.nhn?docId=538250&cid=46635&categoryId=46635.
소재구, 「석조 미술」, 『한국 문화와 유물 유적』, KNOU Press, 2007년.

조경
http://cafe.naver.com/hrg.cafe?iframe_url=/ArticleRead.nhn%3Farticleid=663
신상섭, 『한국의 전통마을과 문화경관 찾기』, 도서출판 대가, 2007년.
이왕기, 『외암 민속마을』, 충청남도 아산시, 2008년.

제2부

경북 영주 부석사

http://www.pusoksa.org/
https://blog.naver.com/shin5964/220656305608.

『한국민족문화대백과』, 한국학중앙연구원, 2010년.
강우방 외, 『한국미의 재발견』, 솔, 2003년.
고현진 외, 『산승은 동녘바람 등지고 낙화를 쓰네』, 영주문화유산보존회, 2011년.
김봉렬, 『한국 미의 재발견: 불교 건축』, 솔, 2004년.
김정기, 『한국 목조 건축』, 일지사, 1989년.
류경수, 『우리 옛 건축에 담긴 표정들』, 대원사, 1998년.
박상진, 『궁궐의 우리 나무』, 눌와, 2002년.
임석재, 『우리 옛 건축과 서양 건축의 만남』, 대원사, 1999년.
진성규 외, 『신라의 불교 사원』, 백산자료원, 2002년.
최선호, 『한국의 미 산책』, 해냄, 2007년.
최순우, 『무량수전 배흘림기둥에 기대서서』, 학고재, 1994년.
최운석, 『다시 떠나는 이야기 여행』, 종문화사, 2007년.
한국문원 편집실, 『전국 유명 사찰 순례기 명찰』, 한국문원, 1998년.
한국문화유산답사회, 『답사 여행 길잡이 10: 경북 북부』, 돌베개, 2010년.

경북 안동 봉정사

http://www.bongjeongsa.org/
「봉정사 영산암鳳停寺靈山庵」, 『두산백과』.
「안동 봉정사 극락전安東鳳停寺極樂殿」, 『한국민족문화대백과』, 한국학중앙연구원, 2010년.
『한국민족문화대백과』, 한국학중앙연구원, 2010년.
『한국의 미 13: 사원 건축』, 중앙일보 계간미술, 1984년.
김봉렬, 『한국 미의 재발견: 불교 건축』, 솔, 2004년.
김정기, 『한국 목조건축』, 일지사, 1989년.
문화콘텐츠닷컴, 『사진으로 보는 한국 전통건축』, 한국콘텐츠진흥원, 2002년.
손영운, 『손영운의 우리땅 과학답사기』, 살림, 2009년.
유원모, 「퇴계 이황이 노닐던…'선비의 고장'에 자리한 소탈한 봉정사」, 『동아일보』, 2018년
        7월 24일.
최정규 외, 『죽기 전에 꼭 가봐야 할 국내 여행 1001』, 마로니에북스, 2010년.
한국문화유산답사회, 『답사 여행 길잡이 10: 경북 북부』, 돌베개, 2010년.

경남 양산 통도사

『통도사』, 통도사성보박물관, 1987년.
『통도사』, 한국불교연구원, 1974년.
『한국민족문화대백과』, 한국학중앙연구원, 2010년.
김봉렬, 『한국 미의 재발견: 불교 건축』, 솔, 2004년.
문화콘텐츠닷컴, 「통도사」, 한국콘텐츠진흥원, 2002년.
유인학, 『우리 명산 답사기 1』, 자유문학사, 1995년.
진성규 외, 『신라의 불교 사원』, 백산자료원, 2002년.
한국문원 편집실, 『전국 유명 사찰 순례기 명찰』, 한국문원, 1998년.
한국문화유산답사회, 『답사 여행의 길잡이 14: 경남』, 돌베개, 2002년.

전남 해남 대흥사

http://hapicorea.pooroo.net/jacsul/jacsul-tea09-sunsa.htm
http://www.daeheungsa.co.kr/home/sub1/sub3_3.asp
http://www.daeheungsa.co.kr/home/sub1/sub4.asp
http://www.daeheungsa.co.kr/home/sub2/sub2_4.asp?bseq=43&cat=51
http://www.jygo.net/%7Eethics/sunrye/dasan/chodang/4choieui.htm
https://terms.naver.com/entry.nhn?docId=1197271&cid=40942&categoryId=39201
https://terms.naver.com/entry.nhn?docId=1239393&cid=40942&categoryId=33081
「탑산사명 동종塔山寺銘 銅鍾」, 문화재청국가유산포털.
「해남 대흥사 삼층석탑」, 『한국민족문화대백과』, 한국학중앙연구원, 2010년.
「해남대흥사북미륵암마애여래좌상海南大興寺北彌勒庵 磨崖如來坐像」, 문화재청국가유산포털.
『사명당과 임란 및 강화 교섭』, 사명당기념사업회, 1999년.
『한국민족문화대백과』, 한국학중앙연구원, 2010년.
고규홍 외, 『대한민국 여행사전』, 터치아트, 2010년.
김봉렬, 『한국 미의 재발견: 불교 건축』, 솔, 2004년.
신광철, 『한옥마을』, 한문화사, 2011년.
유인학, 『우리 명산 답사기 1』, 자유문학사, 1995년.
이종호, 『과학 삼국사기』, 동아시아, 2011년.
최정규 외, 『죽기 전에 꼭 가봐야 할 국내 여행 1001』, 마로니에북스, 2010년.
한국문화유산답사회, 『답사 여행의 길잡이 5: 전남』, 돌베개, 2010년.

전남 순천 선암사

http://www.heritage.go.kr/heri/cul/culSelectDetail.do?VdkVgwKey=21,00960000,36&
     pageNo=5_2_1_0
https://baram317.blog.me/70128973266
「선암사 대웅전」, 『한국민족문화대백과』, 한국학중앙연구원, 2010년.
「선암사 측간」, 『두산백과』.
김봉렬, 『한국 미의 재발견: 불교 건축』, 솔, 2004년.
신정일, 『신정일의 새로 쓰는 택리지 9: 우리 산하』, 다음생각, 2012년.
이계표 외, 『선암사』, 대원사, 2013년.
이성미, 『내가 본 세계의 건축』, 대원사, 2004년.
최선호, 『한국의 미 산책』, 해냄, 2007년.
한국문원 편집실, 『전국 유명 사찰 순례기 명찰』, 한국문원, 1998년.
한국문화유산답사회, 『답사 여행의 길잡이 11: 한려수도와 제주도』, 돌베개, 2008년.

충남 공주 마곡사

「감지은니묘법연화경紺紙銀泥妙法蓮華經」, 『한국민족문화대백과』, 한국학중앙연구원.
「마곡사」, 『한국민족문화대백과』, 한국학중앙연구원.
「마곡사」, 『한국향토문화전자대전』, 한국학중앙연구원.
「마곡사석가모니불괘불탱麻谷寺釋迦牟尼佛掛佛幀」, 『한국민족문화대백과』, 한국학중앙연구원.

「마곡사석가모니불괘불탱麻谷寺釋迦牟尼佛掛佛幀」, 문화재검색, 문화재청국가문화유산포털.
국민대학교 국사학과, 『우리 역사와 문화의 갈래를 찾아서: 금강 문화권』, 역사공간, 2005년.
김봉렬, 『김봉렬의 한국 건축 이야기 1』, 돌베개, 2006년.
김봉렬, 『한국 미의 재발견: 불교 건축』, 솔, 2004년.
최선호, 『한국의 미 산책』, 해냄, 2007년.
한국문원 편집실, 『전국 유명 사찰 순례기 명찰』, 한국문원, 1998년.
한국문화유산답사회, 『답사 여행의 길잡이 4: 충남』, 돌베개, 2012년.

충북 보은 법주사

http://beopjusa.org
「법주사금동미륵대불法住寺金銅彌勒大佛」, 『두산백과』.
국민대학교 국사학과, 『우리 역사와 문화의 갈래를 찾아서: 금강 문화권』, 역사공간, 2005년.
김봉렬, 『한국 미의 재발견: 불교 건축』, 솔, 2004년.
김석종, 「조선시대의 물맛 구분」, 『경향신문』, 1995년 9월 13일.
김성식, 「달래강의 숨결 3: 속리산 삼타수는 천왕봉이다」, 『충청타임스』, 2008년 5월 14일.
김성식, 「달래강의 숨결 4: 새 발원지 찾다」, 『충청타임스』, 2008년 10월 8일.
김정기, 『한국 목조 건축』, 일지사, 1989년.
류인학, 『우리 명산 답사기 2』, 자유문학사, 1995년.
이형석, 『이형석의 문화유산 답사기 2』, 홍익재, 2006년.
진성규 외, 『신라의 불교 사원』, 백산자료원, 2002년.
최순우, 『무량수전 배흘림기둥에 기대서서』, 학고재, 1994년.
최홍식, 『한국인의 생명, 김치』, 밀알, 1995쪽.
한국문원 편집실, 『전국 유명 사찰 순례기 명찰』, 한국문원, 1998년.
한국문화유산답사회, 『답사 여행의 길잡이 12: 충북』, 돌베개, 2003년.
한국토지공사, 『내 고향 문화유산을 찾아서』, 솔, 1989년.

아름답고 신비한 산사 답사기

ⓒ 이종호, 2018

초판 1쇄 2018년 10월 19일 찍음
초판 1쇄 2018년 10월 26일 펴냄

지은이 | 이종호
펴낸이 | 이태준

기획·편집 | 박상문, 김소현, 박효주, 김환표
디자인 | 최원영
관리 | 최수향
인쇄·제본 | 대정인쇄공사

펴낸곳 | 북카라반
출판등록 | 제17-332호 2002년 10월 18일

주소 | (04037) 서울시 마포구 양화로 7길 4(서교동) 삼양E&R빌딩 2층
전화 | 02-325-6364
팩스 | 02-474-1413
www.inmul.co.kr | cntbooks@gmail.com

ISBN 979-11-6005-057-8 03910
값 18,000원

이 도서의 국립중앙도서관 출판시도서목록(CIP)은 서지정보유통지원시스템 홈페이지
(http://seoji.nl.go.kr)와 국가자료공동목록시스템(http://www.nl.go.kr/kolisnet)에서
이용하실 수 있습니다.